Veröffentlichungen der Archivschule Marburg
Band 18

Veröffentlichungen der Archivschule Marburg
Institut für Archivwissenschaft   Nr. 18

Archivgesetzgebung in Deutschland
Beiträge eines Symposions

herausgegeben von
Rainer Polley

Marburg 1991

Die Deutsche Bibliothek – CIP-Einheitsaufnahme

Archivgesetzgebung in Deutschland:
Beiträge eines Symposions / hrsg. von Rainer Polley. – Marburg: Archivsch., 1991
  (Veröffentlichungen der Archivschule Marburg – Institut für Archivwissenschaft; Nr. 18)
  ISBN 3-923833-15-6
NE: Polley, Rainer [Hrsg.]; Archivschule <Marburg, Lahn>:
Veröffentlichungen der Archivschule...

© Archivschule Marburg 1991

Druck: S & W Druckerei und Verlag GmbH, Biegenstraße 5, 3550 Marburg

INHALT

Einführung des Herausgebers 7

Rainer Polley
Variatio delectat? - Die Archivgesetze von
Bund und Ländern im Vergleich 21

Reiner Groß
Rechtliche Probleme des Archivwesens in den
Ländern der ehemaligen DDR 48

Bodo Uhl
Rechtsfragen der Aussonderung und Übernahme
von Archivgut 61

Herbert Günther
Rechtsprobleme der Archivbenutzung 120

Hermann Bannasch
"Das Nähere [...] regelt die Landesregierung
durch Rechtsverordnung (Benutzungsordnung)"
- Erfahrungen bei der Normierung der
Archivgutnutzung in Baden-Württemberg 182

Stefan König
Die Archivgesetze des Bundes und der Länder:
Fluch oder Segen? - Zum Nutzen und Schaden
der Archivgesetze für die Erforschung des
Nationalsozialismus 227

Bertram Raum
Neuere Anforderungen des Datenschutzes an
die Archivgesetzgebung am Beispiel der
Stasi-Akten 262

Abkürzungsverzeichnis (Auswahl) 297

Index der Gesetze und Vorschriften 299
    I.   Archivgesetze und im engeren Sinne
        archivbezogene Vorschriften des
        Bundes und der Länder 299
    II. Sonstige Gesetze und Vorschriften 311

Einführung des Herausgebers

Vom 5. bis zum 7. Dezember 1990 fand, verteilt auf einen Hörsaal des Hessischen Staatsarchivs Marburg und die Räumlichkeiten des gegenüberliegenden neuen Gebäudes der Archivschule Marburg, eine Fortbildungsveranstaltung der Archivschule zum Archivrecht statt[1]. Obwohl nur eine Teilnehmerzahl von zwanzig Personen vorgesehen war, hatten sich neben den acht Referenten insgesamt 29 Archivkollegen in Marburg eingefunden, vorwiegend aus staatlichen Archiven, vom Bund und aus den Ländern Brandenburg, Berlin, Bremen, Hamburg, Hessen, Mecklenburg-Vorpommern, Nordrhein-Westfalen, Rheinland-Pfalz, Saarland, Sachsen, Sachsen-Anhalt und Thüringen. Nach dem 61. Deutschen Archivtag in Karlsruhe Anfang Oktober 1990 handelte es sich also um die erste gesamtdeutsche Fachtagung von Archivaren nach dem 9. November 1989. Die Sitzungen wurden in der Abfolge der drei Tage moderiert von Herrn Dr. Günter Hollenberg (Hessisches Staatsarchiv Marburg), Herrn Dr. Hermann Bannasch (Landesarchivdirektion Baden-Württemberg in Stuttgart) und Frau Dr. Angelika Menne-Haritz (Archivschule Marburg).

Das Archivrecht bot sich auf Grund seiner Bedeutung und Aktualität als Thema der Tagung besonders an. Auch wenn es nicht angängig ist, das Archivrecht, d. h. die für das Archivwesen relevanten Rechtsnormen und sonstigen Vorschriften,

---

[1] Vgl. meinen ausführlicheren Tagungsbericht in: Der Archivar 44 (1991), Sp. 358-361.

auf den Regelungsbereich der sogenannten Archivgesetze zu verengen[2], so stellen diese doch nach Normenrang und inhaltlicher Dichte Fundamente des öffentlichen Archivwesens dar[3]. Im Bund und in den meisten alten Bundesländern hat die Organisation des Archivwesens und die Sicherung und Nutzung von Archivgut seit 1987 bereits eine formell-gesetzliche Grundlage erhalten, in anderen westlichen Bundesländern dauern die Gesetzesvorbereitungen an, und in den neuen Bundesländern sind sie unter schwierigen Bedingungen erst aufgenommen worden. Auf der Tagung konnten in den Referaten und Diskussionen bereits die folgenden archivischen

---

[2] Über die Breite des Normenbereichs: S. Dörffeldt, Rechtsgrundlagen des Archivschutzes nach geltendem Recht der Bundesrepublik, in: Der Archivar 17 (1964), Sp. 177-190. - R. Heydenreuter, Die rechtlichen Grundlagen des Archivwesens, in: Der Archivar 32 (1979), Sp. 157-170. - Ders., Archivrelevantes Recht außerhalb der Archivgesetzgebung, in: Der Archivar 43 (1990), Sp. 57-60.

[3] Zur Entwicklung und den Grundanliegen der Archivgesetzgebung im allgemeinen: H. Rumschöttel, Zum Stand und zu den Problemen der Archivgesetzgebung in den Ländern, in: Datenschutz und Forschungsfreiheit. Die Archivgesetzgebung des Bundes auf dem Prüfstand, bearbeitet und eingeleitet von Jürgen Weber (Akademiebeiträge zur politischen Bildung 15), 1986, S. 27-34. - Hans Schmitz, Archive zwischen Wissenschaftsfreiheit und Persönlichkeitsschutz. Anmerkungen zur Archivgesetzgebung in der Bundesrepublik Deutschland unter besonderer Berücksichtigung der Archivalienbenutzung, in: Aus der Arbeit der Archive. Festschrift für H. Booms, hrsg. von F. Kahlenberg (Schriften des Bundesarchivs 36), 1989, S. 95-112 (mit der wichtigsten Literatur in den Anmerkungen). - Hartmut Weber, Archivgesetzgebung in der Bundesrepublik - Wunsch und Wirklichkeit, in: ARBIDO Revue Vol. 4 (1989) No. 3, S. 65-72.

Einführung des Herausgebers

Gesetze und darauf beruhenden Rechtsverordnungen berücksichtigt werden:

1. Gesetz über die Sicherung und Nutzung von Archivgut des Bundes (Bundesarchivgesetz - BArchG) vom 6. Januar 1988 in der Fassung von Anlage I Kapitel II Sachgebiet B Abschnitt II Nr. 2 a) des Einigungsvertrages vom 31. August 1990[4].
2. Anlage I Kapitel II Sachgebiet B Abschnitt II Nr. 2 b) des Einigungsvertrages vom 31. August 1990 betref-

---

[4] BGBl. I 1988 S. 62-64; Änderung von § 2 Abs. 8 durch die Ergänzung "bei Stellen der Deutschen Demokratischen Republik", in: BGBl. II 1990, S. 885, 912. - Zur Vorgeschichte: K. Oldenhage, Archive im Konflikt zwischen Forschungsfreiheit und Persönlichkeitsschutz. Erläuterungen zum Entwurf für ein Bundesarchivgesetz, in: Datenschutz und Forschungsfreiheit (s. Anm. 3), S. 11-25. - H. Booms, Die Archivgesetzgebung in der Bundesrepublik Deutschland, in: Miscellanea Carlos Wyffels, Archief- en Bibliotheekwezen in Belgie LVII, Nr. 1-2, 1987, S. 69-81. - Nach dem Inkrafttreten: Kurzkommentar von S. Becker und K. Oldenhage, in: Das Deutsche Bundesrecht, hrsg. von J. Kölble, Baden-Baden 1988, VIII A 60, S. 8-12. - K. Oldenhage, Bemerkungen zum Bundesarchivgesetz, in: Der Archivar 41 (1988), Sp. 477-498 (mit Abdruck des Gesetzes). - R. Polley, Das Gesetz über die Sicherung und Nutzung von Archivgut des Bundes, in: NJW 1988, S. 2026 f. - D. Wyduckel, Archivgesetzgebung im Spannungsfeld von informationeller Selbstbestimmung und Forschungsfreiheit. Zur Genese, Geltung und verfassungsrechtlichen Würdigung des Bundesarchivgesetzes, in: DVBl. 104 (1989), S. 327-337. - G. Granier, Zur Benutzung von Archivgut des Bundes nach dem Bundesarchivgesetz, in: Der Archivar 42 (1989), Sp. 387-392, dazu Stellungnahme von F. Kahlenberg, in: Der Archivar 43 (1990), Sp. 191. - W. Buchmann, Erfahrungen mit dem Bundesarchivgesetz, in: Der Archivar 43 (1990), Sp. 37-45.

fend die Verwaltung der personenbezogenen Unterlagen des ehemaligen Staatssicherheitsdienstes der DDR[5].

3. Gesetz über die Pflege und Nutzung von Archivgut [im Lande Baden-Württemberg] (Landesarchivgesetz - LArchG [BW]) vom 27. Juli 1987 in der Fassung vom 12. März 1990[6].

---

[5] BGBl. II 1990 S. 885, 912. - K. Stoltenberg, Zur Regelung des Umgangs mit den Stasi-Akten in: ZRP 23 (1990), S. 460-465.

[6] GBl. 1987 S. 230-233, Novellierung: GBl. 1990 S. 89 f. - G. Richter, Das Landesarchivgesetz Baden-Württemberg, in: Baden-Württembergische Verwaltungspraxis 15 (1988), S. 25-29. - Ders., Das baden-württembergische Landesarchivgesetz vom 27. Juli 1987. Einführung und Textabdruck, in: Der Archivar 41 (1988), Sp. 385-398. - Ders., Die parlamentarische Behandlung des baden-württembergischen Landesarchivgesetzes vom 27. Juli 1987, in: F. Kahlenberg (Hrsg.), Aus der Arbeit der Archive. Beiträge zum Archivwesen, zur Quellenkunde und zur Geschichte. Festschrift für Hans Booms (Schriften des Bundesarchivs 36), 1989, S. 113-129. - Ders., Das baden-württembergische Gesetz zur Änderung des Landesarchivgesetzes (LArchG)vom 12. März 1990. Einführung und Textabdruck, in: Der Archivar 43 (1990), Sp. 565-572. - Hartmut Weber, Archivgesetzgebung (s. Anm. 3). - G. Taddey, Das Landesarchivgesetz Baden-Württemberg und seine Konsequenzen für die Bewertungsfrage, in: Der Archivar 43 (1990), Sp. 539-547. - Vorbildlich: Archivrecht in Baden-Württemberg. Texte, Materialien, Erläuterungen. Bearb. von H. Bannasch unter Mitwirkung von A. Maisch mit einer Einführung in das Landesarchivgesetz von G. Richter (Werkhefte der Staatlichen Archivverwaltung Baden-Württemberg, Serie A Landesarchivdirektion, Heft 1), 1990 (mit Abdruck aller wesentlicher, durch das LArchG angezogener Gesetze und Verordnungen des Landes unter Einschluß des Bundesrechts).

Einführung des Herausgebers

4. Verordnung der Landesregierung über die Benutzung der Staatsarchive [im Lande Baden-Württemberg] (Archivbenutzungsordnung - ArchBO [BW]) vom 29. August 1988[7].
5. Gesetz über die Sicherung und Nutzung öffentlichen Archivguts im Lande Nordrhein-Westfalen (Archivgesetz Nordrhein-Westfalen - ArchivG NW) vom 16. Mai 1989[8].
6. Verordnung über die Benutzung der staatlichen Archive des Landes Nordrhein-Westfalen (Archivbenutzungsordnung Nordrhein-Westfalen - ArchivBO NW) vom 27. September 1990[9].

---

[7] GBl. 1988 S. 250-252. Abdruck in: Archivrecht in Baden-Württemberg, S. 24-28.

[8] GV. NW. S. 302-305. - Hans Schmitz, Das Archivgesetz Nordrhein-Westfalen unter besonderer Berücksichtigung seiner Bedeutung für das kommunale Archivwesen, in: Archivgesetzgebung und PC im Archiv (Landschaftsverband Rheinland, Archivberatungsstelle Rheinland, Archivhefte 21), 1989, S. 9-17 (auch in: Archivpflege in Westfalen und Lippe Heft 30, Oktober 1989, S. 4-7.) - Ders., Archivgesetz Nordrhein-Westfalen. Einführung und Textabdruck, in: Der Archivar 43 (1990), Sp. 227-242. - P.-G. Schulte, Das nordrhein-westfälische Landesarchivgesetz und seine Auswirkungen auf kommunale Archive, in: Archivgesetzgebung und PC im Archiv (s.o.), S. 17-31 (Abdruck des Gesetzes S. 33-40. - R. Kießling, Archivgesetz NW Teil II - Kommunales Archivgut - Zusammenstellung mit Erläuterungen, in: Archivpflege in Westfalen und Lippe Heft 30, Oktober 1989, S. 43-53.

[9] GV. NW. S. 587-590.

7. Hessisches Archivgesetz (HArchivG) vom 18. Oktober 1989[10].
8. Bayerisches Archivgesetz (BayArchivG) vom 22. Dezember 1989[11].
9. Benützungsordnung für die staatlichen Archive Bayerns (Archivbenützungsordnung - [Bay]ArchivBO) vom 16. Januar 1990[12].
10. Landesarchivgesetz [für das Land Rheinland-Pfalz] (LArchG [Rh.-Pf.]) vom 5. Oktober 1990[13].

Nach dem Symposion sind das Hamburgische Archivgesetz (HmbArchG) vom 21. Januar 1991[14] und das Gesetz über die

---

[10] GVBl. I S. 270-273. - E.G. Franz, Neues "Hessisches Archivgesetz", in: Mitteilungen aus den Hessischen Staatsarchiven Nr. 29, Dezember 1989, S. 1 (Abdruck des Gesetzes S. 9-12). - W.-A. Kropat, Das hessische Archivgesetz. Einführung und Textabdruck, in: Der Archivar 43 (1990), Sp. 359-374. - Abdruck der Gesetzentwürfe: R. Polley und H.-J. Wellmer, Archivgesetzgebung in Hessen, in: A. Menne-Haritz (Hrsg.), Überlieferung gestalten. Der Archivschule Marburg zum 40. Jahrestag ihrer Gründung (Veröff. der Archivschule Marburg 15), 1989, S. 41-54.

[11] GVBl S. 710-713. - W. Jaroschka, Bayerisches Archivgesetz. Einführung und Textabdruck, in: Der Archivar 44 (1991), Heft 4 (im Druck). - Bodo Uhl, Das neue Bayerische Archivgesetz und seine Auswirkungen auf die Kommunen, in: Kommunalpraxis 12 (1990), S. 17-22.

[12] GVBl S. 6. Abdruck in: Der Archivar 44 (1991), Sp. 273-282.

[13] GVBl. S. 277-281.

[14] GVBl. I S. 7-9.

Einführung des Herausgebers

Sicherung und Nutzung öffentlichen Archivguts im Lande Bremen (Bremisches Archivgesetz - BremArchivG -) vom 7. Mai 1991[15] in Kraft getreten.

Wenn auch die Archivgesetzgebung in den letzten Jahren im Rampenlicht des archivarischen Interesses gestanden hatte, konnte bei der Vorbereitung der Fortbildungsveranstaltung doch nicht vorausgesetzt werden, daß der Stand der Kenntnis und erst recht der Erfahrung gegenüber den Archivgesetzen optimal und einheitlich sein würde. Die Archivschule hatte deshalb ein Programm vorgesehen, das sowohl die archivfachlichen und rechtlichen Voraussetzungen, die Entwicklungsgeschichte und das allgemeine Erscheinungsbild der Archivgesetzgebung als auch Probleme der Aussonderung und Übernahme und vor allem der Benutzung von öffentlichem Archivgut berücksichtigte. Der Aktualität halber galt es auch, die Ausgangslage für eine Archivgesetzgebung in den neuen Bundesländern und die Sonderbehandlung der personenbezogenen Unterlagen des früheren Staatssicherheitsdienstes der DDR in den Themenkreis einzubeziehen. Der für die verhältnismäßig kurze Tagung weit gespannte Bogen wurde durch acht Referate mit anschließender Aussprache ausgefüllt.

In der Reihenfolge der Vorträge referierten folgende Herren:

> Ltd. Archivdirektor Dr. phil. Klaus Oldenhage, Leiter der Abteilung III des Bundesarchivs in Potsdam;

---

[15] GBl. S. 159-162.

Archivoberrat Professor Dr. iur. Rainer Polley, Abteilungsleiter "Institut für Archivwissenschaft" an der Archivschule Marburg;

Oberarchivrat Dr. sc. Reiner Groß, Direktor des Sächsischen Hauptstaatsarchivs Dresden;

Ministerialdirigent Dr. iur. Herbert Günther, Hessische Staatskanzlei Wiesbaden, Lehrbeauftragter für "Archivische Rechtskunde" an der Archivschule Marburg;

Ltd. Archivdirektor Dr. phil. Hermann Bannasch, Landesarchivdirektion Baden-Württemberg in Stuttgart;

Archivdirektor Dr. phil. Bodo Uhl, Generaldirektion der Staatlichen Archive Bayerns in München;

Rechtsanwalt Dr. iur. Stefan König, Berlin, Prozeßbevollmächtigter in Archivrechtsstreitigkeiten;

Oberregierungsrat Bertram Raum, Amt des Bundesbeauftragten für den Datenschutz in Bonn.

Die Vorträge - mit Ausnahme des Referates von Klaus Oldenhage - werden nachstehend in einer gegenüber dem Tagungsablauf leicht veränderten Reihenfolge, die der Priorität der archivischen Probleme (Übernahme vor Benutzung) besser Rechnung trägt, zum Abdruck gebracht. Überwiegend haben die Referenten die Ausgangsfassung ihres Referats und damit auch den Vortragsstil beibehalten, wovon auch der mehr oder weniger umfangreiche Anmerkungsapparat zeugt. Teilweise ist noch etwas die Diskussion nach den Vorträgen eingefangen worden. Das Gleiche gilt für die Archivgesetze in Hamburg

Einführung des Herausgebers

und Bremen, die zur Zeit der Tagung noch nicht berücksichtigt werden konnten. Klaus Oldenhage mußte wegen der Belastungen seines Potsdamer Amtes leider auf die schriftliche Ausarbeitung seines Referats "Warum Archivgesetze?" verzichten. Darin schilderte er die Voraussetzungen und Phasen der Gesetzgebungsarbeit, insbesondere im Bund. Auf seine richtungweisenden Aufsätze an anderer Stelle[16], die in den Beiträgen überwiegend berücksichtigt sind, kann insoweit verwiesen werden.

Alle Beiträge bewegen sich daher bereits in dem Stadium einer kritischen Würdigung und einer problemorientierten dogmatischen Aufbereitung der Archivgesetzgebung. Die langjährige Diskussion über die Notwendigkeit von Archivgesetzen, die zunächst unter dem Blickwinkel des Kulturgutschutzes, dann verstärkt unter dem des Daten- und Persönlich-

---

[16] Außer den in Anm. 4 bereits erwähnten noch: K. Oldenhage, Archivrecht? Überlegungen zu den rechtlichen Grundlagen des Archivwesens in der Bundesrepublik Deutschland, in: Aus der Arbeit des Bundesarchivs, hrsg. von H. Boberach und H. Booms, 1977, S. 187-207. - Ders., Überlegungen zu rechtlichen Problemen der Nutzung von Archiven in der Bundesrepublik Deutschland, in: Institut für Zeitgeschichte (Hrsg.), Wissenschaftsfreiheit und ihre rechtlichen Schranken. Urheberrecht, Persönlichkeitsrecht, Archivrecht (Rechtstheorie und Informationsrecht 4), 1978, S. 27-33,60,70f. - Ders., Brauchen wir Archivgesetze?, in: Der Archivar 33 (1980), Sp. 165-168. - Ders., Persönlichkeitsschutz und Datenschutz, in: Der Archivar 34 (1981), Sp. 469-474. - Ders., Wissenschaftsfreiheit und Persönlichkeitsschutz. Ein bemerkenswertes Urteil des Oberverwaltungsgerichtes Rheinland-Pfalz, in: Der Archivar 36 (1983), Sp. 271-280.

keitsschutzes wie der Wissenschaftsfreiheit geführt wurde, kann als abgeschlossen angesehen werden[17], auch wenn sie

---

[17] Zur Geschichte der Archivgesetzprojekte von 1925 bis 1977 vor allem K. Oldenhage, Archivrecht? (s. Anm. 16). - Beiträge zur Diskussion bis 1990 neben den in Anm. 16 genannten Aufsätzen von Oldenhage: M. Englert, Grenzen der Auswertung personenbezogener Daten durch die Datenschutzgesetzgebung, in: Der Archivar 29 (1976), Sp. 169-174. - H. Rumschöttel, Kolloquium über Informationsfreiheit der zeitgeschichtlichen Forschung und ihre rechtlichen Schranken, in: Der Archivar 31 (1978), Sp. 310-312. - H.-M. Maurer, Archive im Schutz des Denkmalrechts, in: Der Archivar 33 (1980), Sp. 169-176. - W. Steinmüller, Datenschutz im Archivwesen, in: Der Archivar 33 (1980), Sp. 175-188. - R. Stahlschmidt, Statistikmaterial im Archiv: Datenschutz und Bewertung, in: Der Archivar 33 (1980), Sp. 389-394. - G. Granier, Archive und Datenschutz, in: Der Archivar 34 (1981), Sp. 59-64. - Datenschutz und Archive, in: Der Archivar 34 (1981), Sp. 348 f. - M. Englert, Datenschutz in Medienarchiven, in: Der Archivar 34 (1981), Sp. 197-204. - P. Fricke und K. Oldenhage, Die Archivklausel im Melderechtsrahmengesetz, in: Der Archivar 34 (1981), Sp. 359-364. - Hartmut Müller, Daten- und Personenschutz. Zum Stand der gegenwärtigen Diskussion im öffentlichen Archivwesen, in: Archiv und Wirtschaft 15 (4/1982), S. 85-91. - Empfehlungen der Konferenz der Datenschutzbeauftragten der Länder und des Bundes zur Sicherstellung des Datenschutzes im Archivwesen vom 27. April 1982, mit Nachwort von A. Büllesbach und P. Fricke, in: Der Archivar 36 (1983), Sp. 65-70. - H.-J. Hecker, Neuere Entwicklungen des Daten- und Persönlichkeitsschutzes im Archivwesen, in: Der Archivar 36 (1983), Sp. 263-270. - S. König, Archivgesetzgebung zwischen Datenschutz und Informationsfreiheit, in: Der Archivar 38 (1985), Sp. 193-202. - P. Fricke, Musterentwurf der Datenschutzbeauftragten der Länder vom 4. November 1983, in: Der Archivar 38 (1985), Sp. 202. - E.G. Franz, Les archives contemporaines: Problèmes juridiques et pratiques de communication en République Fédérale d' Allemagne, in: La gazette des archives 1985, S. 183-188. - Zur

Einführung des Herausgebers 17

für die Interpretation der Gesetze weiterhin hilfreich bleibt. Vorüber ist im Bund und in manchen Ländern auch die Phase der fachkundigen Erstpräsentation der jeweils in Kraft getretenen Archivgesetze, die zwar wertvolle Informationen über die Gesetzgebungsgeschichte und die erstrebten oder unbefriedigt gebliebenen Normziele vermittelte, aber noch kaum auf Probleme der Normanwendung einging. Mittlerweile konnten im Bund und in den einschlägigen Ländern schon praktische Erfahrungen mit den Archivgesetzen gesammelt werden. Sie wurden auf der Grundlage des Bundesarchivgesetzes, des Landesarchivgesetzes Baden-Württemberg und des Archivgesetzes Nordrhein-Westfalen erstmals auf dem 60. Deutschen

---

Diskussion auf Stadtarchivarstagungen in Nordrhein-Westfalen: G. Lamers, in: Der Archivar 38 (1985), Sp. 105-106, 330-332 und 40 (1987), Sp. 276-278. - Entschließung des Vereins deutscher Archivare vom 25. Januar 1985, in: Der Archivar 38 (1985), Sp. 286-288. - H.-U. Gallwas, Datenschutz und historische Forschung in verfassungsrechtlicher Sicht, in: Der Archivar 39 (1986), Sp. 313-322. - J. Füchtner, Archivierung und Benutzung von Personenstandsbüchern, in: Der Archivar 39 (1986), Sp. 341-346. - P. Fricke, Die neuen Landesmeldegesetze, in: Der Archivar 39 (1986), Sp. 445-454. - R. Heydenreuter, Der mögliche Inhalt einer kommunalen Archivsatzung, in: Der Archivar 41 (1988), Sp. 123-130. - Brauchen wir ein Schleswig-Holsteinisches Archivgesetz? Dokumentation der Vortragsveranstaltung vom 25. Februar 1988, Lorenz-von-Stein Institut für Verwaltungswissenschaften an der Christian-Albrechts-Universität zu Kiel und Lorenz-von-Stein-Gesellschaft e.V. Arbeitspapiere Nr. 24 [1988], 77 Seiten. - R. Kohlisch, Örtliches Archivwesen - Kommunale Archive, in: Archivmitteilungen 40 (1990), S.125-132 (mit Abdruck eines Entwurfes für ein [Muster-]Landesarchivgesetz für die neuen Bundesländer).

Archivtag in Lübeck im September 1989 ausgetauscht[18]. Diskussionsergebnis war, daß die Verrechtlichung des Archivwesens in der Bundesrepublik Deutschland nicht nur unausweichlich, sondern nachdrücklich zu begrüßen sei, vor allem weil sich die Stellung der Archive für die Durchsetzung archivfachlicher Anliegen, besonders bei der Sicherung von Archivgut, erheblich verbessert habe. Mochte danach auch kein Fachkollege mit Heydenreuter vom "rauhen Wind der Rechtsnormen" sprechen oder gar "dem schönen Traum vom rechtsfreien Raum, vom freien wohlwollenden Ermessen"[19] nachtrauern, so war doch auch keiner zu der Feststellung in der Lage, daß sich die rechtlichen Verhältnisse im Archivwesen durch die neuen Gesetze vereinfacht hätten. Der Gesetzesrang der Normen hat nicht nur die Verantwortung der Archivare bei ihrer Anwendung erhöht, sie beherrschen nun zu einem gewissen Grade auch die archivwissenschaftliche Begriffswelt und Doktrin, was der Archivwissenschaft theoretische Freiheit genommen hat, aber auch ihrer Reduzierung auf Erfahrungssätze Einhalt gebietet. Zwar hört man seitdem relativ wenig von Problemen bei der Anwendung der bestehenden Archivgesetze. Dabei ist in Rechnung zu stellen, daß

---

[18] Vgl. den Tagungsbericht von G. Taddey zur ersten gemeinsamen Arbeitssitzung: Neue rechtliche Grundlagen des Archivwesens, in: Der Archivar 43 (1990), Sp. 10-12; ferner den Abdruck der dabei gehaltenen Referate von W. Buchmann, H. Backhaus, H.E. Specker, H. Baier und R. Heydenreuter und den Kurzbericht über die Aussprache von W. Boehart, in: Der Archivar 43 (1990), Sp. 38-60.

[19] R. Heydenreuter, in: Der Archivar 43 (1990), Sp. 57.

Einführung des Herausgebers

das ältere Archivgut bis zur Mitte des 19. Jahrhunderts auch kaum davon betroffen ist. Das ändert aber nichts an der Perspektive, daß sich in der Alltagspraxis schwierige Problemlagen ergeben können, die die Archivare bei der Rechtsanwendung, aber mittelbar auch die Güte der vorhandenen Normen einem besonderen Härtetest unterwerfen. Für solche Fälle stehen noch keine ausreichenden literarischen Hilfsmittel zur Verfügung. Die Abhandlung von Alexander F.J. Freys[20], die das Archivrecht in einem weiteren Sinne abzudecken bemüht ist, konnte die Archivgesetzgebung noch kaum berücksichtigen und krankt auch etwas an einem fehlenden archivwissenschaftlichen Erfahrungs- und Begriffshorizont[21]. Auch mit Kommentierungen der Archivgesetze, die über die amtlichen Begründungen der Gesetzesvorlagen hinausführen müßten, hat man sich bisher noch Zurückhaltung auferlegt. Die Schwierigkeit solcher Vorhaben liegt überwiegend in den Gesetzen selbst begründet, die reich an unbestimmten Rechtsbegriffen und Pauschalbegriffen (z.B. Rechtsvorschriften über Geheimhaltung, weitergehende gesetzliche Rechte) sind und bei Ermächtigungen zur Ermessensübung eine Abwägung grundrechtlicher Positionen eben doch nicht überflüssig gemacht

---

[20] A.F.J. Freys, Das Rechts der Nutzung und des Unterhalts von Archiven (Schriftenreihe des Archivs für Urheber, Film-, Funk- und Theaterrecht, hrsg. von M. Rehbinder, Bd. 85), 1989.

[21] Vgl. die Rezension von R. Heydenreuter, in: Der Archivar 43 (1990), Sp. 445 f., ferner die kritische Stellungnahme von G. Granier, in: Der Archivar 44 (1991), Sp. 353-358.

haben[22]. Unter Berücksichtigung der Tatsache, daß das Archivgut bei seiner Entstehung den unterschiedlichsten Rechtsvorschriften unterworfen gewesen ist, ist bei der Interpretation der Archivgesetze generell die gesamte Rechtsordnung involviert[23]. Daher können Zwischenschritte der inhaltlichen Aufarbeitung der Archivgesetzgebung nur hilfreich sein. Als solche sind alle hier abgedruckten Beiträge zu verstehen. Daß dabei sowohl Facharchivare als auch Volljuristen zu Worte gekommen sind, trägt der Erkenntnis Rechnung, daß sich die Bearbeitung und Fortbildung der Archivgesetzgebung nur in einem Miteinander beider Berufe bewältigen läßt.

Herrn Dipl.-Archivar Werner Engel (Hessisches Staatsarchiv Marburg / Archivschule Marburg) möchte ich für seine große Hilfe bei der Anfertigung der Druckvorlage sehr herzlich danken.

Marburg/Lahn im November 1991   Rainer Polley

---

[22] In diesem Sinne schon Hans Schmitz (s. Anm. 3), S. 108 f.

[23] R. Heydenreuter, in: Der Archivar 43 (1990), Sp. 58: "Im Rahmen der Archivgesetzgebung begann man zu erkennen, daß mehr Gesetze für die Archive einschlägig sind, als man bisher annahm."

RAINER POLLEY

Variatio delectat? - Die Archivgesetze von Bund und Ländern im Vergleich

Klaus Oldenhage beendet seine Bemerkungen zum Bundesarchivgesetz mit folgenden gehaltvollen Sätzen[1]:
"Das Inkrafttreten des Bundesarchivgesetzes ist nicht nur ein Anlaß, die bisher bestehende Rechtsunsicherheit im Spannungsverhältnis vor allem zwischen Persönlichkeitsschutz und Forschungsfreiheit als überwunden zu bezeichnen, sondern kann aus guten Gründen auch als Anerkennung der Funktion öffentlicher Archive im Rahmen der Verwaltung bezeichnet werden. Diese beiden Gesichtspunkte gelten selbstverständlich nicht nur für Baden-Württemberg, dessen Vorreiterrolle bei der Archivgesetzgebung politisch ausgesprochen glücklich war, sondern auch für die übrigen zehn Länder. Es ist zu wünschen, daß deren Gesetze in nicht allzu ferner Zukunft in Kraft treten, wobei auf ein Höchstmaß an Gemeinsamkeit zu hoffen ist, damit die Vorteile der Archivgesetzgebung vor allem für die Benutzer deutlich und greifbar werden."

Die von ihm zitierte Erklärung des Parlamentarischen Staatssekretärs Dr. Waffenschmidt in der dritten Lesung am 3.

---

[1] K. Oldenhage, Bemerkungen zum Bundesarchivgesetz, in: Der Archivar 41 (1988), Sp. 477-498, hier Sp. 498.

Dezember 1987 vor dem Deutschen Bundestag verleiht dieser Würdigung auch politisches, ja verfassungsrechtliches Gewicht[2]:

> "Ich finde, das Bundesarchivgesetz kann in der durch die Beratung erarbeiteten Fassung richtungweisend für die Archivgesetze der Länder sein. Wir bitten sie, diese Orientierung bei ihren Aufgaben mit aufzunehmen."

Abseits des erfreulichen Umstandes, daß mittlerweile insgesamt sechzehn Bundesländer angesprochen werden können, haben diese Ausführungen nichts an Bedeutung verloren, eher ist ihre Aktualität in Ansehung der nach der Wiedervereinigung neu hinzugekommenen Bundesländer und ihrer Probleme bei der rechtlichen Fundierung einer neuen Archivorganisation gewachsen. Das Gewicht dieser Sätze wird auch nicht dadurch gemindert, daß sie zu dem Zeitpunkt ihrer mündlichen bzw. schriftlichen Niederlegung im Hinblick auf die alten Länder der Bundesrepublik Deutschland reichlich spät erfolgten, weil die bekannte, zum Teil dramatische Gesetzgebungsgeschichte des Bundesarchivgesetzes einen erwünschten früheren Zeitpunkt nicht zuließ. Das Landesarchivgesetz Baden-Württemberg vom 27. Juli 1987 war bereits über fünf Monate vor dem Bundesarchivgesetz vom 6. Januar 1988 in Kraft getreten, in mehreren anderen Bundesländern (Nordrhein-Westfalen, Hes-

---

[2] K. Oldenhage (s. Anm. 1), Sp. 498 Anm. 59, zitiert nach: Deutscher Bundestag, 11. Wahlperiode, Stenographische Berichte, S. 3228.

sen, Bayern) standen die Gesetzgebungsvorbereitungen oder gar parlamentarischen Beratungen ebenfalls kurz dem Abschluß. Schon in diesem Augenblick war eine folgenreiche und kaum aufhebbare Problematik bis in unsere Tage in den Gesamtkomplex der Archivgesetzgebung hineingetragen, nämlich die bekannte partielle Regelungsdissonanz zwischen dem baden-württembergischen Landesarchivgesetz und dem Bundesarchivgesetz hinsichtlich der Länge der Schutzfristen bei personenbezogenem und geheimhaltungsbedürftigem Archivgut (§ 5 Abs. 2 und 3 BArchG, § 6 Abs. 2 LArchG): Sie spaltete die anderen Länder je nach der Affektion für das eine oder das andere Vorbild in zwei Lager, setzte dort aber auch Kräfte frei, nach eigenen dritten Lösungen zu suchen. Und keiner wird bestreiten können, daß diese Entwicklung von unserem föderalen Verfassungsprinzip, im besonderen der auf den Bund und die einzelnen Länder verteilten selbständigen Regelungskompetenz im Archivwesen, gedeckt war und ist.

Wer das Höchstmaß an Gemeinsamkeit postuliert, das ich wie sicherlich auch Oldenhage nicht nur im Sinne einer bestmöglichen Regelungskongruenz zwischen Bundesarchivgesetz und Landesarchivgesetzen, sondern auch zwischen den Landesarchivgesetzen untereinander verstehe, argumentiert unter dieser Umständen also von einem höheren Standpunkt aus, der wegen der verfassungsrechtlichen Legitimation zum Regelungspluralismus wohlbegründet sein muß.

Hinter dem Bekenntnis zur Gemeinsamkeit steht das Bewußtsein der vergleichbaren bund- und länderübergreifenden Problemexposition in Fragen der Archivgesetzgebung, die gleiche oder vergleichbare Lösungen in der Regelung erheischt. Die Archivgesetzgebung wird nicht vorrangig aus der Warte der Eigeninteressen der Verwaltung und des Archivs als Institution, sondern - unseren demokratischen Prinzipien am gemäßesten - in erster Linie aus der Sicht des an Freiheit wie Freizügigkeit gewohnten Bürgers gesehen. Ein bürgerbezogener Standpunkt wird aber die Gleichartigkeit der Lebensverhältnisse in den Vordergrund stellen müssen, wo immer der Bürger seinen Drang nach Geschichte befriedigen möchte. Der Bürger kann darüber hinaus auf Grund des verfassungsrechtlichen Rechtsstaatsprinzips Einfachheit und Verständlichkeit, Berechenbarkeit und innere Widerspruchslosigkeit der Gesetzgebung fordern, Postulate, die sich zum Teil schon aus der allgemeinen Rechtslehre ergeben. Gregor Richter hat für alles eine schöne Formulierung gefunden: die nach außen zu vertretende Plausibilität gesetzlicher Normen[3]. Die Forderung nach einem Höchstmaß an Gemeinsamkeit berücksichtigt nicht zuletzt die Bedürfnisse nach einer archivwissenschaftlichen und archivrechtlichen Theorie, die, wenn sie diesen Namen verdienen soll, nicht ohne eine klare und gemeinsame Begrifflichkeit in der Erfassung und Kennzeichnung archivischer Phänomene auskommen kann. Klar ist anderseits, daß die Beherzigung aller genannten Grundforderungen noch nicht zu einem einheitlichen Archivrechtsdekalog für alle Archivträger führt und führen kann. Diesem bereits erkenntniskritischen

---

[3] G. Richter, in: Bannasch/Maisch/Richter, Archivrecht in Baden-Württemberg, 1990, S. 259.

Gesichtspunkt ist aber dadurch Rechnung getragen, daß nicht eine absolute Gemeinsamkeit, sondern ein Höchstmaß an Gemeinsamkeit gefordert wird.

Mit dieser selbstverständlichen Beschränkung wird das Postulat meines Erachtens auch auf eine breite Zustimmung hoffen können. Neuerlich wird im geschichtlichen Rückblick auf die Phasen der Archivgesetzgebung in Bund und Ländern und dabei aufgetretene Divergenzen die ausreichende vorherige archivfachliche Abstimmung den Unwägbarkeiten des politischen, insbesondere parlamentarischen Verfahrens zur Verteidigung gegenübergestellt[4]. Die gleiche Haltung vermittelt die Beratung eines archivrechtlichen Tagesordnungspunktes auf der 70. Archivreferentenkonferenz im März 1990 in Speyer, zu dem ich hier aus Gründen der Verschwiegenheit nur soviel bemerken kann, daß dabei alle Teilnehmer in Fragen der Theorie und Praxis des Archivrechts ein Bekenntnis zu gemeinsamer Klärung, zu gemeinsamer Sprache, zum Ziel der Vereinheitlichung ablegten.

Wie sieht es nun aber mit dem Höchstmaß an Gemeinsamkeit in der legislatorischen Wirklichkeit aus? Nur auf diese will ich mich hier beschränken, da es mir an ausreichendem, Bund und Länder übergreifendem Einzelfallmaterial über die Praxis der

---

[4] Hartmut Weber, Archivgesetzgebung in der Bundesrepublik Deutschland - Wunsch und Wirklichkeit, in: ARBIDO-Revue Vol. 4 (1989), No. 3, S. 70. - G. Richter, in: Archivrecht in Baden-Württemberg (s. Anm. 3), S. 258.

Anwendung der bereits in Kraft getretenen Archivgesetze fehlt. Ein in jeder Beziehung gerechtes Urteil wird freilich ohne Berücksichtigung der Anwendungspraxis nicht auskommen können, da sich ja über die Praxis unter Umständen auch pragmatische Gemeinsamkeiten wiederbegründen oder wiederfinden lassen, die nach der Gesetzeslage allem Anschein nach zu wünschen übrig lassen. Ermessensbegriffe und unbestimmte Rechtsbegriffe, die in den Archivgesetzen reichlich, ja überreichlich anzutreffen sind, würden in einer mehr oder weniger großen inhaltlichen Spannbreite noch pragmatische Korrekturen an einer divergierenden Gesetzeslage zwischen Bund und Ländern und den Ländern untereinander ermöglichen, was freilich nur im konkreten Falle diskutiert werden könnte. Aber was in diesem Beziehungsgeflecht bei einer auf wenige Paragraphen begrenzten Gesetzgebung, über die sich alle Verantwortlichen wechselseitig durch die Kommunikation von Vorentwürfen, begründeten endgültigen Entwürfen und beschlossenen Gesetzen und die offene Vorstellung und Diskussion in der Fachpresse eine reife Meinung bilden konnten, nicht an Gemeinsamkeit zu erreichen war, wird aus meiner Sicht auch bei gutem Verständigungswillen der Archivare über die Praxis kaum korrigiert werden können. Völlig unzulänglich wäre schon der Informationsfluß zwischen den von der Gesetzgebung Betroffenen, zu denen ja auch alle Kommunalarchivare zu zählen wären, über die Alltags- wie ausgefallenen Probleme der Rechtsanwendung. Hier würde man bereits in einem größeren Bundeslande an die Grenzen der Möglichkeiten stoßen. So gesehen erscheint mir ein kritischer Vergleich der bloßen Gesetzeslage doch nicht nur ein unvollkommenes

Unterfangen zu sein. Er signalisiert zugleich die Rechtsprobleme, die sinnvollerweise nicht erst über den langen und ungewissen Weg der Kommunikation über die Anwendungspraxis, sondern über den auch nicht einfachen, aber doch effektiveren Weg der gesetzgeberischen Angleichung und Vereinheitlichung, gleichsam durch eine zweite Welle der Archivgesetzgebung, gelöst werden sollten.

Beschränken wir die vergleichende Betrachtung über das Höchstmaß an aktueller Gemeinsamkeit sinnvollerweise auf die bereits in Kraft getretenen acht staatlichen Archivgesetze vom Landesarchivgesetz Baden-Württemberg vom 27. Juli 1987 bis zum Bremischen Archivgesetz vom 7. Mai 1991[5], so haben wir an Gesetzen wie Paragraphen noch ein überschaubares Spektrum vor uns. Aber selbst in diesem Rahmen ist der kritische Vergleich, wenn man sich nicht auf eine oberflächliche Sichtung beschränkt, sondern in die Geheimnisse mancher Regelungen einzudringen bemüht ist, ein schweres Geschäft. Die Verantwortlichen der Länder, die noch an ihren Gesetzesvorhaben arbeiten, werden dies ebenso empfinden, wenn sie die apostolische Empfehlung: "Alles prüfet, aber das Gute behaltet!" für ihre Arbeit fruchtbar werden lassen wollen. Welches Gesamtbild wird sich aber erst ergeben, wenn neben den restlichen alten Bundesländern auch die neuen Bundesländer unter Berücksichtigung archivischer Besonderheiten ihre eigenen Archivgesetze erlassen haben werden! Wenn jetzt schon von verantwortlicher Seite von der Notwendigkeit einer

---

[5] Nachweise zu den Gesetzen in meiner Einführung.

Clearing-Stelle gesprochen wurde, so dürfte am Ende der Entwicklung ohne eine hauptamtlich betreute Bund-Länder-Zentralstelle zur Koordinierung archivrechtlicher Fragen kaum auszukommen sein. Dabei lasse ich noch die Probleme außer acht, die wegen komplizierter Sonderregelungen für die Unterlagen des Staatssicherheitsdienstes der ehemaligen DDR hinzukommen könnten.

Doch wenden wir uns zunächst einem tröstlichen Aspekt zu. In Bezug auf die im Rahmen einer Archivgesetzgebung zu behandelnden Regelungsmaterien ist zwischen allen bereits in Kraft befindlichen Archivgesetzen weitgehende themendeckende Übereinstimmung festzustellen. Das entspricht der literarisch gut aufbereiteten Problemdiskussion über die Notwendigkeit einer Archivgesetzgebung vor der Aufnahme der Gesetzgebungsarbeiten, an der nicht nur die Facharchivare, sondern auch die Experten des Datenschutzes mit Normempfehlungen beteiligt waren. Nur an den vagen Randzonen des unbestrittenen Regelungsspektrums gibt es verständlicherweise einige mehr oder minder aufregende Themen, die von den einzelnen Gesetzgebern mehr oder weniger oder gar nicht berücksichtigt wurden. Ich denke dabei an die Fragen um das Zwischenarchivgut und dessen Benutzung[6], die formell-gesetzliche Ab-

---

[6] Besondere Regelungen darüber nur in: §§ 2 Abs. 4, 4 Abs. 6, 5 Abs. 2, 6 Abs. 1, 7 Abs. 6 ArchivG NW; weniger weitgehend in: § 9 HArchivG, Art. 8 BayArchivG, § 8 Abs. 2 LArchG Rh.-Pf., dagegen wieder näher an NW: §§ 2 Abs. 3, 3 Abs. 6, 4 Abs. 5, 5 Abs. 7 HmbArchG.

sicherung eines Belegexemplaranspruchs[7], damit zusammenhängend eine notwendige Abstimmung von Urheber- und Archivbenutzungsrecht[8], die Beziehungen zur ehrenamtlichen Archivpflege[9] und letztlich die bereits in das Denkmalschutzrecht hineinreichende staatliche Regelungskompetenz gegenüber Privatarchiven[10]. Einiges davon trägt historischen Besonderheiten Rechnung, einiges steht für neu aufgetauchte Regelungsprobleme, wie sie sich auch in Zukunft immer wieder ergeben werden, so im Rahmen des noch nicht völlig durchleuchteten Beziehungsgeflechts zwischen Urheberrecht und Kunsturheberrecht einerseits und Archivrecht andererseits[11]. Einmalig steht bisher nur die bereits über die Randzo-

---

[7] Bisher nur: § 6 Abs. 7 LArchG BW, § 5 Abs. 11 HmbArchG. Eine konkrete Ermächtigung zur Regelung durch Rechtsverordnung nur in § 19 Abs. 1 Satz 1 Nr. 3 HArchivG. Ansonsten auf der Grundlage der allgemeinen Ermächtigung zur näheren Regelung der Benutzung durch Rechtsverordnung: § 11 ArchivBO NW und § 10 BayArchivBO.

[8] Bisher nur: § 6 Abs. 7 Sätze 4-6 LArchG BW.

[9] Art. 5 BayArchivG, § 10 LArchG Rh.-Pf.

[10] § 9 LArchG BW, Art. 4 Abs. 5 Satz 3 BayArchivG, und besonders weitgehend § 13 LArchG Rh.-Pf.

[11] Dazu: S. Dörffeldt, Das neue Urheberrecht und seine Bedeutung für das Archivwesen, in: Der Archivar 21 (1968), Sp. 215-230. - H. Bickelhaupt, Urheberrecht und Archivwesen, in: Der Archivar 22 (1969), Sp. 49-52. - H. Hubmann, Urheberrechtliche Probleme bei der kooperativen Verfilmung von Zeitungen (Deutsches Bibliotheksinstitut - Materialien 1), 1980. - R. Heydenreuter, Massenverfilmung von staatlichen und kommunalen Archivbeständen durch

ne des Regelungsspektrums hinausweisende Vorschrift des §
5 Abs. 8 Satz 1 BArchG da, wonach die Benutzungsbestimmungen des BArchG auch auf die älter als 30 Jahre alten Unterlagen, die sich noch in Verfügungsgewalt von Bundesstellen befinden, anzuwenden sind[12].

---

und für Dritte, in: Der Archivar 35 (1982), Sp. 257-262. -Ders., Urheberrecht und Archivwesen, in: Der Archivar 41 (1988), Sp. 397-408. - Ders.: Der Rechtsfall. Die Archivierung von literarischen Nachlässen, in: Der Archivar 41 (1988), Sp. 667-671. Ders.: Der Rechtsfall. Zu den Eigentumsverhältnissen am Nachlaß eines Hochschullehrers, in: Der Archivar 42 (1989), Sp. 135-144. - P.-G. Schulte, Die Benutzung von Fotos in Archiven, in: Archivgesetzgebung und PC im Archiv (Landschaftsverband Rheinland, Archivberatungsstelle Rheinland, Archivhefte 21), 1989, S. 125-140. - A.F.J. Freys, Das Rechts der Nutzung und des Unterhalts von Archiven, 1989, S. 108-120. - R. Hofmann und H. Rail, Rechte an Lichtbildern, in: Aus der Arbeit der Archive. Festschrift für H. Booms, hrsg. von F. Kahlenberg (Schriften des Bundesarchivs 36), 1989, S. 318-327.

[12] Die Regelung schafft zwar einen Ausgleich dafür, daß sich im BArchG im Gegensatz zu allen Landesarchivgesetzen keine zeitliche Regelfrist für die Anbietung von Unterlagen an das Archiv festlegen ließ. Sie ist und bleibt aber insofern eigentümlich, als die Verwaltung ihrerseits im Gegensatz wiederum zu allen Landesarchivgesetzen bei der Nutzung ihrer vom Bundesarchiv übernommenen eigenen Unterlagen gegenüber den Schutzfristen nicht privilegiert ist. Eine im Regierungsentwurf von 1987 (Deutscher Bundestag, 11. Wahlperiode, Drucksache 11/498, S. 5) als § 5 Abs. 8 enthaltene Privilegierung ist nicht Gesetz geworden. Dies mag im Hinblick auf das datenschützerische Anliegen einer funktionalen Trennung zwischen Archiv und Verwaltung konsequent sein, die Konsequenz wird aber wieder dadurch verlassen, daß das Bundesarchiv nach § 5 Abs. 5 Satz 6 BArchG bei der Verkürzung oder Verlängerung der Schutzfristen auf die Einwilligung der Stelle des Bundes angewiesen ist, bei der das Archivgut entstanden ist.

Archivgesetze von Bund und Ländern im Vergleich 31

Jenseits dieses weitgehenden Einverständnisses über die notwendigen Regelungskomplexe fangen jedoch die Kongruenzprobleme an. Da fällt zunächst auf, daß alle Gesetze untereinander einen verschiedenen Aufbau und Regelungsduktus haben. Ein Paragraphentest belegt dies. Die für den Bürger so wichtige Benutzungsrechtsregelung steht in unterschiedlichen Paragraphen: Baden-Württemberg (§§ 6 und 6a), Bund (§ 5), Nordrhein-Westfalen (§ 7), Hessen (§§ 15 und 16), Bayern (Art. 10), Rheinland-Pfalz (§ 3), Hamburg (§ 5), Bremen (§ 7). In nicht wenigen Fällen erscheinen selbständige Paragraphen des einen Gesetzes im anderen Gesetz als Absätze oder bloße Sätze eines Paragraphen mit anderer Nummer. Man wird dieses formale Element zwar nicht überschätzen, aber auch nicht als Nebensächlichkeit abtun dürfen. Dem Wunsch des individuellen Archivrechtsvergleichers, sich nicht ständig neu in den Regelungszusammenhang einlesen zu müssen, die Textstellen schneller wiederauffinden und leichter zu einer Synopse verarbeiten zu können, wird man dabei nur sekundäre Bedeutung beimessen dürfen. Schwerer wiegen die Probleme für eine berufsstandübergreifende Auslegung der Textstellen, da die im Auslegungskanon der allgemeinen Rechtslehre bisweilen sehr hilfreiche systematische Interpretation keine einheitliche Ordnungsstruktur zur Grundlage hat und daher teilweise ins Leere läuft. Abseits der zur Verwirrung prädestinierten Synopse erscheint mir deshalb eine gemeinsame Kommentierung der Archivgesetze wie zum Beispiel bei den Landespressegesetzen und Verwaltungsverfahrensgesetzen nicht möglich zu sein. Ich will beim Aufbau der Gesetze das Bessere gerne den Feind des Guten sein lassen, aber so plausibel und notwendig erscheint mir das Abweichen von dem in vieler Hinsicht gediegenen Aufbau des Landesarchivgesetzes Baden-Württemberg als Erstmuster nun auch nicht. Allfällige inhaltliche Erweiterungen oder Korrekturen des Erstmusters hätte man auch sinnvoll in dessen beispielgebenden Duktus einfügen können.

Aber kommen wir nun zu dem wichtigsten Problem, eben die inhaltlichen Seite der Regelungen. Aus der "Vogelperspektive" weisen diese allesamt eine große Ähnlichkeit auf. Bei näherem Hinsehen und erst recht bei einem kritischen synoptischen Vergleich, der zur Wortwahl hinabsteigt und sich auch um das "Lesen zwischen den Zeilen" bemüht, gibt es jedoch fast kaum eine Regelung, die nicht mehr oder weniger offenkundige Unterschiede aufwiese.

Die bisherige Diskussion hat sich dabei viel zu sehr mit den offenkundigen Unterschieden beschäftigt, die kaum zu Auslegungsproblemen führen können. Offenkundig - freilich nur beim Zahlenwerk, nicht dagegen bei mitberührten weiteren Tatbestandsmerkmalen - sind die Unterschiede bei den Fristenregelungen, sei es bei den Abgabefristen von Archivgut[13], bei dem Zeitraum für die Übernahmeentscheidung des

---

[13] Außer § 3 Abs. 1 ArchivG NW (60 Jahre) in allen übrigen Ländern 30 Jahre. Der Bund hat keine Festlegung getroffen. Probleme beim vergleichenden Querschnitt entstehen freilich wieder durch die unterschiedliche Festigkeit der Fristenregelung gegen Ausnahmen. Vgl. dazu unten den Beitrag von B. Uhl.

Archivgesetze von Bund und Ländern im Vergleich

Archivs[14] und vor allem bei den Benutzungsfristen von personenbezogenem[15] und geheimhaltungsbedürftigem[16] Ar-

---

[14] Vier Monate (Bund), ein Jahr (Baden-Württemberg, Hessen), sechs Monate bzw. ein halbes Jahr (Nordrhein-Westfalen, Bayern, Rheinland-Pfalz, Hamburg, Bremen).

[15] Die in § 5 Abs. 2 BArchG getroffene Regelung (30 Jahre nach dem Tode oder 110 Jahre nach der Geburt des Betroffenen) hat bisher nur Rheinland-Pfalz in § 3 Abs. 3 S. 2 LArchG übernommen. Dadurch entfällt dort insoweit ein Zwiespalt zwischen der Fristenregelung von Bund und Land. Alle übrigen Länder mit Archivgesetzen sind dagegen dem baden-württembergischen Vorbild nach § 6 Abs. 2 Satz 3 LArchG (frühestens 10 Jahre nach dem Tode oder 90 Jahre nach der Geburt des Betroffenen) gefolgt, Hessen freilich mit der Besonderheit, daß es von 100 Jahren nach der Geburt ausgeht (§ 15 Abs. 1 Satz 4 HArchivG) und darüber hinaus als einziges Land noch eine eigene Kategorie von besonderen Geheimhaltungs- oder Schutzvorschriften unterliegendem personenbezogenen Archivgut (§ 15 Abs. 1 Satz 5 HArchivG) kennt, bei dem die Schutzfrist 30 Jahre nach dem Tod oder 120 Jahre nach der Geburt des Betroffenen beträgt. Eine interessante Neuerung bringen letztlich § 5 Abs. 2 Nr. 2 Satz 3 HmbArchG und § 7 Abs. 2 Satz 3 Halbsatz 3 BremArchivG, die mit unterschiedlichen Formulierungen bei nicht feststellbaren Geburts- und Todesdaten des Betroffenen eine Schutzfrist von 60 Jahren nach Entstehung der Unterlagen festlegen.

Zu beachten ist aber bei personenbezogenem Archivgut in allen Ländern auch die einheitliche allgemeine Schutzfrist von 30 Jahren und ggf. auch die besondere Schutzfrist für Archivgut mit Geheimnisvorbehalt, so daß jeweils die längere Frist zum Tragen kommt. Mit zweifelsfreier Klarheit ist das Verhältnis zur generellen Schutzfrist freilich nur in § 15 Abs. 1 Satz 3 HArchivG und § 7 Abs. 2 Satz 2 BremArchivG zum Ausdruck gekommen. Etwa vergleichbare Klarheit auch in Baden-Württemberg (§ 6 Abs. 2 LArchG) und in Nordrhein-Westfalen (§ 7 Abs. 2 ArchivG NW), durch den Rechts-

chivgut und bei dem Zeitrahmen für eine Verlängerung[17] der
Schutzfristen. So sehr sich das Gerechtigkeitsgefühl des ge-

---

vorschriftenvorbehalt dagegen verunklart in Art. 10 Abs. 3 Satz 1
BayArchivG und § 5 Abs. 2 Nr. 1 HmbArchG.

[16] Im Bund und in Rheinland-Pfalz beträgt die Schutzfrist 80 Jahre, anderswo 60 Jahre, wobei überall für Teile des Archivguts die bundesrechtliche Schutzfrist von 80 Jahren angeordnet ist. Bremen kennt keine landeseigene Schutzfrist für diese Kategorie. Ein Schwanken ist noch insoweit festzustellen, als Hessen, Bayern und Hamburg "Vorschriften" über Geheimhaltung, der Bund, Baden-Württemberg, Nordrhein-Westfalen und Rheinland-Pfalz dagegen "Rechtsvorschriften" über Geheimhaltung voraussetzen. Zu dieser Problematik später im Text noch einige allgemeine Betrachtungen. Einen Mittelweg scheint dann noch § 7 Abs. 2 Satz 2 ArchivG NW zu beschreiten, das neben den "besonderen Rechtsvorschriften" noch auf ein Berufsgeheimnis oder ein besonderes Amtsgeheimnis abstellt, die beide offensichtlich nicht unbedingt auf einer Rechtsnorm zu beruhen brauchen.

[17] Im Bund, Bayern und Rheinland-Pfalz beträgt die Verlängerungsmöglichkeit 30 Jahre, nach den anderen Archivgesetzen höchstens 20 Jahre. Die Länder müssen wiederum für Teile des Archivguts die bundesrechtliche Regelung von 30 Jahren anerkennen, die wegen § 5 Abs. 5 Satz 5 BArchG bei personenbezogenem Archivgut nach § 5 Abs. 2 BArchG nicht eingreift. Die Voraussetzungen der Verlängerung schwanken. Während die meisten ein "öffentliches Interesse", Baden-Württemberg (§ 6 Abs. 4 Satz 1) daneben sogar "schutzwürdige Belange des Betroffenen" ausreichen lassen, will Hamburg die Verlängerung nur zulassen, wenn dies aus Gründen des "Gemeinwohls" geboten ist (§ 5 Abs. 3). Sonderbare Züge trägt die Dissonanz, daß - wie gesagt - nach § 5 Abs. 5 Satz 5 BArchG die Schutzfrist für personenbezogenes Archivgut nicht verlängert werden kann, wohl aber nach § 3 Abs. 3 Satz 5 LArchG Rheinland-Pfalz, obwohl dieses Land schon die langen Schutzfristen des Bundes kopiert hat.

schichtsbewußten Bürgers an den ihn besonders berührenden unterschiedlichen Benutzungfristen stoßen mag und auch die Verantwortung der Landes- wie Kommunalarchivare durch die im Spannungsverhältnis von bundes- wie landesrechtlicher Regelungsgewalt aufgekommene Schutzfristenvielfalt strapaziert wird[18], so wenig eignet sich dieses Thema doch für facharchivarische Kontroversen über verspielte Gemeinsamkeiten, denn die Archivare können die Verantwortung für diese Entwicklung mit gutem Recht dem baden-württembergischen Landtag und dem Bundestag zuweisen[19]. Allein die gesetzgebende Gewalt, voran der Bund, wird auch beizeiten die Differenzen zu einem befriedigenden Ausgleich bringen können, da die Möglichkeiten der Fristverkürzung nach § 5 Abs. 5 BArchG begrenzt sind. Bei diesem Ausgleich müßte auch der bekannten, beim Gesetzesvergleich aber leicht übersehbaren Antinomie gedacht werden, daß die achtzigjährige Schutzfrist des Bundesarchivgesetzes für Archivgut, das bundesrechtlichen Geheimhaltungsnormen unterliegt, nach § 5 Abs. 3 in Verbindung mit Abs. 5 Sätze 1 und 2 BArchG nicht verkürzt werden kann, während alle Landesarchivgesetze eine Verkürzung bei Archivgut, das landesrechtlichen Geheimhaltungsnormen unterliegt, trotz der ohnehin kürzeren, nämlich mit Ausnahme von Rheinland-Pfalz sechzigjährigen Schutzfrist,

---

[18] Vgl. dazu G. Hollenberg, Erfahrungen des Staatsarchivs Marburg bei der Wahrung der im Hessischen Archivgesetz festgelegten Schutzfristen, in: Mitteilungen aus den Hessischen Staatsarchiven, Nr. 32 (Juni 1991), S. 14 f..

[19] G. Richter und H. Weber (wie Anm. 4)

nicht ausschließen. Hier ist die nach außen zu vertretende Plausibilität gesetzlicher Normen auf gravierende Weise berührt, denn die Grundsatzentscheidung über die Handhabung von Geheimhaltungsnormen kann doch nicht von dem Zufall abhängen, ob diese nun auf Bundes- oder Landesgesetz beruhen.

Zu einer facharchivarischen Kontroverse ungeeignet sind auch alle Fragen, die mit der in den Ländern jeweils unterschiedlichen Einbeziehung des kommunalen Archivwesens in die Archivgesetzgebung zusammenhängen[20]. Jeder weiß, wie hoch der Konformismus der kommunalen Archivkollegen in Fragen landeseinheitlicher Regelungen gewesen ist, aber der gewichtigen Stimme ihrer mitunter völlig gegensätzlich eingestellten Spitzenverbände hat der Landesgesetzgeber teilweise sehr Rechnung tragen müssen. Während aber alle Landesarchivgesetze doch wenigstens für die Benutzung sensiblen Archivguts konkrete gesetzliche Vorgaben enthalten, beschränkt sich Hessen in § 4 Abs. 1 HArchivG auf den Ausspruch, daß die Gemeinden, Landkreise und kommunalen Verbände die Archivierung ihres Archivguts "im Rahmen ihrer Leistungsfähigkeit" und "nach den in diesem Gesetz vorgegebenen Grundsätzen" durch Satzung regeln. Da diese Formulierung erst während der Gesetzesberatungen im Landtag entstanden ist - der Gesetzentwurf der Fraktionen der

---

[20] Darüber H.E. Specker, Die Landesarchivgesetzgebung aus der Sicht der kommunalen Archive, in: Der Archivar 43 (1990), Sp. 49-54.

Archivgesetze von Bund und Ländern im Vergleich 37

CDU und der F.D.P. vom 24. Januar 1989 war viel konkreter[21] -, fehlt es an einer Gesetzesbegründung, die bei der Interpretation des sehr offenen unbestimmten Rechtsbegriffs "Grundsätze" behilflich sein könnte.

Damit wären die wesentlichen Unterschiede angesprochen, die teils offenkundig sind, teils wegen ihrer hochpolitischen Natur von den an der Vorbereitung der Gesetzgebung beteiligten Archivaren und Verwaltungsjuristen kaum zu verantworten sind. Schwieriger liegen die Dinge bei den feinen bis latenten Unterschieden bei der Normierung ein und desselben Spezialproblems, die bisweilen sogar die Frage aufwerfen, ob hier wirklich diffenzierendes Normbewußtsein am Werke war oder bloß redaktionelle Unzulänglichkeit. Einiges dazu ist bereits in den Anmerkungen 13 bis 17 zur Sprache gekommen. Drei weitere Beispiele mögen für unzählige stehen.

Nach allen Archivgesetzen ist die Benutzung nicht zulässig bzw. einzuschränken (auch insoweit ein Schwanken in der Intensität), wenn Grund zu der Annahme besteht, daß das Wohl der Bundesrepublik Deutschland oder eines ihrer Länder gefährdet würde bzw. diesem wesentliche Nachteile erwachsen (wieder ein Schwanken in der Formulierung). Nun verwendet Bayern in Art. 10 Abs. 2 Ziff. 1 BayArchivG als bisher ein-

---

[21] Hessischer Landtag Drucksache 12/3944, auch abgedruckt in: R. Polley und H.-J. Wellmer, Archivgesetzgebung in Hessen, in: Überlieferung gestalten. Der Archivschule Marburg zum 40. Jahrestag ihrer Gründung, hrsg. von A. Menne-Haritz (Veröff. der Archivschule Marburg Nr. 15), 1989, S. 42-46.

ziger Gesetzgeber statt des Begriffes "Wohl", den Begriff "Interessen der Bundesrepublik Deutschland oder eines ihrer Länder". Ist der unbestimmte Rechtsbegriff "Wohl" an sich schon schwierig genug zu bestimmen, so entsteht für die vergleichende Archivrechtsdogmatik nun noch das fatale Problem, das "Wohl" von den "Interessen" abzugrenzen.

Das zweite Beispiel. Alle Landesarchivgesetze stimmen darin überein, daß die staatlichen Archive auch Archivgut nichtstaatlicher Herkunft archivieren können, wenn bzw. soweit hierfür bzw. daran (man beachte wieder das Schwanken im Stil) ein "öffentliches Interesse"[22] besteht. Nun verwendet Hessen als einziges Land in § 7 Abs. 2 HArchivG statt dessen den Begriff "besonderes öffentliches Interesse", während dort im Zusammenhang mit den viel sensibleren Fragen der Verkürzung oder Verlängerung von Schutzfristen (§ 15 Abs. 4) lediglich vom schlichten "öffentlichen Interesse" gesprochen wird. Nun muß der Archivrechtsdogmatiker erst innerhalb Hessens den habilitationsschriftwürdigen Begriff des "öffentlichen Interesses" von dem "besonderen öffentlichen Interesse" abgrenzen, um dann die Unterschiede zwischen Hessen und den anderen Ländern in dieser Frage herauszuarbeiten. Da § 7 Abs. 2 HArchivG wegen der offenen Formulierung "Archivgut anderer Herkunft" auch die landesrechtliche Ermäch-

---

[22] Bremen vermeidet den Hinweis auf das öffentliche Interesse und verwendet in § 1 Abs. 2 BremArchivG die Formulierung: "soweit sie der Ergänzung des nach Absatz 1 archivierten Archivguts dienen".

tungsnorm ist, Archivgut des Bundes zu archivieren[23], das den hessischen Staatsarchiven nach § 2 Abs. 3 Satz 1 BArchG angeboten wird, könnte sich eine solche Notwendigkeit des Vergleichs auch ergeben.

Mag in den beiden vorgenannten Fällen noch ein pragmatischer Standpunkt über die theoretischen Klippen hinweghelfen, so wird die Angelegenheit schwierig beim dritten Beispiel. Während der Bund, Baden-Württemberg, Nordrhein-Westfalen, Rheinland-Pfalz bei der Regelung der Benutzung von Archivgut unter Geheimhaltungsschutz von "Rechtsvorschriften über Geheimhaltung" ausgehen, sprechen Hessen, Bayern und Hamburg in diesem Zusammenhang von "besonderen Geheimhaltungsvorschriften". Während "Rechtsvorschriften" Gesetze im materiellen Sinne wie Parlamentsgesetze, Rechtsverordnungen und Satzungen voraussetzen, fallen unter "Vorschriften" auch verwaltungsinterne Regelungen ohne Rechtsnormcharakter. Die Begriffe stehen also nicht zur Auswahl, den vermutlich gleichen teleologischen Ansatz zu bezeichnen. Oder wollte man im Hinblick darauf, daß Verschlußsachenregelungen normalerweise keinen Rechtsnormcharakter besitzen, hier wirklich differenzieren? Die amtlichen Begründungen der Gesetze helfen nicht oder kaum, diese und viele andere "Ausbrüche aus der Gemeinsam-

---

[23] § 3 HArchivG regelt nur die Rechtsverhältnisse des Archivguts des Bundes in den hessischen Staatsarchiven. Der den Satz 1 einleitende Nebensatz stellt keine Ermächtigung oder gar Verpflichtung zur generellen Übernahme von Archivgut des Bundes dar.

keit" zu erklären. Sie geben oft nur den Gesetzeswortlaut mit anderen Worten wieder und lassen als Grundproblem erkennen, daß die Begründung erst nachträglich und vereinzelt zu den Paragraphen, also oft ohne ausreichende Reflexion des organischen Zusammenhangs des gesamten Gesetzestextes, erarbeitet worden ist. Einerseits scheint es schwer gefallen zu sein, Gesetzestexte zu begründen, die erst nach einer teilweise dramatischen Kompromißbildung auf Grund der Anhörungen entstanden sind. Zuweilen hat man aber wohl auch auf eine detaillierte Begründung verzichtet, weil man einer bisher schon geübten und daher vermeintlich nicht zu rechtfertigenden Praxis nur formellen Gesetzesrang beilegen wollte. Für alle Textänderungen aber - und das waren beispielsweise in Hessen eine ganze Reihe - , die erst während der parlamentarischen Beratungen erfolgt sind, fehlen in der Regel amtliche Begründungen ganz.

Dann gibt es noch eine weitere Problemkategorie, nämlich den Fall einer durchaus beabsichtigten Gemeinsamkeit in der facharchivarischen Behandlung eines Problems, die aber in den meisten Gesetzen nicht hinreichend zum Ausdruck gekommen ist und damit einen Zwiespalt erzeugt hat. Ich meine das bekannte und auch bereits heftig diskutierte Problem der Reichweite der Prüfungspflicht bei Vorlegung von Archivgut, das sich auf eine natürliche Person bezieht (personenbezogenes Archivgut). Wohl jeder der mit den Archivgesetzen befaßten Fachvertreter wünschte hier im Interesse der Erhaltung der Leistungsfähigkeit des Archivs eine formale Betrachtungsweise nach dem Aktentyp (Personal-, Steuer-, Prozeßakten usw.), nicht eine auf das Sichten jeder sachbezogenen Akte hinauslaufende materielle Betrachtungsweise. Mehr oder weniger hinreichend ist dieser formale Ansatz aber nur im Landesarchivgesetz Baden-Württemberg (§ 6 Abs. 2 Satz 3) durch den Zusatz "nach seiner Zweckbestimmung", im Archivgesetz Nordrhein-Westfalen (§ 7 Abs. 2) durch den Zusatz "nach seiner Zweckbestimmung oder nach seinem wesentlichen Inhalt", im Hamburgischen Archivgesetz (§ 5 Abs. 2 Nr. 2 Satz 1) und im Bremischen Archivgesetz (§ 7 Abs. 2 Satz 2) durch den gleichen Zusatz und im Hessischen Archivgesetz (§ 15 Abs. 1 Satz 2) durch die einengende Bezugnahme auf "Akten und Dateien" verankert worden[24]. Die Frage, ob sich eine Angleichung der Standpunkte darüber ergibt, daß auch die Regelungen mit den genannten Zusätzen unter Berücksichtigung des weit gespannten "Grundrechts auf informationelle Selbstbestimmung" grundrechtskonform ausgelegt und angewandt werden müssen, möchte ich dahinstehen lassen. Dieses Problem bedarf eines weiteren Nachdenkens, auch im Hinblick auf eine damit in engem Zusammenhang stehende Frage, die leider wieder mit unterschiedlichen Regelungen nur im

---

[24] Interpretationslösungen bei: K. Oldenhage, Bemerkungen zum Bundesarchivgesetz (s. Anm. 1), Sp. 489. Ihm zustimmend: T. Diederich, Anordnung über die Sicherung und Nutzung der Archive der Katholischen Kirche. Einführung und Textabdruck, in: Der Archivar 42 (1989), Sp. 191. - Andere Auffassung: Hartmut Weber, Archivgesetzgebung (s. Anm. 4), S. 70 und jüngst H.-J. Hecker auf dem 61. Deutschen Archivtag in Karlsruhe, in: Der Archivar 44 (1991), Sp. 31. - Hilfreich die Ausführungen von König in dem Abschnitt "Personenbezogenes Archivgut?" seines hier abgedruckten Beitrages.

Bundesarchivgesetz (§ 5 Abs. 5 Satz 4), im Hessischen Archivgesetz (§ 15 Abs. 2 Satz 2) und besonders eingehend im Hamburgischen Archivgesetz (§ 5 Abs. 2 Nr. 5), nicht aber in den anderen Landesarchivgesetzen behandelt ist, nämlich die bei der Nutzung von Archivgut aufkommende Frage nach der Schutzbedürftigkeit von Personen der Zeitgeschichte und Amtsträgern in Ausübung ihres Amtes[25].

Komplizierte Rechtsfragen ergeben sich auch im Rahmen der Verkürzung von Schutzfristen, gerade beim soeben angesprochenen personenbezogenen Archivgut. Jedes Land hat hier wegen der Zweigleisigkeit der Schutzfristenregelungen auf Grund von Bundesrecht und Landesrecht je nach rechtlicher Zuordnung des Archivgutes bei der Verkürzung der Schutzfristen die entsprechende Regelung des Bundes (§ 5 Abs. 5 BArchG) oder des Landes anzuwenden. Die Handhabung der Verkürzung, die durch involvierte divergierende Grundrechtspositionen (Persönlichkeitsschutz und Wissenschaftsfreiheit) oft schon schwierig genug ist, ließe sich bei einheitlichen

---

[25] Viel zu wenig scheint die interessante Lösung bekannt geworden zu sein, die bereits das Gesetz zur Änderung des Gesetzes zum Abschluß der Entnazifizierung im Lande Niedersachsen vom 22. Mai 1987 (GVBl S. 99) zu diesem Problem, aber auch allgemein zum Problem der personenenbezogenen Angaben in Akten, bot. Abdruck des Gesetzes mit einem sehr ausführlichen Runderlaß an die niedersächsischen Staatsarchive vom 15. März 1988 in: Der Archivar 41 (1988), Sp. 585-588. Neuerlich zeigt der Entwurf eines Stasi-Unterlagen-Gesetzes vom 12. Juni 1991 (Deutscher Bundestag, Drs. 12/723), insbesondere in den §§ 4 und 26, einen sehr vertieften Stand der Diskussion.

Rahmenbedingungen überzeugender gegenüber dem Bürger vertreten, aber die Regelungen der einzelnen Länder stimmen nach Wortlaut und Zielsetzung in keinem Falle mit der Regelung des Bundes überein. Vergleicht man aber die Verkürzungsbedingungen der Länder untereinander, so kann man wahrlich nicht sagen, daß hier eine einheitliche Haltung gegenüber dem Bund eingenommen würde. Offenkundige und latente Unterschiede gehen hier Hand in Hand, schon bei der Vorfrage, ob neben wissenschaftlichen Zwecken oder Forschungsvorhaben auch die Wahrnehmung berechtigter Belange die Verkürzung rechtfertigt, dann bei der Frage nach der Notwendigkeit oder Unerläßlichkeit der Benutzung und der Intensität des Schutzes Betroffener oder Dritter[26]. Ich bin auch hier der Meinung, daß in 90 Prozent der Fälle die praktischen Lösungen in den einzelnen Ländern gleich ausfallen würden, aber eine dogmatische Aufarbeitung des Komplexes könnte die gewiesenen verschlungenen Pfade nicht ignorieren.

Zu den Rechtsfragen der Aussonderung und Übernahme von Archivgut, die noch um einiges komplizierter sind, brauche ich hier in Ansehung des folgenden umfangreichen Beitrages von Bodo Uhl nichts auszuführen. Mir geht es zum Abschluß noch um ein Problem, das ich als Einstieg in das Thema hätte wählen können, das sich nun auch ebensogut für ein Resümee eignet. Es geht um die scheinbar banale Frage: Was ist überhaupt ein Archiv, wenn wir uns darüber durch die Archivgesetze belehren lassen wollen? Dabei fällt auf, daß keines der

---

[26] Dazu noch Bannasch und König in ihren Beiträgen.

Archivgesetze eine definitorische Beschreibung des Sachbegriffs "Archiv" enthält[27], sondern stets gleich zur Aufgabenbeschreibung der Archive schreitet, die in einigen Gesetzen (Hessen, Bayern und Hamburg) noch unter der Legaldefinition "Archivierung" zusammengefaßt ist. Der Gefahr, daß ein solches Verfahren nicht ein derartiges Maßhalten voraussetzt wie eine der Archivgeschichte und Archivtheorie verpflichtete Definition des Sachbegriffs "Archiv", sind viele Archivgesetze erlegen. Denn wenn wir von der Aufgabenbeschreibung nun auf den Sachbegriff "Archiv" zu schließen versuchen, so scheinen selbst klassische Archive wie die Staatsarchive in Bund und Ländern unterschiedliche Institutionen zu sein. Das Problem besteht darin, daß die Aufgabenbeschreibung der Archive variiert bzw. nicht präzise genug nach Kernaufgaben und Sekundär- bzw. Sonderaufgaben der Archive unterschieden wird. Während die Kernaufgaben der Archive unbestritten von der Bewertung und Übernahme von Archivgut über die dauernde Aufbewahrung, Sicherung und Erschließung bis zur Nutzbarmachung reichen, erscheint es mir bedenklich, wenn einige Archivgesetze (Bund, Nordrhein-Westfalen, Bremen, verhaltener Bayern und Hamburg) in einem Atemzuge auch noch Aufgaben der Erforschung und Veröffentlichung von

---

[27] Amtlicherseits aber die Empfehlungen für die Schriftgutverwaltung, hrsg. vom Präsidenten des Bundesrechnungshofes und vom Bundesminister des Innern, Januar 1984, S. 11.

Archivgut erwähnen[28]. Um sogleich einem Mißständnis vorzubeugen: ich halte es für höchst tugendhaft, wenn sich Archive und erst recht die Staatarchive der Forschung mit Außenwirkung widmen, und soweit sie diese Aufgabe wahrnehmen können und wollen, erscheint es schon im Hinblick auf Befugnisse der Datenverarbeitung sehr sinnvoll, die Aufgabe auch gesetzlich abzusichern. Doch gehört derartiges in einen besonderen Satz oder sogar Absatz (vgl. § 7 Abs. 4 HArchivG), damit durch klare Scheidung von Kernaufgaben und Sekundär- bzw. Sonderaufgaben ein einheitlicher Archivbegriff möglich bleibt. Diese Fragen, die das Berufsbild des Archivars berühren, haben nicht zuletzt Auswirkungen auf die Schwerpunkte, die in der Archivarsausbildung gesetzt werden können und sollen. Unter Berücksichtigung der divergierenden Aufgabenbeschreibungen scheint mir eine Ausgewogenheit der Inhalte und Ziele der Ausbildung ein noch nicht überlebtes Desiderat geblieben zu sein.

Mein Beitrag fragte nach dem Höchstmaß an Gemeinsamkeit, wie es sich an der bisherigen Archivgesetzgebung ablesen läßt. Mir liegt es fern, das Ergebnis und die dabei zu Tage getretenen Probleme zu dramatisieren. In einer Zeit, in der es nur um die Unterschiede zwischen Bundesarchivgesetz und

---

[28] Erst recht geht es zu weit, wenn in Art. 2 Abs. 3 BayArchivG die "Auswertung" des Archivguts noch unter den Begriff "Archivierung" gefaßt wird. Das hat § 1 Abs. 1 Satz 1 HmbArchG durch geschickte Ausgrenzung des Auswertens aus der vorangehenden Legaldefinition der Archivierung vermieden.

Landesarchivgesetz Baden-Württemberg ging, hätte ich sogar mit Hartmut Weber in diesem Zustand noch "ein positives Zeichen von lebendigem Föderalismus"[29] sehen können. Mittlerweile fällt mir dies aber immer schwieriger. Ich blicke mit einiger Bewunderung auf die beispielsweise in den Verwaltungsverfahrensgesetzen des Bundes und der alten Länder auf der Grundlage einer jahrzehntelangen Verwaltungsrechtswissenschaft erreichte Normenidentität, die ja nicht als ein Zeichen von uniformer Armut zu werten ist. Ich muß mich danach wohl oder übel mit der Tatsache anfreunden, daß allen Archivgesetzen das schwierige Problem der Auseinandersetzung mit rechtlichem Neuland im Bannkreis oft erheblich divergierender Interessen anzusehen ist. Da kaum erwartet werden kann, daß dies in den Verfahren der noch ausstehenden Archivgesetze der Länder anders sein wird, ist guter Rat teuer, auf welche Weise noch ein Höchstmaß an Gemeinsamkeit bewahrt werden kann. Wenn immer Archivare und Juristen Verantwortung bei der Abfassung der Archivgesetze tragen, sollten sie des Problems des Eklektizismus gegenüber den Urmustern der Gesetzgebung, hier gegenüber dem Landesarchivgesetz Baden-Württemberg und dem Bundesarchivgesetz, innewerden. In der Erkenntnis, daß diese beiden Gesetze bereits mit ihrem Inkrafttreten einen unauslöschlichen

---

[29] H. Weber (s. Anm. 4), S. 70 trotz Einsicht in die klar herausgestellten Probleme. Daß sich darüber die Chance ergibt, auf diesem rechtlichen Neuland Erfahrungen mit unterschiedlichen Regelungen zu sammeln (Weber, S. 72), ist sicherlich positiv zu bewerten, ich hoffe nur, daß beizeiten auch von Bund und Ländern übergreifende Schlußfolgerungen gezogen werden.

Einfluß auf die archivwissenschaftliche wie archivrechtliche Begrifflichkeit und Dogmatik aufgeübt haben, sollten sich alle zukünftigen Archivgesetzgeber in Vorsicht üben, den jeweils neuesten Stand der Gesetzgebung durch Zusammenfügen aller in den vorangegangenen Archivgesetzen aufgelesenen neuartigen Gedankensplitter erreichen zu wollen. Oft entstehen durch dieses Mischen von eigenen und fremden Gedanken unorganische Begriffszwitter, überladene unbestimmte Rechtsbegriffe und gar widersprüchliche Terminologien, die nicht nur den Vergleich mit den anderen Gesetzen erschweren, sondern auch die innere Ordnung des betreffenden Gesetzes stören. Die Grundregel sollte lauten: sorgfältig prüfen, was überhaupt mit formell-gesetzlichen Normen geregelt werden muß und sodann den Urmustern der Gesetzgebung so wörtlich wie möglich und nur so frei wie nötig zu folgen. Neuerungen, die etwaige Regelungslücken bei den Urmustern auffüllen oder neu hinzugekommenen Problemen Rechnung tragen wollen, sollten so behutsam formuliert und eingegliedert werden, daß sie auch ebenso noch nachträglich in den Urmustern Berücksichtigung finden könnten. Nur so läßt sich eine "zweite Welle der Archivgesetzgebung", sie mag nun kommen oder nicht, schon im vorhinein sinnvoll koordinieren.

REINER GROSS

Rechtliche Probleme des Archivwesens in den Ländern der ehemaligen DDR

1. Die Ausgangssituation

Mit dem 3. Oktober 1990 erfolgte der Beitritt der DDR zur Bundesrepublik Deutschland gemäß Artikel 23 des Grundgesetzes für die Bundesrepublik Deutschland vom 23. Mai 1949. Damit ist eine völlig neue verfassungsrechtliche Situation entstanden, die in mehrfacher Weise den Bereich des staatlichen Archivwesens der DDR betrifft und zu wesentlich veränderten Verhältnissen und Bedingungen führt. Die rechtliche Grundlage für den Beitritt bildet der Einigungsvertrag vom 31. August 1990[1], der zu den neuen rechtlichen Verhältnissen auf dem Gebiet des Archivwesens für das Beitrittsgebiet zu befragen ist. Dabei kommt man zu folgendem Ergebnis. Die Rechtsangleichung wird in Kapitel III durch Artikel 8 mit der Überleitung vom Bundesrecht und in Artikel 9 mit dem fortgeltenden Recht der DDR geregelt. Entscheidend ist dabei die Bestimmung von Artikel 9 Absatz 1, in dem es heißt: "Das im Zeitpunkt der Unterzeichnung dieses Vertrags geltende Recht der Deutschen Demokratischen Republik, das nach der Kompetenzordnung des Grundgesetzes Landesrecht ist,

---

[1] BGBl. II S. 885 ff.; Abdruck in: Einigungsvertrag. Sonderdruck aus der Sammlung Das deutsche Bundesrecht, 1. Aufl., Baden-Baden: Nomos Verlagsgesellschaft 1990.

bleibt in Kraft, [...] soweit in diesem Vertrag nichts anderes bestimmt wird."

Davon ausgehend ist zu prüfen, welche archivrechtlichen Bestimmungen in Anlage I des Einigungsvertrages über "Besondere Bestimmungen zur Überarbeitung von Bundesrecht" und in Anlage II des Einigungsvertrages über "Besondere Bestimmungen für fortgeltendes Recht der DDR" enthalten sind. Es ist festzustellen, daß in Anlage I: Besondere Bestimmungen zur Überleitung von Bundesrecht, Kapitel II: Geschäftsbereich des Bundesministers des Inneren, Sachgebiet B: Verwaltung, Abschnitt II Punkt 2 die Änderung des Bundesarchivgesetzes vom 6. Januar 1988 in seinem § 2 Abs. 8 geschieht. Dies betrifft die Zuständigkeitsregelung für das Bundesarchiv in bezug auf das Beitrittsgebiet für das Zentrale Staatsarchiv Potsdam sowie die zentrale Verwaltungsebene der nach dem 3. Oktober 1990 nicht mehr existenten DDR. Darüber hinaus wird der Umgang mit den personenbezogenen Akten des ehemaligen Ministeriums für Staatssicherheit / Amtes für Nationale Sicherheit bis zum Erlaß neuer gesetzlicher Bestimmungen festgeschrieben[2]. Demgegenüber ist in Anlage II: Besondere Bestimmungen für fortgeltendes Recht der DDR, Kapitel II: Geschäftsbereich des Bundesministers des Innern, Sachgebiet B: Verwaltung über die in der DDR geltenden archivrechtlichen Bestimmungen nichts ausgesagt.

---

[2] Abgedruckt bei D. Hebig, Archivrecht in den Bundesländern des Beitrittsgebietes. In: Archivmitteilungen 40 (1990), Heft 6, S. 240-241.

Daraus ergibt sich in Anwendung von Artikel 9 Absatz 1 des Einigungsvertrages in Verbindung mit dem Ländereinführungsgesetz vom 22. Juli 1990[3] wohl zwingend, daß die auf die Staatsarchive und anderen staatlichen Archive sowie auf die Verwaltungsarchive bezüglichen Bestimmungen der Verordnung über das staatliche Archivwesen vom 11. März 1976[4] und die Erste Durchführungsbestimmung zu dieser Verordnung über die Zuständigkeit der Staatlichen Archive, Bestandsergänzung, Bewertung und Kassation vom 19. März 1976[5] nach wie vor geltendes Archivrecht sind. Diese Situation wird in den neuen Bundesländern solange bestehen, bis Landesarchivgesetze erlassen worden sind. Gleiches trifft auf die Zweite Durchführungsbestimmung - Benutzungsordnung - in der Fassung vom 16. März 1990[6] zu, sofern die Bestimmungen des Bundesdatenschutzgesetzes dem nicht entgegenstehen[7].

---

[3] GBl.-DDR I Nr. 51 S. 955.

[4] GBl.-DDR I Nr. 10 S. 165. Abdruck in: Archivmitteilungen 26 (1976), S. 126-129.

[5] GBl.-DDR I Nr. 10 S. 169. Abdruck in: Archivmitteilungen 26 (1976), S. 129-133.

[6] GBl.-DDR I Nr. 21 S. 193. Abdruck in: Archivmitteilungen 40 (1990), S. 123 f., Der Archivar 43 (1990), Sp. 461-466.

[7] Der Auffassung, daß mit dem Beitritt der DDR zur BRD und der Bildung der fünf neuen Bundesländer die Verordnung über das staatliche Archivwesen vom 11. März 1976 außer Kraft gesetzt sei, kann nicht zugestimmt werden. Vgl. Hebig, Archivrecht, a.a.O., S. 240.

Für die fünf neuen Bundesländer ist damit im Bereich des bisherigen staatlichen Archivwesens eine besondere Situation entstanden. Sie ergibt sich daraus, daß die Strukturen, für die wesentliche Teile des sozialistischen Archivrechts geschaffen wurden, nicht mehr existieren. Die neuen Strukturen, die nach der friedlichen Revolution des Herbstes 1989 insbesondere mit der Wiedererrichtung der Länder entstanden und gegenwärtig im Aufbau sind, stellen unabhängig davon aber die real existierenden Archive vor ständig neue, im Umfang zunehmende Aufgaben und Anforderungen. Die sich aus diesen neuen Strukturen für die Archive ergebenden Rechtsvorschriften gibt es aber noch nicht. Daraus ergibt sich die Problemstellung, ja das Spannungsfeld, daß mit den noch aus der DDR-Zeit stammenden archivrechtlichen Regelungen die gegenwärtigen und sicher auch noch eine Zeit die künftigen Anforderungen erfüllt werden müssen.

Aus diesem Spannungsverhältnis erhebt sich einleitend die Frage, welche Gegenstände archivrechtlich dringend zu regeln sind. Bei einer vergleichenden Betrachtung der vorliegenden Archivgesetze und Archivverordnungen in Deutschland und unter Berücksichtigung der praktischen Erfordernisse sind dies die Archivorganisationsfragen auf Landesebene, die Aufgaben und Kompetenzen der staatlichen Archive, die archivischen Zuständigkeiten, die Sicherung, Bewertung und Übernahme von Archivgut, die Nutzung, Benutzung und der Datenschutz sowie die Einordnung des Archivgutes in den Bereich des Kulturgutschutzes. Gedanken zu diesen Problemfeldern sollen die nachfolgenden Ausführungen bestimmen.

2. Die archivrechtlichen Regelungen der ehemaligen DDR

Nach dem Ende des Zweiten Weltkrieges hat es im Rahmen der Landesverantwortung, so etwa in Sachsen, erste archivrechtliche Regelungen gegeben, die insbesondere die Sicherung und Übernahme des Archivgutes aus der Zeit vor dem 8. Mai 1945 zum Inhalt hatten. Mit der Gründung der DDR wurde das bis dahin föderalistisch organisierte staatliche Archivwesen zentralisiert und der Staatlichen Archivverwaltung im Ministerium des Innern der DDR unterstellt. Das wurde mit der ersten Archivverordnung einschließlich Durchführungsbestimmungen vom Juli 1950[8] festgeschrieben. Im gleichen und darauffolgenden Jahr wurden auf dem Verordnungswege die Errichtung von Stadt- und Kreisarchiven, Betriebsarchiven und Verwaltungsarchiven festgelegt[9].

Nach einer fünfzehnjährigen Gültigkeit trat an die Stelle dieser einzelnen Verordnungen eine neue Verordnung über das staatliche Archivwesen der DDR einschließlich von zwei Durchführungsbestimmungen, die unter dem 17. und 25. Juni 1965 erlassen wurden[10]. Die zentrale Leitung des staatlichen Archivwesens wurde darin weiter ausgebaut und durch die

---

[8] Abdruck in: Archivmitteilungen 1 (1951), S. 9 f.

[9] Abdruck in: Archivmitteilungen 1 (1951), S. 8, 10 f., 28-32, 43-47.

[10] GBl.-DDR II Nr. 75 S. 567, 570, 572. Abdruck in: Archivmitteilungen 15 (1965), S. 163-169.

Formulierung des Staatlichen Archivfonds der DDR archivtheoretisch abgesichert. Damit war zugleich eine formale Neuorganisation des staatlichen Archivwesens im Bereich der direkt der Staatlichen Archivverwaltung unterstellten Archive verbunden. Aus Landeshaupt- und Landesarchiven wurden Staatsarchive, womit auch in diesem Bereich der Versuch unternommen wurde, die historisch gewachsenen Länderstrukturen aufzuheben und auch im Bereich der Archivorganisation eine Angleichung an die seit August 1952 geltende Bezirksgliederung zu erreichen. Dabei wurden die historisch gewachsenen Zuständigkeitsfestlegungen nicht berührt, so daß die Archivbildungen bis 1952 erhalten geblieben sind. Schließlich wurden erstmals die Verantwortlichkeiten bei Schriftgutverwaltung und Bewertung auf dem Verordnungswege geregelt.

Mit der bereits eingangs genannten Verordnung über das staatliche Archivwesen vom 11. März 1976 und der gleichzeitig veröffentlichten Ersten und Zweiten Durchführungsbestimmung[11] wurden die archivrechtlichen Bestimmungen von 1965 weitergeführt. Dabei ist einerseits versucht worden, den Geltungsbereich der archivrechtlichen Festlegungen zu erweitern, die Aufgaben des staatlichen Archivwesens umfassender zu formulieren und auf diese Weise eine umfassende Quellensicherung und Quellenaufbereitung zu gewährleisten. Dieses

---

[11] Zur Ersten Durchführungsbestimmung s. Anm. 5. Abdruck der Zweiten Durchführungsbestimmung - Benutzungsordnung - vom 19. März 1976 (GBl.-DDR I Nr. 10 S. 172) in: Archivmitteilungen 26 (1976), S. 133-135.

durchaus ernsthafte Bemühen führte letztlich nicht zum vollen Erfolg, weil in Verwirklichung des Prinzips der doppelten Unterstellung und der in den §§ 9 und 10 der Verordnung vom 11. März 1976 enthaltenen Regelungen rechtliche Möglichkeiten eröffnet wurden, die die angestrebte einheitliche Leitung durchbrachen. Wie heute festzustellen ist, bildeten diese archivrechtlichen Regelungen die Voraussetzung für die Ausbildung eines eigenständigen Behördenarchivwesens, wie man es eigentlich nach der Französischen Revolution für überwunden geglaubt hatte. Mit der Ausbildung von zentralen Verwaltungsarchiven zu Behördenarchiven der Verwaltungszweige, beispielsweise für den Bereich der Ministerien für Inneres, Nationale Verteidigung, Justiz und in Ansätzen auch beim Verkehrswesen, natürlich auch beim Außenministerium, beim Obersten Gericht der DDR und bei der Generalstaatsanwaltschaft der DDR wurde die Zuständigkeit der Staatsarchive bewußt ausgehöhlt. Die in der Verordnung angebotene Möglichkeit einer ehrenamtlichen Mitarbeit von Bürgern bei der Sicherung und Bearbeitung von Archivgut im Sinne einer Archivpflegerorganisation ist von den staatlichen Archiven nicht angenommen worden. In der Ersten Durchführungsbestimmung wurden die Historischen Staatsarchive in Außenstellen der Staatsarchive umbenannt. Die Zweite Durchführungsbestimmung zur Archivverordnung, die generell die Benutzung der staatlichen Archive festlegte und eine Reihe von Entscheidungsbefugnissen an die Staatliche Archivverwaltung band, ist im März 1990 verändert worden, die eine Angleichung an das Bundesarchivgesetz brachte und die

Erteilung von Benutzungsgenehmigungen generell wieder den Staatsarchiven übertrug.

Diese archivrechtlichen Regelungen auf dem Verordnungswege, die nicht in den Rang eines Gesetzes kamen, wurden durch die Kulturschutzgesetzgebung ergänzt. Eine Datenschutzgesetzgebung hat es nicht gegeben. Die in der Archivverordnung festgeschriebenen Regelungen zur archivischen Zuständigkeit, zur Bestandsergänzung, Bewertung und Kassation sowie zur Benutzung sind noch gültig. Trotzdem besteht ein grundsätzlicher Regelungsbedarf, der die eingetretenen grundlegenden Veränderungen im staatlichen und rechtlichen Bereich für das Archivwesen transparent macht.

3. Der Regelungsbedarf im Beitrittsgebiet - der Freistaat Sachsen als Beispiel

Jede archivgesetzliche Regelung auf Länderebene in Wahrnehmung der Länderkompetenz muß ihren Ausgangspunkt in der jeweiligen Länderverfassung nehmen. Diese liegen noch nicht vor. Das Ländereinführungsgesetz regelt jedoch die Kompetenzverteilung zwischen Bund und Ländern in gleicher Weise wie im Grundgesetz für die Bundesrepublik Deutschland. Das bildete bereits vor dem Beitritt der DDR zum Geltungsbereich des Grundgesetzes die Grundlage für alle Überlegungen auf dem Archivgebiet. Das fand auch bei der Ausarbeitung von Entwürfen zu den Landesverfassungen seine Berücksichtigung. In dem für die abschließende Beratung im

Sächsischen Landtag vorgesehenen Entwurf der Verfassung des Freistaates Sachsen (Gohrischer Entwurf) ist im 1. Abschnitt über "Die Grundlagen des Staates" mit den Staatszielbestimmungen im Artikel 11 "Kulturförderung" formuliert: "Die Teilnahme an der Kultur ist dem gesamten Volk zu ermöglichen. Zu diesem Zweck werden öffentlich zugängliche Museen, Bibliotheken, Archive [...] unterhalten." Dies bestimmte die Archive nicht nur als Verwaltungseinrichtungen, die das nicht mehr in den Behörden benötigte Schriftgut zu übernehmen und zu bewahren haben, sondern auch als Kultureinrichtung mit der Verpflichtung zum Kulturgutschutz.

Aus diesen verfassungsrechtlichen Festlegungen leitet sich die Landesarchivgesetzgebung ab, die das Archivwesen des Freistaates Sachsen wie das der anderen neuen Bundesländer auch entsprechend den neuen Gegebenheiten umfassend regeln muß. Als wesentlicher Regelungsbedarf werden folgende Fragen angesehen:

Erstes Problem: Mit dem Ende der Existenz der DDR gibt es keinen einheitlichen staatlichen Archivfonds mehr. Es ist nunmehr wieder davon auszugehen, daß das staatliche Archivwesen von der Landesregierung, das kommunale Archivwesen von den Selbstverwaltungskörperschaften getragen wird und es daneben die Archive in öffentlich-rechtlicher Trägerschaft und die Wirtschaftsarchive in Verantwortung der privaten Wirtschaft und deren Vereinigungen gibt. Das erfordert vor allem im Bereich der Selbstverwaltung und der Wirtschaft ein Umdenken, eine größere eigene Verantwortung und das

Bekenntnis der Archiveigentümer zur vollen Trägerschaft dieser Archive. Das die Archivare Einende sollte neben dem Zusammenwirken im Archivarsverein das gemeinsame methodische Rüstzeug und das darauf beruhende Regelwerk von Erschließung und Bewertung sein.

Zweites Problem: Es gilt, eine den historisch gewachsenen Gegebenheiten gerecht werdende Landesarchivorganisation aufzubauen. Dabei wird man in Respektierung der vielfältig anstehenden Aufgaben auch in Sachsen eine personell kleine Landesarchivverwaltung benötigen, der die staatlichen Archive unterstellt sind. Dies ist in Sachsen in jedem Fall das Sächsische Hauptstaatsarchiv in Dresden und das Staatsarchiv Leipzig. Die sich entwickelnden Archivstandorte Chemnitz, Freiberg und Bautzen werden in jedem Fall beizubehalten sein. Damit verbinden sich eindeutige Zuständigkeitsregelungen, die auch zur Überwindung des Behördenarchivwesens auf Landesebene beitragen. In Anwendung des Bundesarchivgesetzes sind erste Schritte auf diesem Wege mit der Übernahme von sächsischen Polizeibeständen und der sächsischen Militärbestände bis 1918 erfolgreich begangen worden. In gleicher Weise steht für den Freistaat Sachsen die Zuständigkeitsfrage für die Bestände der staatlichen Lokalverwaltungsbehörden von 1952 bis 1990 an. Die Bestände der Räte der Kreise, die zur Zeit noch in den Kreisarchiven aufbewahrt werden, sind Teil der staatlichen Verwaltung in der ehemaligen DDR und gehören insofern in die staatlichen Archive. Diese Frage wird dann mit neuer Schärfe gestellt werden, wenn eine anstehende Kreisreform die bisherigen Strukturen grundlegend verändert und mindestens die Hälfte der jetzt existierenden Kreise und damit auch die Kreisarchive nicht mehr bestehen werden. Es kann dann nur, wie für den Zeitraum bis 1952, die Zuständigkeit der staatlichen Archive eintreten.

Drittes Problem: Die Archivorganisation in der ehemaligen DDR kannte auch ein ausgeprägtes städtisches Archivwesen und die Institution der Kreisarchive. In letzteren wurden die Gemeindebestände eines Kreises ebenso konzentriert wie das Archivgut von Städten, die nicht in der Lage waren, ein eigenes Stadtarchiv zu erhalten. Dies hat sich, betrachtet man die sächsischen Verhältnisse, durchaus bewährt. Deshalb sollten auch weiterhin Kreisarchive als gemeinsame Einrichtungen von Selbstverwaltungskörperschaften erhalten bleiben. Das Verständnis dafür bei den Gemeinden und Gemeindeverbänden zu wecken ist eine wichtige Aufgabe in Gegenwart und Zukunft.

Viertes Problem: Die wohl wesentlichsten Veränderungen stehen beim Wirtschaftsarchivwesen an. Auf Grund des Volkseigentums in der Wirtschaft wurde das Schriftgut der volkseigenen Betriebe in Auswahl in die staatlichen Archive übernommen. Das betrifft auch das erhalten gebliebene Archivgut der kapitalistischen Unternehmen vor deren Überführung in Volkseigentum. Mit der Privatisierung der volkseigenen Betriebe tritt nunmehr wieder eine völlig neue Situation ein, bei der die Gefahr des Verlusts wertvollen Dokumentationsgutes besteht. Es sind deshalb gemeinsam mit der Treuhandanstalt solche Regelungen anzustreben, daß das

Archivgut der Betriebe bis zu deren Privatisierung sicher aufbewahrt und danach den staatlichen Archiven zur Übernahme übergeben wird. Es sollte auch die Errichtung von Wirtschaftsarchiven für jeweils eine Region mit finanzieller Unterstützung der Treuhandanstalt in Erwägung gezogen werden. So ist die Schaffung eines Sächsischen Wirtschaftsarchivs in die Überlegung gekommen, um ein Auffangbecken für das zahlreiche Wirtschaftsarchivgut auch für die in Konkurs geratenen Unternehmen zu schaffen.

Fünftes Problem: Zur Bewältigung der anstehenden Aufgaben insbesondere im kommunalen und privaten Archivwesen soll die Archivpflegerorganisation in Anknüpfung an die Traditionen in Sachsen wieder aufgebaut werden. Auch dafür müssen archivrechtliche Regelungen ausgearbeitet werden.

Die vorstehend skizzierten Probleme und solche Fragen wie die Beachtung der Personendatenschutzbestimmungen und Grundfragen der Benutzung von Archivgut sind durch ein Landesarchivgesetz festzuschreiben.

4. Die vorbereitende Landesarchivgesetzgebung

In Erkenntnis der Entwicklung sind von einigen Staatsarchiven in den neuen Bundesländern bereits seit Frühjahr 1990 Landesarchivgesetzentwürfe erarbeitet worden. Das trifft für Brandenburg, Thüringen und Sachsen-Anhalt ebenso zu wie für Mecklenburg-Vorpommern und Sachsen. Das Grundanliegen besteht darin, die positiven Erfahrungen und Regelungen ebenso zu erhalten wie die Erfahrungen der alten Bundesländer bei der Landesarchivgesetzgebung zu nutzen und die Übereinstimmung mit dem Bundesarchivgesetz herzustellen. Daher werden aber die Landesarchivgesetze in den fünf neuen Bundesländern ebenso nicht gleich sein, wie die der alten Bundesländer auch Unterschiede aufweisen.

Für den Freistaat Sachsen liegt nunmehr nach Ausarbeitung und mehrfachen Diskussionsrunden, zuletzt in engster Zusammenarbeit mit dem Referat Archivwesen im Sächsischen Staatsministerium des Innern, ein siebenter Diskussionsentwurf eines sächsischen Landesarchivgesetzes vor. Er gliedert sich in vier Abschnitte und 17 Paragraphen, in denen Geltungsbereich, Begriffsbestimmungen, Archivorganisation, Aufgaben der Staatlichen Archive, Anbietung und Übernahme von Archivgut, Datenschutz, Nutzung von Archivgut und nichtstaatliches Archivwesen behandelt werden. Es ist vorgesehen, diesen Landesarchivgesetzentwurf noch in diesem Jahr auf den Gesetzgebungsweg zu bringen.

BODO UHL

Rechtsfragen der Aussonderung und Übernahme von Archivgut[1]

Gliederung

Einführung
I. Pflicht und Zulässigkeit der Anbietung und Übernahme von Unterlagen als Archivgut
    1. Steuergeheimnis
    2. Sozialgeheimnis
    3. Weitere Rechtsvorschriften des Bundes über Geheimhaltung nach § 2 Abs. 4 Bundesarchivgesetz
    4. Privatgeheimnisse nach § 203 Strafgesetzbuch
        a. Patientenunterlagen
        b. Notariatsunterlagen
    5. Meldegeheimnis
    6. Personenstands- und Statistikgeheimnis
    7. Brief-, Post-, und Fernmeldegeheimnis

---

[1] Überarbeitete und mit Anmerkungen versehene Fassung des Vortrags vom 6. Dezember 1990. Für vielfältige Unterstützung vor allem bei der Ermittlung der Fundstellen der Rechts- und Verwaltungsvorschriften danke ich besonders Frau Archivinspektorin Claudia Pollach von der Generaldirektion der Staatl. Archive Bayerns.

8. Löschungs- und Vernichtungsgebote im allgemeinen
9. Besondere Löschungs- und Vernichtungsgebote außerhalb der Datenschutzgesetze

II. Zeitfragen der Anbietung bzw. Abgabe von Unterlagen an die Archive
    1. Fristenregelungen
    2. Zwischen- bzw. Auftragsarchivierung

III. Regelungen zur Bewertungskompetenz der Archive
    Gesetzesanhang

Einführung

Die Aussonderung von Unterlagen durch die Behörden und Gerichte ist im staatlichen Bereich wenigstens teilweise bereits seit dem 19. Jahrhundert durch Vorschriften geregelt. Die ältesten Anweisungen gab es wohl bei der Justiz. Bis vor kurzem handelte es sich dabei überall um Verwaltungsvorschriften. Nicht zuletzt Probleme bei der Übernahme von Unterlagen von den Behörden in die Archive, datenschutzrechtlich gesprochen also bei einer Datenübermittlung, gaben aber Anlaß zur umfassenden gesetzlichen Regelung des öffentlichen Archivwesens beim Bund und bei inzwischen sechs Ländern[2]. Das sogenannte Volkszählungsurteil des Bundes-

---

[2] Herangezogen werden folgende Archivgesetze: Gesetz über die Sicherung und Nutzung von Archivgut des Bundes (Bundesarchivgesetz - BArchG) vom 6. Januar 1988, BGBl I S. 62, geändert durch Anlage I Kapitel II Sachgebiet B Abschnitt II Nr. 2 Buchstabe a des Vertrages ("Einigungsvertrag") vom 31. August 1990, BGBl II S. 885 [912] - Gesetz über die Pflege und Nutzung von Archivgut (Landesarchivgesetz - LArchG) vom 27. Juli 1987, geändert durch Gesetz vom 12. März 1990, GBl 1987 S. 230, 1990 S. 302 (Baden-Württemberg) - Gesetz über die Sicherung und Nutzung öffentlichen Archivguts im Lande Nordrhein-Westfalen (Archivgesetz Nordrhein-Westfalen - ArchivG NW) vom 16. Mai 1989, GVBl S. 302 - Hessisches Archivgesetz (HArchivG) vom 18. Oktober 1989, GVBl S. 270 - Bayerisches Archivgesetz (BayArchivG) vom 22. Dezember 1989, GVBl S. 710 - Landesarchivgesetz (LArchG) vom 5. Oktober 1990, GVBl S. 277 (Rheinland-Pfalz) - Hamburgisches Archivgesetz (HmbArchG) vom 21. Januar 1991, HmbGVBl S. 7 - Der Entwurf eines Bremischen Archivgesetzes - BremArchivG - wurde am 26. März 1991 in der Bürgerschaft eingebracht, vgl. Bremische Bürgerschaft Drs. 12/1193, in allen anderen, auch in den neuen Bundes-

verfassungsgerichts vom 15. Dezember 1983[3] mit seinen Ausführungen zum Recht auf informationelle Selbstbestimmung gab dazu den letzten Anstoß, indem es den Zweckbindungsgrundsatz mit einem klaren Gesetzesvorbehalt verknüpfte und damit die Übergabe personenbezogener Unterlagen an die Archive von einer gesetzlichen Ermächtigung abhängig machte.

Soweit bereits Gesetze in Kraft sind, scheint es für die Archive bei der Übernahme von Unterlagen keine Probleme mehr zu geben; diesen Eindruck vermitteln zumindest die wohl am zutreffendsten als offiziös zu bezeichnenden Erläute-

---

ländern sind Gesetze in Vorbereitung. - Durch die Beschränkung auf Probleme bei der Anbietung und Übernahme von Archivgut sollen nicht die erheblichen Schwierigkeiten bei der Benützung relativiert werden. Während letztere aber bereits länger bewußt sind und deshalb auch in der Literatur schon mehrfach behandelt wurden - vgl. aus jüngerer Zeit vor allem FREYS (wie Anm. 7); DIETER WYDUCKEL, Archivgesetzgebung im Spannungsfeld von informationeller Selbstbestimmung und Forschungsfreiheit. Zur Genese, Geltung und verfassungsrechtlichen Würdigung des Bundesarchivgesetzes, in: DVBl 1989, S. 327-337; HANS SCHMITZ, Archive zwischen Wissenschaftsfreiheit und Persönlichkeitsschutz. Anmerkungen zur Archivgesetzgebung in der Bundesrepublik Deutschland unter besonderer Berücksichtigung der Archivalienbenutzung, in: FRIEDRICH P. KAHLENBERG (Hg.), Aus der Arbeit der Archive. Beiträge zum Archivwesen, zur Quellenkunde und zur Geschichte. Festschrift für Hans Booms (Schriften des Bundesarchivs 36), Boppard am Rhein 1989, S. 95-112, und die in Anm. 4 zitierten Aufsätze - werden die hier anzusprechenden Fragen auch in Fachkreisen erst nach und nach bewußt.

[3] 1BvR 209/83, NJW 1984 S. 419ff, DVBl 1984 S. 385ff.

rungen zu den einzelnen Gesetzen vor allem in der Zeitschrift "Der Archivar"[4]. Um so herber ist dann die Enttäuschung, wenn gelegentlich doch völlig unerwartete Schwierigkeiten auftreten. So verursachten, um ein aktuelles Beispiel aus Bayern zu nennen, Presseberichte über die Vernichtung von polizeilichen Videoaufzeichnungen, die im Zusammenhang mit dem Bau der Wiederaufarbeitungsanlage Wackersdorf ent-

---

[4] Vgl. KLAUS OLDENHAGE, Bemerkungen zum Bundesarchivgesetz, in: Der Archivar 41, 1988, Sp. 477-498. - GREGOR RICHTER, Die parlamentarische Behandlung des baden-württembergischen Landesarchivgesetzes vom 27. Juli 1987, in: KAHLENBERG (wie Anm. 2) S. 113-129. - DERS., Das baden-württembergische Landesarchivgesetz vom 27. Juli 1987. Einführung und Textabdruck, in: Der Archivar 41, 1988, Sp. 385-398. - DERS., Das baden-württembergische Gesetz zur Änderung des Landesarchivgesetzes (LArchG) vom 12. März 1990. Einführung und Textabdruck, in: Der Archivar 43, 1990, Sp. 565-572. - DERS., Die Landesarchivgesetzgebung in Baden-Württemberg. Eine Einführung, in: Archivrecht in Baden-Württemberg. Texte, Materialien, Erläuterungen. Bearb. von HERMANN BANNASCH unter Mitw. von ANDREAS MAISCH mit einer Einführung in das Landesarchivgesetz von GREGOR RICHTER (Werkhefte der staatlichen Archivverwaltung Baden-Württemberg. Serie A Landesarchivdirektion. Heft 1), Stuttgart 1990, S. 229-263. - HANS SCHMITZ, Archivgesetz Nordrhein-Westfalen. Einführung und Textabdruck, in: Der Archivar 43, 1990, Sp. 227-242. - WOLF-ARNO KROPAT, Das hessische Archivgesetz. Einführung und Textabdruck, in: Der Archivar 43, 1990, Sp. 359-374. - WALTER JAROSCHKA, Bayerisches Archivgesetz. Einführung und Textabdruck, in: Der Archivar 44, 1991, Heft 4 (im Druck). - Der Aufsatz des Verf., Das neue Bayerische Archivgesetz und seine Auswirkungen auf die Kommunen, in: Kommunalpraxis 12, 1990, S. 17-22, geht zwar schwerpunktmäßig auf die Relevanz des Gesetzes für die Kommunen ein, gibt aber ebenfalls einen knappen Überblick über den gesamten Regelungsinhalt des Gesetzes.

standen waren, große Aufregung in der Archivverwaltung, die fast in Empörung umschlug, als sich herausstellte, daß die Polizei diese Unterlagen tatsächlich zu Recht vernichtet hat und sie auf Grund der geltenden Rechtslage dem zuständigen Staatsarchiv auch gar nicht anbieten durfte. Die Klärung dieses Falles sei zunächst zurückgestellt[5], er soll an dieser Stelle nur deutlich machen, daß auch heute noch interessante und wichtige Unterlagen offensichtlich nicht der Anbietepflicht an die Archive unterliegen.

Ich möchte meine Überlegungen zu ausgewählten Rechtsfragen im Zusammenhang mit der Aussonderung und Übernahme von Unterlagen zunächst und vorrangig diesem Fragenkomplex zuwenden (I). In einem zweiten, kürzeren Abschnitt soll dann auf Probleme der Anbiete- bzw. Abgabefristen und im Zusammenhang damit der vorzeitigen Abgabe und der Zwischen- bzw. Auftragsarchivierung eingegangen werden (II). Am Schluß stehen Überlegungen zur Bewertungskompetenz der Archive nach den Archivgesetzen (III).

I. Pflicht und Zulässigkeit der Anbietung und Übernahme von Unterlagen als Archivgut

Formulierungen wie "Die Behörden, Gerichte und sonstigen Stellen des Landes haben alle Unterlagen, die zur Erfüllung ihrer Aufgaben nicht mehr benötigt werden, unverzüglich dem

---

[5] Vgl. dazu weiter unten S. 96 ff.

jeweils zuständigen staatlichen Archiv anzubieten"[6] suggerieren zweifellos nicht nur dem unbefangenen Leser eine alles umfassende Anbietepflicht der Behörden. Ähnliche Formulierungen finden sich in allen Archivgesetzen. Dieser Eindruck wird noch dadurch verstärkt, daß sich fast durchwegs Bestimmungen der Art anschließen "Anzubieten sind auch Unterlagen [...]", worauf Hinweise auf personenbezogenes und geheimzuhaltendes Material folgen.

Einen vor allem für die Staats- und Kommunalarchive besonders wichtigen Katalog von anzubietenden und zu übergebenden Unterlagen enthält § 2 Abs. 4 BArchG. Damit lockert der Bundesgesetzgeber eine ganze Reihe bundesrechtlicher Geheimhaltsbestimmungen, die bisher einer Archivierung einschlägiger Unterlagen grundsätzlich im Wege standen. Da trotz dieser neuen Rechtslage bei der Aussonderung derartiger Unterlagen immer noch Schwierigkeiten auftreten - der Bekanntheitsgrad der Archivgesetze in der Verwaltung ist noch nicht sehr hoch - und die bisher einzige Monographie zum Archivrecht[7] gerade in diesem Punkt eher Irritationen verursacht als Klarheit schafft, ist auf die wichtigsten einschlägigen Rechtsvorschriften wenigstens kurz noch einmal einzugehen.

---

[6] ArchivG NW § 3 Abs. 1.

[7] ALEXANDER F. J. FREYS, Das Recht der Nutzung und des Unterhalts von Archiven (Schriftenreihe des Archivs für Urheber-, Film-, Funk- und Theaterrecht (UFITA) Band 85), Baden-Baden 1989.

1. Steuergeheimnis

§ 2 Abs. 4 i.V. mit § 8 BArchG dehnt die Anbietepflicht zunächst auf Unterlagen aus, die dem *Steuergeheimnis* nach § 30 der Abgabenordnung unterliegen[8], das bisher vor allem die Archivierung von Steuerakten der Finanzämter erheblich behindert hat. In Abs. 2 und 3 dieses § 30 ist festgehalten, daß Amtsträger und diesen Gleichgestellte das Steuergeheimnis verletzen, wenn sie Verhältnisse eines anderen, die ihnen beim Besteuerungsverfahren bekanntgeworden sind, sowie Betriebs- und Geschäftsgeheimnisse unbefugt offenbaren. Abs. 4 listet dann abschließend die Gründe auf, nach denen eine Offenbarung der Kenntnisse zulässig ist. Da darunter die Archivierung nicht aufgeführt ist, war die Abgabe einschlägiger Unterlagen an die Archive grundsätzlich nicht möglich. Besonders die Tatsache, daß die Wahrung des Steuergeheimnisses zeitlich nicht befristet ist, führte in den letzten Jahren zu verschiedenen Ansätzen, wenigstens einen Teil dieser Unterlagen für die künftige Forschung zu retten. So versuchte man den § 30 AO dadurch zu "unterlaufen", daß man die Staatsarchive zu Steuerarchiven im Sinne der AO und die Archivare zu Steuerbeamten erklärte[9]. Diese recht vordergründige Konstruktion

---

[8] Abgabenordnung (AO) vom 16. März 1976, zuletzt geändert durch Gesetz vom 12. Dezember 1990, BGBl I 1976 S. 613, 1990 S. 2847 [2862].

[9] Die einschlägigen Beschlüsse und Rundschreiben sind zitiert bei BODO UHL und H. EBERHARD ZORN, Bewertung von Schriftgut der Finanzverwaltung. Ein Erfahrungsbericht und Diskussionsbeitrag, in: Der Archivar 35, 1982, Sp. 421-442; vgl. besonders

ermöglichte aber allenfalls eine *Übernahme* von Steuerakten in die Archive, keinesfalls jedoch eine *Benützung* zu anderen als steuerlichen Zwecken. Der Bundesgesetzgeber ermöglicht die Archivierung nunmehr auf korrekte Art: da § 30 Abs. 4 Nr. 2 AO eine Offenbarung zuläßt, "soweit sie durch Gesetz ausdrücklich zugelassen ist", macht die in § 2 Abs. 4 Nr. 1 BArchG aufgenommene Formulierung eine Übergabe von Unterlagen, die dem Steuergeheimnis unterliegen, durch *Bundesbehörden* an das Bundesarchiv, auf Grund von § 2 Abs. 3 aber auch an die Staatsarchive der Länder möglich. Die für die Staats- und Kommunalarchive aber wesentlich wichtigere Ermächtigung der *Landes- und Kommunalbehörden* zur Übergabe derartiger Unterlagen an die für sie zuständigen Archive enthält dann § 8 BArchG mit der Auflage, daß für die Nutzung die Bestimmungen des § 5 Abs. 3 BArchG sinngemäß anzuwenden sind, also auch die dort fixierte 80-Jahres-Schutzfrist gilt, die nicht verkürzt werden kann. Freys und ihm folgend Heydenreuter müssen § 8 BArchG übersehen haben, wenn sie behaupten, die Lockerung des Steuergeheimnisses gelte nicht für den Bereich der Landesverwaltung[10]. Es mag

---

Anm. 8 und 93-98.

[10] FREYS (wie Anm. 7) S. 34. - REINHARD HEYDENREUTER, Besprechung von Alexander F. J. Freys, in: Der Archivar 43, 1990, Sp. 445 f. - Auf das Gegenteil weisen nicht zuletzt die amtlichen Begründungen zu den einzelnen Archivgesetzentwürfen hin; sie sind vor allem in folgenden Drucksachen enthalten: Bund BTDrs. 11/498, Baden-Württemberg LTDrs. 9/3345, Bayern LTDrs. 11/8185, Hamburg Drs. 13/7111, Hessen LTDrs. 12/3944, Nordrhein-Westfalen LTDrs. 10/3372, Rheinland-Pfalz LTDrs. 11/2802.

hier dahingestellt bleiben, ob diese Befugnis nicht auch - wie für die Privatgeheimnisse nach § 203 Strafgesetzbuch[11] - durch die Landesgesetzgeber hätte normiert werden können.

2. Sozialgeheimnis

Während es das Steuergeheimnis bereits seit der ersten Abgabenordnung von 1919 gibt, handelt es sich bei dem jetzt anzusprechenden *Sozialgeheimnis* um eine wesentlich jüngere Geheimhaltungsbestimmung, die auf das wachsende Persönlichkeits- und Datenschutzbewußtsein zurückzuführen ist, anders als die ersten Datenschutzgesetze aber von Anfang an nicht nur in Dateien gespeicherte Informationen schützt. Es ist normiert in § 35 Erstes Buch Sozialgesetzbuch[12]. Das Sozialgeheimnis schützt alle "Einzelangaben über [...] persönliche und sachliche Verhältnisse" vor unbefugter Offenbarung durch die Leistungsträger. Es erscheint wichtig, darauf hinzuweisen, daß diese Geheimhaltungspflicht für alle im SGB geregelten Bereiche gilt. So fallen darunter neben den Sozialhilfeakten im weitesten Sinne und bei allen Trägern der Sozialhilfe[13]

---

[11] S. dazu unten S. 77 ff.

[12] SGB I - Allgemeiner Teil - vom 11. Dezember 1975, zuletzt geändert durch Gesetz vom 26. Juni 1990, BGBl I 1975 S. 3015, 1990 S. 1163 [1188].

[13] In Bayern sind dies die Kreisverwaltungsbehörden, also die Landratsämter bzw. kreisfreien Städte, die Regierungen und die Bezirke als dritte kommunale Ebene.

auch die Unterlagen über Leistungen der Ausbildungsförderung[14], der Arbeitsförderung (Arbeitsämter), für Schwerbehinderte (Arbeitsämter, Regierungen), der gesetzlichen Kranken-, Unfall- und Rentenversicherung[15], über Versorgungsleistungen bei Gesundheitsschäden[16], über Kindergeld (Arbeitsämter), Wohngeld (Kreisverwaltungsbehörden), Leistungen der Jugendhilfe (Kreisverwaltungsbehörden, Landesjugendamt) sowie zur Eingliederung Behinderter[17].

Für die Behörden kompliziert sich die Rechtslage noch dadurch, daß eine ganze Reihe der genannten Aktengruppen auch medizinische Daten enthält, deren Offenbarung und damit auch Weitergabe nach § 203 Strafgesetzbuch (StGB) auch über den Tod der Betroffenen hinaus untersagt ist. Zur Wahrung der Geheimhaltungsbestimmungen sind neben den Stellen, bei denen die Akten entstanden sind, auch alle Stellen verpflichtet, denen nach dem SGB Auskünfte aus Sozialakten erteilt werden dürfen, also z.B. auch die Sozialgerichte.

---

[14] In Bayern: Kreisverwaltungsbehörden, Studentenwerke.

[15] Krankenkassen, Knappschaften, Unfallversicherungen, Berufsgenossenschaften, Landesversicherungsanstalten, staatliche und kommunale Ausführungsbehörden.

[16] Landesversorgungsamt, Versorgungsämter, Kreisverwaltungsbehörden, Regierungen (aufgrund § 1 der Verordnung über die Behörden der Versorgungsverwaltung in Bayern vom 24. Juli 1991, GVBl S. 308, tragen erstere ab 1. September 1991 die Bezeichnungen "Landesamt bzw. Ämter für Versorgung und Familienförderung").

[17] Vgl. §§ 18-29 SGB I sowie Art. II § 1 SGB I.

Nach § 35 Abs. 2 SGB I ist eine Offenbarung nur unter den Voraussetzungen der §§ 67-77 Zehntes Buch SGB[18] zulässig. In diesem abschließenden Katalog waren die Archive bisher nicht aufgeführt, was eine Archivierung einschlägiger Unterlagen spätestens seit 1980 mit dem Makel eines Gesetzesverstoßes behaftete. Anders als beim Steuergeheimnis reichte beim Sozialgeheimnis zur Beseitigung dieses Archivierungshindernisses aber nicht die gesetzliche Ermächtigung in § 2 Abs. 4 Nr. 1 BArchG aus, wie Freys S. 34 offensichtlich meint, der nur darauf abhebt; vielmehr war zwingend der Katalog der legalen Offenbarungstatbestände zu erweitern. Die erforderliche Änderung des Zehnten Buches SGB erfolgte mit § 10 BArchG: § 71 Abs. 1 wurde ein Satz 2 angefügt, der eine Offenbarung zulässig macht, "soweit sie erforderlich ist für die Erfüllung der gesetzlichen Pflichten zur Sicherung und Nutzbarmachung von Archivgut nach den §§ 2 und 5 des Bundesarchivgesetzes oder entsprechenden *gesetzlichen Vorschriften* der Länder, die die Schutzfristen dieses Gesetzes nicht unterschreiten". Die zusätzliche Änderung des § 76 Abs. 2 ermöglicht auch eine Anbietung von Unterlagen, die der ärztlichen Schweigepflicht unterliegen und deren Offenbarung an noch restriktivere Auflagen gebunden ist[19].

---

[18] Vom 18. August 1980, zuletzt geändert durch Gesetz vom 20. Dezember 1990, BGBl I 1980 S. 1469, berichtigt S. 2218, 1990 S. 2954 [2981].

[19] Schließlich war auch noch auf Grund des § 2 Abs. 7 BArchG eine Änderung des § 84 Zehntes Buch SGB erforderlich, der eine gesetzliche Löschungspflicht aller nicht mehr zur rechtmäßigen Aufgabenerfüllung erforderlichen Sozialdaten vorsieht; vgl. dazu

Während das Steuergeheimnis bereits kein Archivierungshindernis mehr darstellt auf Grund des BArchG in Verbindung mit einer Verpflichtung des jeweiligen Archivs, die achtzigjährige Schutzfrist bei der Benützung einzuhalten, greift die Lockerung des Sozialgeheimnisses jeweils erst nach Inkrafttreten eines Landesarchivgesetzes, in dem die einschlägige Schutzfrist des BArchG verankert sein muß. Insofern war die Feststellung von Freys S. 34, daß die betreffenden Unterlagen zwar dem Bundesarchiv zugänglich geworden seien, für die Landesarchivverwaltungen aber die alte Rechtslage ihre Gültigkeit behalten habe, zur Zeit des Erscheinens seines Buches zwar korrekt, hilfreicher wäre es aber zweifellos gewesen, wenn die zur Überwindung der alten Situation erforderlichen Voraussetzungen genannt worden wären. Inzwischen ist das baden-württembergische Landesarchivgesetz entsprechend novelliert, die später verabschiedeten Landesarchivgesetze berücksichtigen den Vorbehalt des geänderten § 71 Abs. 2 Zehntes Buch SGB bereits.

3. Weitere Rechtsvorschriften des Bundes über Geimhaltung nach § 2 Abs. 4 Bundesarchivgesetz

Die in § 2 Abs. 4 BArchG weiterhin angesprochenen Schweigepflichten der §§ 32 des Gesetzes über die Deutsche Bundes-

---

unten S. 84.

bank[20] und 9 des Gesetzes über das Kreditwesen[21] betreffen im wesentlichen Bedienstete der Deutschen Bundesbank und des Bundesaufsichtsamtes und dürften deshalb nur für das Bundesarchiv unmittelbar relevant sein. Entgegen der Auffassung von Freys S. 37 käme jedoch durchaus auch eine Archivierung einschlägiger Unterlagen auf Landesebene in Frage, wenn die Voraussetzung des § 2 Abs. 3 - Sicherstellung der Wahrung schutzwürdiger Belange Dritter durch Landesarchivgesetz, soweit Bundesbehörden abgeben, - geschaffen ist. Soweit bei Landes- und Kommunalbehörden derartige Unterlagen entstehen, können sie den zuständigen Archiven auf Grund von § 11 BArchG übergeben werden, wenn die schutzwürdigen Belange Betroffener entsprechend berücksichtigt werden; hier wird nicht einmal eine landesgesetzliche Regelung gefordert. Nr. 2 des § 2 Abs. 4 BArchG mit der Bestimmung, anzubieten und zu übergeben seien auch Unterlagen, die anderen als den in Nr. 1 genannten Rechtsvorschriften des Bundes über Geheimhaltung unterliegen, schafft eine Art Vorratsregelung für alle künftigen Geheimhaltungsbestim-

---

[20] Vom 26. Juli 1957, zuletzt geändert durch Gesetz vom 11. Dezember 1990, BGBl I 1957 S. 745, 1990 S. 2682 [2690].

[21] In der Fassung vom 11. Juli 1985, zuletzt geändert durch Gesetz vom 30. November 1990, BGBl I 1985 S. 1472, 1990 S. 2570 [2576].

Aussonderung und Übernahme von Archivgut

mungen, sodaß den betreffenden Gesetzen nicht jeweils eine Archivklausel eingefügt werden muß[22].

---

[22] Vgl. FREYS S. 57. - Von der zeitweiligen Überlegung, in das BArchG eine erschöpfende Aufzählung der sonstigen Rechtsvorschriften des Bundes über Geheimhaltung einzufügen, kam man aus den genannten Gründen rasch wieder ab. Eine 1987 im Bundesinnenministerium zusammengestellte Liste einschlägiger Rechtsvorschriften, die inzwischen ebenso ergänzungsbedürftig ist wie die gleichzeitige Aufstellung über Vernichtungsgebote in Rechtsvorschriften des Bundes - siehe dazu u.S. 92 - nennt folgende §§ (aktuelle Fassungen und Fundstellen vom Verfasser nach dem Stand vom Juli 1991 ergänzt): § 42 Bundeszentralregistergesetz i.d.F. vom 21. September 1984, zuletzt geändert durch Gesetz vom 12. September 1990, BGBl I 1984 S. 1229 bzw. 1654/1656, 1990 S. 2012 [2020] - § 139 b Abs. 1 Gewerbeordnung i.d.F. vom 1. Januar 1987, zuletzt geändert durch Gesetz vom 17. Dezember 1990, BGBl I 1987 S. 425, 1990 S. 2840 [2845] - § 19 Abs. 1 Satz 3 Atomgesetz i.d.F. vom 15. Juli 1985, zuletzt geändert durch Gesetz vom 5. November 1990, BGBl I 1985 S. 1565, 1990 S. 2428 - § 20 Abs. 2 Mutterschutzgesetz i.d.F. vom 18. April 1968, zuletzt geändert durch Gesetz vom 30. Juni 1989, BGBl I 1968 S. 315, 1989 S. 1297 [1299] - § 22 Abs. 2 Ladenschlußgesetz vom 28. November 1956, zuletzt geändert durch Gesetz vom 10. Juli 1989, BGBl I 1956 S. 875, 1989 S. 1382 - § 27 Abs. 3 Arbeitszeitordnung i.d.F. vom 30. April 1938, RGBl I S. 447, zuletzt geändert durch Gesetz vom 10. März 1975, BGBl I S. 685 - § 16 Gesetz zur Bekämpfung der Geschlechtskrankheiten vom 23. Juli 1953, zuletzt geändert durch Gesetz vom 12. September 1990, BGBl I 1953 S.700, 1990 S. 2002 [2018] - §§ 76, 110, 184 Bundesrechtsanwaltsordnung vom 1. August 1959, zuletzt geändert durch Gesetz vom 17. Dezember 1990, BGBl I 1959 S. 565, 1990 S. 2847 [2858] - § 83 Steuerberatungsgesetz i.d.F. vom 4. November 1975, zuletzt geändert durch Gesetz vom 13. Dezember 1990, BGBl I 1975 S. 2735, 1990 S. 2756 - § 64 Wirtschaftsprüferordnung i.d.F. vom 5. November 1975, zuletzt geändert durch Gesetz vom 17. Dezember 1990, BGBl I 1975 S. 2803, 1990 S. 2847

[2862] - § 16 Bundesstatistikgesetz vom 22. Januar 1987, geändert durch Gesetz vom 17. Dezember 1990, BGBl I 1987 S. 462, 1990 S. 2837 - als parallele Landesnorm seien erwähnt Art. 17 und 18 Bayer. Statistikgesetz vom 10. August 1990, GVBl S. 270 - § 15 Hochschulstatistikgesetz i.d.F. vom 21. April 1980, zuletzt geändert durch Statistikanpassungsverordnung vom 26. März 1991, BGBl I 1980 S. 453, 1991 S. 846 [848] - § 14 Umweltstatistikgesetz i.d.F. vom 14. März 1980, zuletzt geändert durch Statistikanpassungsverordnung vom 26. März 1991, BGBl I 1980 S. 311, 1991 S. 846 [849] - § 14 Abs. 1 Arbeitnehmerüberlassungsgesetz i.d.F. vom 14. Juni 1985, zuletzt geändert durch Gesetz vom 9. Juli 1990, BGBl I 1985 S. 1068, 1990 S. 1354 [1386] - §§ 30, 30 a, 35 ff. Straßenverkehrsgesetz i.d.F. vom 19. Dezember 1952, zuletzt geändert durch Gesetz vom 15. Dezember 1990, BGBl I 1952 S. 837, 1990 S. 2804 - §§ 93, 203 Abs. 1 und 3, 353 b und d Strafgesetzbuch i.d.F. vom 10. März 1987, zuletzt geändert durch Gesetz vom 7. März 1990, BGBl I 1987 S. 945 und 1160, 1990 S. 422 (letzterer i.V. mit § 174 Gerichtsverfassungsgesetz i.d.F. vom 9. Mai 1975, zuletzt geändert durch Gesetz vom 17. Dezember 1990, BGBl I 1975 S. 1077, 1990 S. 2847/2853 und 2861) - § 120 Betriebsverfassungsgesetz i.d.F. vom 23. Dezember 1988, geändert durch RRG 1992 vom 18. Dezember 1989, BGBl I 1989 S. 1 und 902 sowie 2261 [2381] - § 6 Bundesministergesetz i.d.F. vom 27. Juli 1971, zuletzt geändert durch BeamtenVGÄndG vom 18. Dezember 1989, BGBl I 1971 S. 1166, 1989 S. 2218 [2230] - § 14 Soldatengesetz i.d.F. vom 19. August 1975, zuletzt geändert durch Gesetz vom 6. Dezember 1990, BGBl I 1975 S. 2273, 1990 S. 2588 - § 10 Wehrbeauftragtengesetz i.d.F. vom 16. Juni 1982, zuletzt geändert durch Gesetz vom 30. März 1990, BGBl I 1982 S. 677, 1990 S. 599 - § 28 Zivildienstgesetz i.d.F. vom 31. Juli 1986, zuletzt geändert durch Gesetz vom 6. Dezember 1990, BGBl I 1986 S. 1205, 1990 S. 2588 [2591] - § 404 Aktiengesetz vom 6. September 1965, zuletzt geändert durch Gesetz vom 30. November 1990, BGBl I 1965 S. 1089, 1990 S. 2570 [2575] - § 151 Genossenschaftsgesetz i.d.F. vom 20. Mai 1898, RGBl I S. 369 [810, 843], zuletzt geändert durch Gesetz vom 30. November 1990, BGBl I S. 2570 [2575] - § 17 Unlauterer

Mit dieser Regelung korrespondiert letztlich § 11 BArchG, wonach Unterlagen, die anderen Rechtsvorschriften des Bundes als dem Steuergeheimnis und dem Sozialgeheimnis unterliegen, auch von Landes- und Kommunalbehörden öffentlichen Archiven zur Übernahme und Nutzung angeboten und übergeben werden dürfen, wenn die schutzwürdigen Belange Betroffener entsprechend den §§ 2 und 5 BArchG berücksichtigt werden. Da diese Bestimmung in der archivischen Praxis für klare Verhältnisse sorgt, bedarf es hier keiner weiteren Diskussion, ob sie aus rechtlichen Gründen auch zwingend geboten war.

4. Privatgeheimnisse nach § 203 Strafgesetzbuch

Die Öffnung nach § 11 BArchG war nicht erforderlich für die Archivierung von Unterlagen, die *Privatgeheimnisse im Sinne des § 203 Strafgesetzbuch*[23] enthalten. Da für deren Offenba-

---

Wettbewerbsgesetz vom 7. Juni 1909, RGBl I S. 499, zuletzt geändert durch Gesetz vom 17. Dezember 1990, BGBl I S. 2840 [2845] - §§ 5 und 6 Gesetz über das Postwesen i.d.F. vom 3. Juli 1989, BGBl I S. 1449 - §§ 10 und 11 Gesetz über Fernmeldeanlagen i.d.F. vom 3. Juli 1989, BGBl I S. 1455 - § 5 Gesetz über die parlamentarische Kontrolle nachrichtendienstlicher Tätigkeit des Bundes vom 11. April 1978, BGBl I S. 453 - § 50 Abs. 4 Patentgesetz i.d.F. vom 16. Dezember 1980, zuletzt geändert durch Gesetz vom 7. März 1990, BGBl I 1981 S. 1, 1990 S. 422 [427].

[23] StGB i.d.F. vom 10. März 1987, zuletzt geändert durch Gesetz vom 9. Juni 1989, BGBl I 1987 S. 945, berichtigt S. 1160, 1989 S. 1059.

rung "nur" eine befugende Norm erforderlich ist, die nicht einmal auf das StGB Bezug nehmen muß, reichen § 2 Abs. 1 und 3 zur rechtlichen Begründung einer Abgabe von Unterlagen mit Privatgeheimnissen im Sinne des § 203 StGB durch Bundesbehörden an die zuständigen Archive aus[24]. Als Befugnisnorm haben aber auch Landesarchivgesetze zu gelten, die eine Übernahme einschlägiger Unterlagen nicht ausdrücklich ausschließen. Letzteres erfolgt zumindest partiell in den Landesarchivgesetzen von Baden-Württemberg, wo in § 3 Abs. 1 Satz 5 die Übergabe von Unterlagen nach § 203 Abs. 1 Nr. 4 und 4a StGB, und von Nordrhein-Westfalen, wo in § 3 Abs. 2 Nr. 2 die derselben Unterlagen und zusätzlich derjenigen nach § 203 Abs. 1 Nr. 1 StGB an eine vorherige Anonymisierung geknüpft wird. Es handelt sich dabei um Unterlagen von Ehe-, Erziehungs- und Jugendberatern, von Beratern in Suchtfragen sowie von Schwangerenberatungsstellen, in Nordrhein-Westfalen zusätzlich um Unterlagen, die unter die Schweigepflicht der Heilberufe generell fallen. Die anderen Landesarchivgesetze enthalten keine vergleichbaren Einschränkungen.

a. Patientenunterlagen

In diesem Zusammenhang sind für die staatlichen und kommunalen Archive vor allem Unterlagen von Interesse, die der

---

[24] So auch FREYS S. 36 nach Diskussion der Lösungsversuche vor Inkrafttreten des BArchG.

ärztlichen Schweigepflicht unterliegen[25]. Gerade bei derartigem Material sind jedoch, soweit es bei öffentlichen Stellen entsteht, und nur darauf haben die öffentlichen Archive ja Zugriff, eventuell noch weitere gesetzliche Regelungen zu beachten. So verpflichtet Art. 6 des (bayerischen) Gesetzes über den öffentlichen Gesundheitsdienst vom 12. Juli 1986[26] auch die Behörden des öffentlichen Gesundheitsdienstes zur Geheimhaltung. Besondere Datenschutzbestimmungen für Patientendaten in Krankenhäusern enthält weiter das Bayerische Krankenhausgesetz[27]. Die abschließende Aufzählung der Erhebungs-, Nutzungs-, Auskunfts- und Übermittlungszwecke in dessen Art. 26 hat bereits zur irrigen Annahme geführt, eine Übergabe von Patientendaten an das zuständige Archiv wäre nicht möglich. Dabei wurde jedoch übersehen, daß Art. 26 Abs. 5 BayKrG eine Übermittlung an Dritte unter anderem zuläßt, "wenn eine Rechtsvorschrift die

---

[25] Vgl. GERHARD TADDEY, Archivierung staatlicher medizinischer Unterlagen, in: Der Archivar 43, 1990, Sp. 389-396; UDO HERKERT, Fachgruppe 1: Archivare an staatlichen Archiven [Berichte der Fachgruppen über ihre Arbeitssitzungen auf dem 61. Deutschen Archivtag], in: Der Archivar 44, 1991, Sp. 133-136, sowie die auf dieser Sitzung unter dem Thema "Archivierung von Patientenunterlagen" gehaltenen Referate von VOLKER RÖDEL, Möglichkeiten und Grenzen der Archivierung medizinischer Unterlagen, in: Der Archivar 44, 1991, Sp. 427-435; WULF RÖSSLER, Überlegungen zur Archivierung psychiatrischer Krankenunterlagen, ebd. Sp. 435-442; VOLKER SCHÄFER, Das Zentrale Krankenblattdepot im Universitätsarchiv Tübingen, ebd. Sp. 442-448.

[26] GVBl S. 120.

[27] Art. 26 BayKrG i.d.F. vom 11. September 1990, GVBl S.386.

Übermittlung erlaubt", was aufgrund des BayArchivG der Fall ist. Ausdrückliche Löschungspflichten sind nämlich im Krankenhausgesetz nicht enthalten[28].

b. Notariatsunterlagen

Nicht zu überzeugen vermögen in diesem Zusammenhang die Ausführungen von Freys S. 36 zu den Notariatsurkunden. § 51 Abs. 5 Bundesnotarordnung[29] mit der Formulierung "Die Abgabe von Notariatsakten an ein Staatsarchiv und die Vernichtung von Notariatsakten regelt die Landesjustizverwaltung" darf m.E. nicht nur als Ermächtigung interpretiert werden, die einer zusätzlichen Befugnisnorm bedürfte. Wir haben es hier mit einer klaren Übermittlungsnorm zu tun; die allen-

---

[28] Speziell bei der Vorbereitung der Aussonderung von Unterlagen einer großen staatlichen Klinik wurde jetzt jedoch folgendes Problem akut: Nur solange Patientenakten im "Gewahrsam" des Krankenhauses bzw. des Arztes sind, ist auch die "Beschlagnahmefestigkeit" nach § 97 Abs. 2 Satz 2 StPO (vgl. Anm. 68) gewährleistet. Dies ist möglicherweise nicht mehr der Fall nach einer Endarchivierung, die deshalb solange aufgeschoben werden muß, bis das Vertrauensverhältnis Arzt - Patient keiner besonderen Sicherung mehr bedarf. Muß die Übernahme in das Archiv ausnahmsweise bereits früher erfolgen, weil die Akten beispielsweise, wie im vorliegenden Fall, ersatzverfilmt wurden, soll dies künftig zunächst im Wege der Auftragsarchivierung nach Art. 8 BayArchivG erfolgen, bei der allein die abgebende Stelle verfügungsberechtigt bleibt und für die Unterlagen die bisher für sie maßgebenden Rechtsvorschriften fortgelten.

[29] BNotO i.d.F. vom 24. Februar 1961, zuletzt geändert durch Gesetz vom 29. Januar 1991, BGBl I 1961 S. 98, 1991 S. 150.

falls erforderlichen Eingriffsbefugnisse sind damit bereits gegeben und werden nicht erst, was tatsächlich wohl nicht möglich ist, durch die auf dieser Grundlage erlassenen Verwaltungsvorschriften erteilt; letztere regeln nur die Einzelheiten der Abgabe an die Staatsarchive[30]. Für die Archivierung von Notariatsakten bedurfte es also nicht einmal einer weiteren Befugnisnorm über die BNotO hinaus[31].

Alle weiteren Rechtsvorschriften sowohl des Bundes als auch der Länder über *Geheimhaltung*, die "nur" eine unbefugte Offenbarung untersagen, treten hinter die Anbietepflicht des BArchG bzw. der Landesarchivgesetze zurück[32].

---

[30] Vgl. z.B. die Gemeinsame Bekanntmachung der Bayerischen Staatsministerien der Justiz und für Unterricht und Kultus über die Aufbewahrung, Abgabe und Vernichtung von Notariatsakten vom 16. Mai 1972, JMBl S. 83.

[31] Existierte diese spezielle Übermittlungsnorm nicht, würde im Hinblick auf § 203 Abs. 2 StGB jetzt § 11 BArchG als Rechtsgrundlage ausreichen. - Generell ergibt sich bei den Notariatsakten die interessante Situation, daß die Archivierung aufgrund vorrangigen Bundesrechts erfolgt und insoweit die Bestimmungen der Landesarchivgesetze zurücktreten. Landesarchivrecht kommt erst zum Tragen, wenn die einschlägigen Regelungen der Landesjustizverwaltung darauf Bezug nehmen. Dies ist in Bayern der Fall aufgrund der Ziff. IV der genannten Bekanntmachung, wonach die abgegebenen Unterlagen vom Staatsarchiv nach den für dieses geltenden Bestimmungen verwahrt werden.

[32] FREYS S. 37 und 57 führt in diesem Zusammenhang noch zusätzlich an das in Anlehnung an § 203 Abs. 2 StGB formulierte Amtsgeheimnis in § 30 VwVfG vom 25. Mai 1976, zuletzt geändert durch Gesetz vom 12. September 1990, BGBl I 1976 S. 1253, 1990

In allen Fällen, in denen Rechtsvorschriften abschließende Kataloge von Offenbarungstatbeständen enthalten, bedarf es einer qualifizierten Befugnisnorm für die Archivierung entweder in Form einer *Archivklausel* in der jeweiligen Rechtsvorschrift oder durch direkte *Nennung in den Archivgesetzen*.

S. 2002 [2017], und dessen Länderparallelen, z.B. Art. 30 BayVwVfG vom 23. Dezember 1976, BayRS 2010-1-I, zuletzt geändert durch Gesetz vom 24. Juli 1990, GVBl S. 235, und § 7 Arbeitsförderungsgesetz (AFG) vom 25. Juni 1969, zuletzt geändert durch BVG-Urteil vom 23. Januar 1990, BGBl I 1969 S. 582, 1990 S. 223; ein ebenfalls zitiertes "Ausbildungsplatzförderungsgesetz" war nicht zu ermitteln. - Vgl. darüber hinaus die in Anm. 22 zitierten Bestimmungen. - Bereits vor Inkrafttreten der Archivgesetze waren die Bestimmungen zur Dienstverschwiegenheit z.B. in § 39 BRRG i.d.F. vom 27. Februar 1985, zuletzt geändert durch Gesetz vom 28. Mai 1990, BGBl I 1985 S. 462, 1990 S. 967, § 61 BBG i.d.F. vom 27. Februar 1985, zuletzt geändert durch Gesetz vom 30. August 1990, BGBl I 1985 S. 479, 1990 S. 1849, Art. 69 BayBG i.d.F. vom 11. Mai 1987, zuletzt geändert durch Gesetz vom 24. Juli 1990, GVBl 1987 S. 149 (berichtigt S. 301), 1990 S. 237, § 6 BMinG i.d.F. vom 27. Juli 1971, zuletzt geändert durch BeamtVGÄndG vom 18. Dezember 1989, BGBl I 1971 S. 1166, 1989 S. 2218 [2230] und Art. 5 Gesetz über die Rechtsverhältnisse der Mitglieder der Staatsregierung vom 4. Dezember 1961, BayRS 1102-1-S, geändert durch Gesetz vom 18. Mai 1990, GVBl S. 122, und weitere Länderparallelen dazu kein Anbietungshindernis, da Normadressaten hier die einzelnen Beamten bzw. Minister sind und nicht die Behörde als Ganzes, die ausschließlich die Anbietepflicht betrifft, wie FREYS S. 38 zurecht betont.

5. Meldegeheimnis

Als Beispiel für erstere Lösung sei das *Meldewesen* angeführt. Das Melderechtsrahmengesetz[33] statuiert in seinen §§ 3 und 5 eine klare Zweckbindung der Meldedaten sowie das Meldegeheimnis und enthält im § 10 eindeutige Regelungen zur Aufbewahrung und Löschung der Daten. Dennoch ist eine Voraussetzung für die Erhaltung der Meldedaten gegeben, da § 10 Abs. 5 MRRG die Möglichkeit einräumt, durch Landesrecht zu bestimmen, daß die Daten vor ihrer Löschung dem zuständigen Archiv zur Übernahme angeboten werden. Diese Ermächtigung erstreckt sich jedoch nicht auf unzulässig gespeicherte Meldedaten. Von dieser Ermächtigung haben mit einer Ausnahme alle Landesmeldegesetze, wenn auch in unterschiedlichem Umfang, Gebrauch gemacht[34]. Das Bayerische Gesetz über das Meldewesen[35] beläßt es in seinem Art. 12 allerdings bei der Ermächtigung - "kann die Meldebehörde die Daten [...] vor der Löschung dem zuständigen Archiv zur Übernahme anbieten"; dasselbe gilt anstelle der "gesonderten Aufbewahrung". Voraussetzung ist in beiden Fällen das Vorhandensein ausreichender Datenschutzmaßnahmen. Damit wird zwar die Datenübermittlung an das zuständige Archiv für

---

[33] MRRG vom 16. August 1980, geändert durch Gesetz vom 24. Februar 1983, BGBl I 1980 S. 1429, 1983 S.179 [186].

[34] Vgl. PETER FRICKE, Die neuen Landesmeldegesetze, in: Der Archivar 39, 1986, Sp. 445-454, sowie FREYS S. 37 mit den entsprechenden Fundstellen.

[35] Meldegesetz - MeldeG vom 24. März 1983, GVBl S. 90.

zulässig erklärt[36], die Verpflichtung ergibt sich auch grundsätzlich aus der Archivgut- und Archivierungsdefinition des Art. 2 BayArchivG, für die Praxis der Meldebehörden muß sie aber wohl zusätzlich in einer Dienstanweisung formuliert werden.

Als weiteres Beispiel für eine Archivklausel sei noch einmal an das durch das BArchG geänderte Sozialgesetzbuch erinnert[37]. Eine Problemlösung durch direkte Nennung im Archivgesetz bietet die Regelung zum Steuergeheimnis[38].

6. Personenstands- und Statistikgeheimnis

Als Beispiele für Rechtsvorschriften über Geheimhaltung, die auch weiterhin einer Archivierung im Wege stehen, sind das Personenstands- und das Statistikrecht zu nennen[39]. § 61 Abs. 1 *Personenstandsgesetz*[40] macht die Einsicht in die Personenstandsbücher vom Vorliegen eines rechtlichen Interesses abhängig, was eine Übergabe an ein Archiv unmöglich macht.

---

[36] Vgl. auch Ziff. 12 der VollzBekMeldeG vom 28. April 1984, MABl S. 177.

[37] S. o. S. 72 f.

[38] S. o. S. 68 ff.

[39] Vgl. FREYS S. 38.

[40] PStG i.d.F. vom 8. August 1957, zuletzt geändert durch Gesetz vom 26. Juni 1990, BGBl I 1957 S. 1125, 1990 S. 1163 [1192].

Davon geht auch die Dienstanweisung für die Standesbeamten und ihre Aufsichtsbehörden (DA 1985) aus, die sowohl für die Erstbücher, als auch für die Zweitbücher, die Namensverzeichnisse und die Sammelakten eine Entfernung aus dem Standesamt grundsätzlich verbietet[41]. Alle bisherigen Versuche zur Änderung dieser Rechtslage sind gescheitert. Eine Änderung erscheint jedoch im Interesse der dauerhaften Erhaltung gerade der älteren Bücher, die nur in einem Archiv gewährleistet ist, dringend erforderlich[42].

Während im Falle der Personenstandsbücher aber keine Löschung oder bewußte Vernichtung von Daten zu befürchten ist, verhindern die Statistikgesetze grundsätzlich die Archivierung von Einzelangaben[43].

---

[41] §§ 31, 38, 43, 46.

[42] Vgl. zur ganzen Problematik u.a. JÖRG FÜCHTNER, Archivierung und Benützung von Personenstandsbüchern, in: Der Archivar 39, 1986, Sp. 341-346, und WALTER BAYER, Die Durchsicht der Personenstandsbücher zum Zwecke historischer Forschung. Ein Beitrag zum Spannungsverhältnis zwischen Datenschutz und Forschungsfreiheit - zugleich Anmerkung zu LG Frankenthal, FamRZ 1985, 615, in: FamRZ 1986, S. 642-648.

[43] FREYS bezieht sich hier noch auf das alte StatG vom 14. März 1980, BGBl I S. 289! Zur gesamten Problematik sowie vor allem zur Bewertung vgl. zusammenfassend RAINER STAHL-SCHMIDT, Statistikmaterial im Archiv: Datenschutz und Bewertung, in: Der Archivar 33, 1980, Sp. 389-394, sowie DERS., Zur Archivierung des Datenmaterials der amtlichen Statistik in Nordrhein-Westfalen (Veröffentlichungen der staatlichen Archive des Landes Nordrhein-Westfalen Reihe E - Beiträge zur Archivpraxis

Im Sinne einer Zwischenbilanz ist also festzuhalten, daß die meisten gesetzlichen Geheimhaltungsbestimmungen, von denen den Archiven bisher zweifellos nur der kleinere Teil bewußt und bekannt war, obwohl sie eine Archivierung der einschlägigen Unterlagen unmöglich machten, nach Inkrafttreten der Archivgesetze kein Archivierungshindernis mehr darstellen. Es wird allerdings noch eine langwierige Aufgabe sein, dies auch allen verantwortlichen Mitarbeitern in der Verwaltung bewußt zu machen. Anders ist jedoch die Situation bei Unterlagen, für die gesetzliche Löschungs- bzw. Vernichtungspflichten bestehen. Auch deren Zahl ist erheblich größer, als man zunächst vermuten würde.

7. Brief-, Post- und Fernmeldegeheimnis

Eine ganze Reihe von Löschungs- bzw. Vernichtungsgeboten ist mehr oder weniger deutlich in den Archivgesetzen selbst genannt. Am deutlichsten ist dies noch formuliert für *Unterlagen, deren Offenbarung gegen das Brief-, Post- oder Fernmeldegeheimnis verstoßen würde*: diese sind nach § 2 Abs. 1 Satz 2 BArchG und einschlägigen Länderparallelen[44] ausdrücklich von der Anbietepflicht ausgenommen. Einige Landesarchivge-

---

Heft 3), Siegburg 1980. - Die seit 1980 unternommenen Versuche der Archivverwaltungen des Bundes und der Länder, hier eine archivfreundlichere Regelung zu erreichen, führten nicht zum gewünschten Ziel.

[44] So Art. 6 Abs. 1 Satz 4 BayArchivG, § 7 Abs. 1 Satz 3 LArchG Rheinland-Pfalz, § 3 Abs. 2 Satz 2 HmbArchG.

setze verzichten auf diesen Hinweis, der ohnehin nur deklaratorischen Charakter haben kann, da es sich dabei um Grundrechte aus Art. 10 GG handelt, deren Einschränkung nur durch eine ausdrückliche gesetzliche Ermächtigung möglich wäre. In den amtlichen Begründungen wird zur Vermeidung von Mißverständnissen mehrfach darauf hingewiesen, daß an staatliche Stellen gerichtete und von diesen geöffnete Briefe nicht mehr dem besonderen Schutz des Art. 10 GG unterliegen[45].

8. Löschungs- und Vernichtungsgebote im allgemeinen

Mehrere Archivgesetze weisen ausdrücklich darauf hin, daß auch *sonstige Löschungs- und Vernichtungsgebote* weiterbestehen und die betreffenden Unterlagen deshalb nicht der Anbietepflicht unterliegen. Keine Mißverständnisse läßt hier § 2 Abs. 7 BArchG zu: "Rechtsvorschriften über die Verpflichtung zur Vernichtung von Unterlagen bleiben unberührt", oder auch § 4 Abs. 1: "Rechtsansprüche Betroffener auf Vernichtung der sie betreffenden personenbezogenen Angaben bleiben unberührt". Die erste Formulierung gelangte erst im Laufe der Beratungen im Bundestag in den Gesetzestext. Formal kommt ihr zweifellos ebenfalls nur deklaratorischer Charakter zu, da das weiterreichende Löschungs- bzw. Vernichtungsgebot ohnehin vorgeht und eine Anbietepflicht erst gar nicht entstehen läßt. Dennoch handelt es sich um eine im Interesse der archivischen Praxis erfreulich klare und eindeutige Aussage.

---

[45] Z.B. Bayer. Landtag Drs. 11/8185 Abschn. B Ziff. 6.1.4.

In erster Linie wird man dabei zurecht an datenschutzrechtliche Löschungsgebote denken. Um so überraschender ist dann jedoch die Formulierung des § 20 Abs. 8 des neuen Bundesdatenschutzgesetzes: "§ 2 Abs. 1 bis 6, 8 und 9 des Bundesarchivgesetzes ist anzuwenden"[46]. Die Konsequenzen dieser für den juristischen Laien geradezu verschleiernden Formulierung werden erst richtig deutlich in der Begründung zum Gesetzentwurf der Bundesregierung: "Die Regelung soll ermöglichen, daß personenbezogene Daten, die zu löschen wären, dem Bundesarchiv angeboten werden und, sofern ihnen bleibender Wert im Sinne von § 3 BArchG zukommt, zu übergeben sind. Es wird klargestellt, daß § 18 [des ursprünglichen Entwurfs, jetzt § 20] keine dem Bundesarchivgesetz vorgehende Rechtsvorschrift über die Vernichtung von Unterlagen im Sinne des § 2 Abs. 7 BArchG ist"[47]. Man kann dem Bundesarchiv zu dieser Lösung, die bisher in keinem Land derart umfassend gelungen ist, wie sofort zu zeigen sein wird, nur gratulieren, treten dadurch doch alle Löschungsgebote des BDSG zurück hinter die Archivierung bzw. zumindest die Anbietepflicht.

In den Landesarchivgesetzen kommt in diesem Punkt eine große Vielfalt zum Tragen. Nach § 10 Abs.1 Satz 3 HArchivG bleiben unberührt "gesetzliche Vorschriften über

---

[46] Gesetz zur Fortentwicklung der Datenverarbeitung und des Datenschutzes vom 20. Dezember 1990, BGBl I S. 2954, Art. 1: Bundesdatenschutzgesetz (BDSG).

[47] BT-Drs. 11/4306 zu Art. 1 Abschnitt B zu § 18 Abs. 7.

die Löschung oder Vernichtung unzulässig erhobener oder verarbeiteter Daten oder *Unterlagen*". Gemäß § 3 Abs. 2 Satz 1 HmbArchG gilt zwar ebenfalls der Grundsatz, daß auch Unterlagen anzubieten sind, "die personenbezogene Daten enthalten, die gesperrt sind oder die nach einer Rechtsvorschrift gelöscht werden müßten oder gelöscht werden könnten", was jedoch durch Satz 2 stark relativiert wird, nach dem von der Anbietepflicht ausgenommen bleiben u.a. "personenbezogene Daten, deren Speicherung unzulässig war oder die nach dienst- oder arbeitsrechtlichen Vorschriften zu löschen oder zu tilgen sind". Nach § 3 Abs. 2 Satz 1 ArchivG NW sind auch anzubieten "Unterlagen, die personenbezogene Daten enthalten, welche nach einer Vorschrift des Landesrechts gelöscht werden müßten oder nach Rechtsvorschriften des Bundes oder des Landes gelöscht werden könnten, sofern die Speicherung der Daten nicht unzulässig war"[48]. Eine besonders komplizierte Regelung enthält das LArchG Rheinland-Pfalz. Hier sind gemäß § 7 Abs. 2 auch Unterlagen anzubieten, die "nach datenschutzrechtlichen Vorschriften vernichtet oder gelöscht werden können oder müßten, sofern es gemäß § 1 Abs. 4 zulässig ist, von der Vernichtung oder Löschung abzusehen". § 1 Abs. 4 statuiert: "Rechtsvorschriften, rechtskräftige Entscheidungen der Gerichte und bestandskräftige Entscheidungen der Behörden, nach denen Unterlagen zu vernichten oder zu löschen sind, bleiben unberührt. Die durch

---

[48] Gemäß § 4 Abs. 8 bleiben aber auch in Nordrhein-Westfalen Rechtsansprüche Betroffener auf Löschung unzulässig gespeicherter personenbezogener Daten unberührt.

landesrechtliche Vorschrift begründete Pflicht zur Vernichtung oder Löschung von Unterlagen besteht nicht, soweit es sich um Archivgut von herausragender Bedeutung handelt, die Datenerhebung zulässig war und der [...] Schutz der Betroffenen [...] gewährleistet wird".

Gleichsam versteckt formuliert es das BayArchivG: Zwar sagt Art. 6 Abs. 1 Satz 3 Nr. 1 positiv "Anzubieten sind auch Unterlagen, die personenbezogene Daten enthalten, einschließlich datenschutzrechtlich gesperrter Daten", bringt damit aber, wenn auch nur indirekt, zum Ausdruck, daß zu löschende Daten generell nicht angeboten werden dürfen und zwar ohne Rücksicht darauf, ob sie rechtmäßig oder unrechtmäßig erhoben wurden. Etwas deutlicher macht dies Abs. 4 des mit "Schutzrechte" überschriebenen Art. 11, wo den Archiven auferlegt wird: "Unterlagen sind zu vernichten, wenn sie zum Zeitpunkt der Abgabe an das Archiv hätten vernichtet werden müssen"[49]. Letzte Klarheit bringt jedoch erst Ziffer 6.2 der neuen Aussonderungsbekanntmachung mit der Festlegung: "Rechtsvorschriften, nach denen die abgebende Stelle zur Vernichtung von Unterlagen verpflichtet ist, bleiben unbe-

---

[49] Diese Verpflichtung wird im folgenden Satz dann wieder etwas eingeschränkt: "Unterlagen sind nicht zu vernichten, wenn die sich aus anderen Vorschriften ergebenden Vernichtungspflichten erst nach der Abgabe an das Archiv entstehen". In diesem Fall gilt jedoch eine 60jährige Schutzfrist.

rührt"[50]. Im Hinblick auf das geltende BayDSG bedeutet dies, daß auf Antrag des Betroffenen gemäß Art. 9 Abs. 2 unrichtige personenbezogene Daten, wenn richtige nicht zu ermitteln sind, sowie gemäß Art. 11 unzulässig gespeicherte und solche, deren Kenntnis für die rechtmäßige Erfüllung der durch Rechtsnorm zugewiesenen Aufgaben nicht mehr erforderlich ist, zwingend gelöscht werden müssen und deshalb nicht in die Archive gelangen können. Bei unzulässiger Speicherung gilt die Löschungspflicht nach Art. 20 Abs. 4 sogar unabhängig von einem Antrag des Betroffenen. Die fakultative Löschung bei Entbehrlichkeit von Daten nach Art. 20 Abs. 3 steht der Archivierung jedoch nicht im Wege[51].

Keine Regelung in dieser Hinsicht enthält das LArchG BW, woraus jedoch nicht nicht geschlossen werden darf, daß in Baden-Württemberg zu löschende oder zu vernichtende Unterlagen angeboten und archiviert werden dürften.

Die Regelungsvielfalt kommt unter anderem darin zum Ausdruck, daß in einem Fall Unterlagen *und* Daten betroffen sind, in anderen Fällen nur Daten; dabei wird dann wieder unter-

---

[50] Aussonderung, Anbietung, Übernahme und Vernichtung von Unterlagen (Aussonderungsbekanntmachung). Bekanntmachung der Bayerischen Staatsregierung vom 19. November 1991, Bayerischer Staatsanzeiger 48, S. 1*.

[51] Nicht mehr berücksichtigt werden kann das erst als Vorentwurf vorliegende neue BayDSG, das sich eng an das neue BDSG anlehnt, wie dieses nur noch eine obligatorische Löschung kennt, aber auch eine entsprechende Archivklausel vorsieht.

schieden zwischen rechtmäßig und unrechtmäßig erhobenen bzw. gespeicherten sowie zwischen fakultativer und obligatorischer Löschung.

9. Besondere Löschungs- und Vernichtungsgebote außerhalb der Datenschutzgesetze

Es wäre demnach eine unzulässige Verkürzung, wollte man die referierten Lösungen auf den Datenschutz im engeren Sinne reduzieren. Von den Archiven weitgehend noch nicht zur Kenntnis genommen, existiert nämlich eine ganze Reihe weiterer bundes- und landesgesetzlicher Löschungs- bzw. Vernichtungsgebote, von denen nur einige besonders archivrelevante herausgegriffen seien[52].

Nach § 10 Abs. 1 MRRG[53] sind gespeicherte (Melde-)Daten zu löschen, wenn ihre Speicherung unzulässig war. Dieses Gebot wird auch durch § 10 Abs. 5 Satz 2 nicht aufgehoben.

---

[52] Die einschlägigen Hinweise bei FREYS S. 57 sind sehr fragmentarisch und teilweise überholt. Wesentlich umfassender, wenngleich ebenfalls nicht erschöpfend, ist die Zusammenstellung des Bundesinnenministeriums von 1987 - vgl. oben S. 75.

[53] Vgl. oben Anm. 33 und 34.

§ 12 Bundesstatistikgesetz[54] verpflichtet die Statistischen Ämter zur frühestmöglichen Löschung der sogenannten Hilfsmerkmale im Zusammenhang mit der Erstellung von Bundesstatistiken. Noch weitergehende und striktere Löschungsverpflichtungen für Erhebungsbogen und Hilfsmerkmale enthalten § 15 Abs. 2 bis 5 des Volkszählungsgesetzes 1987 vom 8. November 1985[55].

Personenbezogene Daten in den Personalausweisregistern der Personalausweisbehörden, also vor allem der Gemeinden, sind gemäß § 2 a Abs. 3 des Gesetzes über Personalausweise[56] spätestens fünf Jahre nach Ablauf der Gültigkeit des jeweiligen Personalausweises zu löschen.

Relativ unpräzise und gerade deshalb aus archivischer Sicht problematische Vernichtungsgebote enthalten die verschiedenen Wahlordnungen bezüglich Wahl- bzw. Abstimmungsunterlagen[57].

---

[54] Vgl. oben Anm. 22. Als Landesparallele sei Art. 15 Abs. 3 Bayerisches Statistikgesetz (BayStatG) vom 10. August 1990, GVBl S. 270, angeführt.

[55] BGBl I S. 2078.

[56] I.d.F. vom 21. April 1986, BGBl I S. 548. - Gleiches gilt nach § 21 Abs. 4 Paßgesetz vom 19. April 1986, zuletzt geändert durch Gesetz vom 12. September 1990, BGBl I 1986 S. 537, 1990 S. 2002 [2018].

[57] Vgl. § 83 Europawahlordnung vom 27. Juli 1988, zuletzt geändert durch Verordnung vom 24. Februar 1990, BGBl I 1988 S. 1453 (berichtigt 1989 S. 228), 1989 S. 340. - § 90 Bundeswahl-

Auswirkungen sowohl auf das Bundesarchiv, als auch auf die Staats- und Kommunalarchive haben jüngere ausländerrechtliche Vorschriften. Nach § 80 Abs. 2 Ausländergesetz müssen z.b. Unterlagen über Ausweisung und Abschiebung spätestens nach Ablauf bestimmter Fristen vernichtet werden[58]. Die §§ 6-8 der Ausländerdateiverordnung schreiben die regelmäßige Löschung von Daten in den beiden Ausländerdateien A und B sowie in der Visadatei vor[59].

Nach §§ 2 Abs. 6 und 23 Kriegsdienstverweigerungsgesetz sind die Akten über das Anerkennungsverfahren spätestens sechs Monate nach Ableistung des Zivildienstes bzw. wenn

---

ordnung vom 28. August 1985, zuletzt geändert durch Verordnung vom 15. November 1989, BGBl I 1985 S. 1769, 1989 S. 1981. -So vermutlich auch in allen Landeswahlordnungen, z.B. § 89 (Bayer.) Wahlordnung für Landtagswahlen, Volksbegehren und Volksentscheide vom 28. Juni 1989, GVBl S. 251. - Eine gewisse Präzisierung ist in Bayern nunmehr vorgesehen in den Innenministerialbekanntmachungen, mit denen die Unterlagen jeweils konkret zur Vernichtung freigegeben werden; dies gilt sowohl für die obligatorischen als auch für die in den Wahlordnungen enthaltenen fakultativen Vernichtungen, von denen letztere jedoch erst nach Zustimmung der Archivverwaltung wirksam werden.

[58] Gesetz zur Neuregelung des Ausländerrechts vom 9. Juli 1990, BGBl I S. 1354, Art. 1: Gesetz über die Einreise und den Aufenthalt von Ausländern im Bundesgebiet (Ausländergesetz - AuslG).

[59] Verordnung über die Führung von Ausländerdateien durch die Ausländerbehörden und die Auslandsvertretungen (Ausländerdateiverordnung - AuslDatV) vom 18. Dezember 1990, BGBl I S. 2999.

Aussonderung und Übernahme von Archivgut 95

der Verweigerer das 32. Lebensjahr vollendet hat, zu vernichten[60].

Ebenfalls relativ weitreichend ist die Vorschrift der Bundesdisziplinarordnung, Eintragungen über Verweis und Geldbuße nach drei, über Gehaltskürzungen nach fünf Jahren aus den Personalakten zu entfernen und zu vernichten[61].

Die m.W. jüngsten Vernichtungs- bzw. Löschungsgebote im bundesrechtlichen Bereich brachten die zusammen mit dem neuen Bundesdatenschutzgesetz verabschiedeten Gesetze über die Nachrichtendienste. In allen drei Gesetzen ist vorgeschrieben, daß in Dateien gespeicherte personenbezogene Daten zu löschen sind, wenn ihre Speicherung unzulässig war oder ihre

---

[60] Kriegsdienstverweigerungsgesetz vom 28. Februar 1983, zuletzt geändert durch Gesetz vom 30. Juni 1989, BGBl I 1983 S. 203, 1989 S. 1290.

[61] § 119 BDO i.d.F. vom 20. Juli 1967, zuletzt geändert durch Gesetz vom 18. Dezember 1989, BGBl I 1967 S. 750 (berichtigt S. 984), 1989 S. 2218 [2233] - Der ansonsten parallele Art. 109 der Bayerischen Disziplinarordnung (BayDO) i.d.F. vom 15. März 1985, GVBl S. 31, sieht hier nur ein Verwertungsverbot vor; die Eintragungen im Personalakt sind entsprechend zu kennzeichnen. Nur auf Antrag des Beamten werden die einem Verwertungsverbot unterliegenden Vorgänge aus den Personalakten entfernt und gesondert aufbewahrt; sie dürfen nur mit Zustimmung des Beamten eingesehen werden.

Kenntnis für die Aufgabenerfüllung nicht mehr erforderlich ist[62]. Da in allen Gesetzen ausdrücklich die Geltung u.a. des § 20 BDSG ausgesetzt wird, kann auch der ausführlich gewürdigte § 20 Abs. 8 BDSG nicht zum Tragen kommen[63].

Abschließend sei zurückgekommen auf das einführend erwähnte bayerische Beispiel mit den polizeilichen Unterlagen[64]. Das neugefaßte (bayerische) Polizeiaufgabengesetz

---

[62] Gesetz zur Fortentwicklung der Datenverarbeitung und des Datenschutzes vom 20. Dezember 1990, BGBl I S. 2954, Art. 2: Gesetz über die Zusammenarbeit des Bundes und der Länder in Angelegenheiten des Verfassungsschutzes und über das Bundesamt für Verfassungsschutz (Bundesverfassungsschutzgesetz -BVerfSchG), hier § 12; Art. 3: Gesetz über den Militärischen Abschirmdienst (MAD-Gesetz - MADG), hier § 7; Art. 4: Gesetz über den Bundesnachrichtendienst (BND-Gesetz - BNDG), hier § 5.

[63] Vgl. oben S. 88. - So § 27 BVerfSchG, § 13 MADG, § 11 BNDG.

[64] Vgl. oben S. 65. Die im Folgenden referierten konkreten Bestimmungen sind zwar "nur" bayerisches Landesrecht. Entsprechende Regelungen enthalten jedoch auch die anderen in jüngerer Zeit novellierten Polizeigesetze der Länder, worauf besonders HEINZ HONNACKER und AXEL BARTELT, Drittes Gesetz zur Änderung des Polizeiaufgabengesetzes, in: BayVBl 1991 S. 10-15, hinweisen. Dies ist vor allem zurückzuführen auf den 1986 geänderten Musterentwurf eines einheitlichen Polizeigesetzes des Bundes und der Länder der Innenministerkonferenz - vgl. ebd. S. 11 sowie RÜDIGER NIETHAMMER, Die neuen Bestimmungen zur inneren Sicherheit - insbesondere Änderungen des Versammlungsrechts -, in: BayVBl 1990 S. 513 ff. - sowie auf die durch Gesetz vom 9. Juni 1989, BGBl I S. 1059, in das Gesetz über Versammlungen und Aufzüge (Versammlungsgesetz) i.d.F. vom 15. November 1978,

enthält folgende Löschungs- bzw. Vernichtungsgebote[65]: Art. 32 Abs. 3 verpflichtet die Polizei spätestens zwei Monate nach der Datenerhebung zur Löschung oder Vernichtung von Bild- und Tonaufnahmen oder -aufzeichnungen und daraus gefertigten Unterlagen, die bei öffentlichen Veranstaltungen und Ansammlungen erstellt wurden[66]. Unverzüglich zu vernichten sind entsprechende Aufzeichnungen, die mit einem selbsttätigen Aufzeichnungsgerät verdeckt in einer Wohnung angefertigt wurden und nur Personen betreffen, gegen die sich die Datenerhebungen nicht richteten. Nach Art. 44 Abs. 3 sind die im Zusammenhang mit einer Rasterfahndung übermittelten Daten auf dem Datenträger zu löschen und die Unterlagen unverzüglich zu vernichten, wenn der Zweck der Maßnahme erreicht ist, aber auch wenn sich zeigt, daß er nicht erreicht werden kann. Die dem Datenschutzgesetz entsprechende Generalklausel enthält Art. 45 Abs. 2: Danach sind alle Daten zu löschen und Unterlagen zu vernichten, wenn die Speicherung unzulässig war oder ihre Kenntnis für die speichernde Stelle nicht mehr erforderlich ist. Nach Art. 45 Abs. 3 unterbleiben

---

geändert durch Gesetz vom 18. Juli 1985, BGBl I 1978 S. 1789, 1985 S. 1511, eingefügten §§ 12 a und 19 a (Vernichtungsgebote für polizeiliche Bild- und Tonaufnahmen).

[65] Gesetz über die Aufgaben und Befugnisse der Bayerischen Staatlichen Polizei (Polizeiaufgabengesetz - PAG) i.d.F. vom 14. September 1990, GVBl S. 397. - Vgl. auch VollzBek PAG vom 12. April 1991, AllMBl S. 196.

[66] Gemäß Art. 32 Abs. 4 gelten für entsprechende Aufzeichnungen bei öffentlichen Versammlungen und Aufzügen die §§ 12 a und 19 a Versammlungsgesetz (s. Anm. 64).

Löschung und Vernichtung u.a., wenn die Nutzung der Daten zu wissenschaftlichen Zwecken erforderlich ist; in diesem Fall erfolgt eine Sperrung. Für die gesperrten Daten und Unterlagen wird dann mit Art. 45 Abs. 4 die Geltung der Vorschriften des BayArchivG bekräftigt, wobei sich die Anbietepflicht nach Maßgabe der nach dessen Art. 6 Abs. 2 abzuschließenden Vereinbarungen zwischen Archivverwaltung und anbietender Stelle bemißt. Die Polizei wird also verpflichtet, die Unterlagen anzubieten, die in der noch zu schließenden Vereinbarung ausdrücklich aufgeführt sind. Dieser in der Schlußphase des Gesetzgebungsverfahrens gefundene Kompromiß wurde wortgleich übernommen in das gleichzeitig verabschiedete Bayerische Verfassungsschutzgesetz, das im übrigen dieselben Löschungs- und Vernichtungsgebote wie Art. 45 Abs. 2 PAG enthält[67].

Die vorstehende kursorische Behandlung von Löschungs- und Vernichtungsgeboten kann ebenfalls keinen Anspruch auf Vollständigkeit erheben, auch wenn die wichtigsten bundesrechtlichen und bayerischen Vorschriften erfaßt sein dürften[68]. Problematisch für die Archive ist, daß eigentlich

---

[67] BayVSG vom 24. August 1990, GVBl S. 323, hier Art. 8 Abs. 3. - Vgl. WOLFGANG WEBER, Das neue Bayerische Verfassungsschutzgesetz, in: BayVBl 1991 S.449-457, der sich jedoch zur Frage der Archivierung nicht äußert.

[68] Weitere bundesgesetzliche Löschungspflichten: §§ 30 a Abs. 3, 35 Abs. 3 und 6, 44 Straßenverkehrsgesetz (StVG) i.d.F. vom 19. Dezember 1952, zuletzt geändert durch Gesetz vom 15. Dezember 1990, BGBl I 1952 S. 837, 1990 S. 2804. - § 163 d Abs. 4 Straf-

mit jedem Gesetz neue derartige Vorschriften geschaffen werden können, was auch, wie aufgezeigt, bereits mehrfach nach Verabschiedung der Archivgesetze sowohl auf Bundes- als auch auf Landesebene der Fall war. Die deshalb gelegentlich gestellte Frage nach dem praktischen Nutzen der Archivgesetze in dieser Hinsicht ist dahingehend zu beantworten, daß jetzt immerhin ein *gesetzliches* Löschungs- bzw. Vernichtungsgebot erforderlich ist, also ein bewußter Rechtsetzungsakt, um eine potentielle Archivierung zu verhindern, während bisher bereits alle Geheimhaltungsbestimmungen auch in Verwaltungsvorschriften der Übernahme durch die Archive im

---

prozeßordnung i.d.F. vom 7. April 1987, zuletzt geändert durch Gesetz vom 17. Dezember 1990, BGBl I 1987 S. 1074, 1990 S. 2847. - § 13 a Straßenverkehrs-Zulassungs-Ordnung i.d.F. vom 28. September 1988, zuletzt geändert durch Verordnung vom 11. Dezember 1990, BGBl I 1988 S. 1793, 1990 S. 2701. - §§ 152 und 153 Gewerbeordnung i.d.F. vom 1. Januar 1987, zuletzt geändert durch Gesetz vom 17. Dezember 1990, BGBl I 1987 S. 425, 1990 S. 2840. - §§ 19, 24, 25, 29 Abs. 2, 45, 46, 48, 49 und 63 Bundeszentralregistergesetz i.d.F. vom 21. September 1984, zuletzt geändert durch Gesetz vom 12. September 1990, BGBl I 1984 S. 1229, (berichtigt 1985 S. 185), 1990 S. 2002. - Andere als datenschutzrechtliche Intentionen stehen m.E. hinter der "Löschung aus der Anwaltsliste" nach § 36 BRAO (s. oben Anm. 22), der Löschung aus der Handwerksrolle nach § 13 Handwerksordnung i.d.F. vom 28. Dezember 1965, zuletzt geändert durch Gesetz vom 28. Juni 1990, BGBl I 1966 S. 1, 1990 S. 1221, und der Löschung inhaltlich unzulässiger Grundbucheintragungen nach § 53 Grundbuchordnung i.d.F. vom 5. August 1935, RGBl I S. 1073, zuletzt geändert durch Gesetz vom 25. Juli 1986, BGBl I S. 1142.

Wege standen[69]. Soll jedoch ein ansonsten generelles Löschungs- bzw. Vernichtungsgebot im Fall der Archivierung nicht gelten, müssen die jeweiligen Gesetze mit eigenen Archivklauseln versehen werden, wie dies ebenfalls bereits mehrfach geschehen ist. Für die Archivverwaltungen bzw. ihre zuständigen Ministerien macht diese Rechtslage also auch weiterhin die laufende Beobachtung aller Gesetzesinitiativen und eine möglichst frühe Einschaltung in die Gesetzgebungsverfahren erforderlich.

---

[69] Also z.B. auch die meisten Verschlußsachenanweisungen, die jedoch in den letzten Jahren neugefaßt wurden und wohl bereits überwiegend die Archivgesetze bzw. den Archivierungsauftrag der öffentlichen Archive berücksichtigen. So hat der Bundesminister des Innern am 20. März 1991 in Ergänzung zur Verschlußsachenanweisung des Bundes "Richtlinien für die Abgabe von Verschlußsachen an das Geheimarchiv des Bundesarchivs (VS-Archivrichtlinien/VS-ArchR)" sowie "Erläuterungen zur Neufassung der VS-Archivrichtlinien" erlassen (beide ungedruckt). - Die Verschlußsachenanweisung (VS-Anweisung/VSA) für die Behörden des Freistaates Bayern vom 5. Juli 1983 bestimmt in § 29: "Nicht mehr benötigte VS sind auszusondern und, soweit nicht eine Archivierung vorgesehen ist, zu vernichten (§ 30)". In den Erläuterungen des Bayer. Staatsministeriums des Innern dazu vom 21. März 1985 heißt es: "Die Abgabe von VS an das Staatsarchiv wird in gesonderten Richtlinien geregelt". Diese sind inzwischen erlassen in der Bekanntmachung der Bayerischen Staatsregierung über Richtlinien für die Aussonderung, Anbietung und Übernahme von Verschlußsachen (Aussonderungsbekanntmachung-VS) vom 19. November 1991, Bayerischer Staatsanzeiger 48, S. 3*.

Aussonderung und Übernahme von Archivgut

II. Zeitfragen der Anbietung bzw. Abgabe von Unterlagen an die Archive

Geradezu eine Quelle sowohl rechtlicher als auch ganz praktischer Probleme stellen m.E. die verschiedenen Gesetzesbestimmungen über den Zeitpunkt der Anbietung bzw. Abgabe von Unterlagen an die Archive dar. Dadurch soll vor allem eine möglichst frühzeitige Entlastung der Registraturen erreicht und die wirtschaftlich und fachlich nicht vertretbare Bildung von "Behördenarchiven" bei staatlichen Stellen verhindert werden. Auch soll gewährleistet werden, daß der Forschung wichtige Unterlagen nicht ungebührlich lange vorenthalten bleiben. Alle Archivgesetze bringen diesen Termin völlig sachgerecht in Verbindung mit der Entbehrlichkeit der Unterlagen für die (laufende) Verwaltung. Da diese aber erfahrungsgemäß sehr subjektiv beurteilt wird, enthalten alle Archivgesetze mit Ausnahme des BArchG Anbiete- bzw. Abgabefristen als quasi pauschale Festlegungen der Entbehrlichkeit[70].

---

[70] Eine ursprünglich auch im BArchG vorgesehene analoge Regelung scheiterte letztlich an den Sonderinteressen des Politischen Archivs des Auswärtigen Amtes, wie aus der amtlichen Begründung zu § 2 Abs. 2 des Gesetzentwurfs - BTDrs. 11/498 - ersichtlich ist. Auf diese "Schwachstelle" des BArchG weisen bereits RAINER POLLEY, Das Gesetz über die Sicherung und Nutzung von Archivgut des Bundes, in: NJW 1988, S. 2026-2027, und WYDUCKEL (wie Anm. 2) S. 329 f. hin, die aber beide auch den Quasi-Ersatz für dieses Manko in § 5 Abs. 8 BArchG erwähnen; leicht "überspielt" wird das Problem von OLDENHAGE (wie Anm. 4) Sp. 480.

1. Fristenregelungen

Die präziseste Formulierung scheint mir § 3 Abs. 1 LArchG BW zu enthalten, wonach Unterlagen "spätestens 30 Jahre nach ihrer Entstehung dem Staatsarchiv anzubieten [sind], sofern durch Rechtsvorschriften oder durch Verwaltungsvorschriften der obersten Landesbehörden nicht längere Aufbewahrungsfristen vorgesehen sind"[71]. Wesentlich zurückhaltender sind hier die anderen Archivgesetze. So erläutert Art. 6 Abs. 1 BayArchivG die Entbehrlichkeit wie folgt: "Dies ist *in der Regel* 30 Jahre nach Entstehung der Unterlagen *anzunehmen*, soweit [...]"[72]. Nach § 10 Abs. 1 HArchivG soll die "unverzügliche" Aussonderung "*im Regelfall* dreißig Jahre nach Entstehung der Unterlagen erfolgen". Gemäß § 7 Abs. 1 LArchG Rheinland-Pfalz "haben" die Behörden ihre entbehrlichen Unterlagen "*in der Regel spätestens* 30 Jahre nach ihrer Entstehung [...] unverändert anzubieten", nach § 3 Abs. 1 HmbArchG "*sollen*" Unterlagen "spätestens 30 Jahre nach ihrer endgültigen Entstehung ausgesondert und angeboten

---

[71] Die Formulierung gelangte erst über einen Änderungsantrag im Lauf des Gesetzgebungsverfahrens in den Text, vgl. LTDrs. 9/4575. - Auf die Bedeutung dieser Regelung weist RICHTER in: Der Archivar 41 (wie Anm. 4), Sp. 389 hin.

[72] Die neue Aussonderungsbekanntmachung (Nr. 6.3) versucht, diese Bestimmung etwas zu intensivieren: "Die Frist von 30 Jahren darf nur überschritten werden, wenn auf Grund einer Einzelfallprüfung festgestellt wird, daß eine Unterlage noch laufend benötigt wird; eine Auflistung dieser Unterlagen ist dem Archiv zu übergeben".

Aussonderung und Übernahme von Archivgut 103

werden, soweit sie nicht noch nachweislich im Geschäftsgang erforderlich sind oder soweit nicht Rechtsvorschriften andere Fristen bestimmen". Die einzige abweichende Fristenregelung enthält das ArchivG NW. Zwar normiert § 3 Abs. 1 ebenfalls die unverzügliche Anbietung bei Entbehrlichkeit, fährt dann aber fort: "Spätestens 60 Jahre nach Entstehung sind Unterlagen als Zwischenarchivgut [...] zu übergeben, soweit keine anderen Rechtsvorschriften entgegenstehen"[73].

Der offensichtlich kritische Punkt in all diesen Formulierungen ist die Bezugnahme auf die *Entstehung*. Dieser Begriff ist in keinem *Gesetz* definiert. Die ausführlichste Erläuterung dazu enthält die Begründung zum HmbArchG: "Die Entstehung von Archivgut kann sowohl zu einem bestimmten Tagesdatum erfolgt sein - z. B. im (!) Staatsvertrag am Tag seines Abschlusses bzw. des Austausches der Ratifikationsurkunden oder eine Tonbandaufzeichnung am Tag ihrer Aufnahme - als auch in einem Zeitablauf über Jahre, wie das z. B. bei Akten oder Eintragungen auf Karteikarten die Regel ist. Im letzten Fall rechnet naturgemäß der Abschluß des Entstehungsprozesses, das heißt der letzte organische Zuwachs, den die Archivguteinheit erfahren hat, als Fristbeginn, bei Akten

---

[73] Nach SCHMITZ (wie Anm. 4) Sp. 234 war eine 30-Jahres-Frist angesichts des großen Widerstands der Betroffenen nicht durchsetzbar. Er hält die jetzige Lösung für eine akzeptable Kompromißformel. "Zwischenarchivgut" ist in § 2 Abs. 4 ArchivG NW definiert als "die von einem staatlichen Archiv zur vorläufigen Aufbewahrung übernommenen Unterlagen, aus denen die archivwürdigen Stücke noch nicht ausgewählt worden sind".

beispielsweise der letzte zum Inhalt gehörige Vorgang"[74]. Die neue bayerische Aussonderungsbekanntmachung definiert in Nr. 6.5: "Unter "Entstehung" im Sinne des BayArchivG ist der Zeitpunkt zu verstehen, in dem eine Willensäußerung auf Papier oder anderen Informationsträgern festgehalten wird. Bei einer Mehrzahl von Einzelschriftstücken, die nach ihrem Inhalt untrennbar verbunden sind (z.B. Personalakten), entsteht die Unterlage erst mit dem jüngsten Einzelschriftstück".

Obwohl sich der Begriff "Entstehung" kaum exakter fassen läßt, wird sich der Streit im Einzelfall auf die Frage verlagern, wann denn nun Einzelschriftstücke nach ihrem Inhalt "untrennbar verbunden sind", d.h. die "Entstehung" hängt wesentlich von der Art der Aktenführung ab: bei konsequenter Einzelfallaktenbildung wird das völlig anders aussehen als im Falle von Sammelakten (Betreffsakten)[75].

---

[74] Bürgerschaft der Freien und Hansestadt Hamburg Drs. 13/7111 zu § 3 Abs. 1. - Auf die "Mehrzahl von Einzelschriftstücken" heben auch die Begründungen zum ArchivG NW zu § 3 Abs. 1 (LTDrs. 10/3372) und zum LArchG Rheinland-Pfalz zu § 7 Abs. 1 (LTDrs. 11/2802) ab. Die Begründungen zum LArchG BW und zum HArchivG gehen auf diese Frage nicht ein, da in beiden Fällen die entsprechenden Bestimmungen erst im Laufe des Gesetzgebungsverfahrens über Änderungsanträge in die Gesetzestexte gelangten.

[75] Wertvolle Hinweise zur "aussonderungsfreundlichen" Aktenbildung enthalten die Empfehlungen für die Schriftgutverwaltung. Hg. vom Präsidenten des Bundesrechnungshofes als Bundesbeauftragter für Wirtschaftlichkeit in der Verwaltung und vom Bundesminister des Innern. 2. Auflage 1989. - Zur Sammelaktenbildung neigen nach wie vor besonders die Ministerien in ihren "klassischen" Bereichen, aber auch die gesamte Bauverwaltung.

Aussonderung und Übernahme von Archivgut 105

Ein zweiter "Schönheitsfehler" besteht m.E. darin, daß längere Aufbewahrungsfristen als 30 Jahre in einigen Ländern durch bloße Verwaltungsvorschriften festgelegt werden können, auch wenn diese von den obersten Landesbehörden zu erlassen sind. Die Erfahrungen der nächsten Jahre werden zeigen müssen, ob es gelingt, mit den vorliegenden Bestimmungen wirklich alle Behörden, z.b. auch die erfahrungsgemäß sehr lange auf ihren Unterlagen sitzenden Sonderbehörden besonders aus der Kulturverwaltung zur Abgabe an die Archive zu bewegen. Letztlich erzwingbar ist die Anbietung bzw. Abgabe auch ältester Unterlagen in keinem Fall, da es zwischen Behörden eines Landes keine gerichtlich durchsetzbaren Ansprüche gibt. Sanktionsmöglichkeiten sind deshalb in keinem Archivgesetz vorgesehen. Ein interessantes Problem für die Rechtsprechung wäre die Frage, ob ein Forscher unter Hinweis darauf, daß ihm wesentliche Forschungsunterlagen unzugänglich blieben, eine Aktenabgabe erzwingen kann.

2. Zwischen- bzw. Auftragsarchivierung

Sehr unterschiedlich geregelt ist in den einzelnen Archivgesetzen auch die sogenannte Zwischen- bzw. Auftragsarchivierung. Während das BArchG dazu überhaupt keine Bestimmungen enthält[76] und das LArchG BW die Möglichkeit nur inso

---

[76] OLDENHAGE (wie Anm. 4) Sp. 480 vertritt die Auffassung, dies sei nicht erforderlich, da die Akten im Zwischenarchiv noch der Verfügungsgewalt der Behörden unterliegen.

weit ins Auge faßt, als die Landesregierung die Archivverwaltung künftig mit der Zwischenarchivierung beauftragen kann[77], sprechen alle anderen Archivgesetze das Thema in unterschiedlicher Ausführlichkeit an. In Nordrhein-Westfalen wird Zwischenarchivgut definiert als die "von einem staatlichen Archiv zur vorläufigen Aufbewahrung übernommenen Unterlagen, aus denen die archivwürdigen Stücke noch nicht ausgewählt worden sind"[78]. § 9 HArchivG schafft generell die Möglichkeit der Zwischenarchivierung im vorstehenden Sinn und stellt darüber hinaus noch eindeutiger klar, daß die Aufbewahrung im Auftrag der abgebenden Stellen erfolgt, die für diese Unterlagen verantwortlich bleiben und auch über die Benützung durch Dritte entscheiden.

§ 8 HArchivG schafft eine daneben nur in Art. 7 Abs. 3 BayArchivG - das in Art. 8 ebenfalls eine Zwischenarchivierung wie beschrieben ermöglicht, die dort allerdings als Auftragsarchivierung bezeichnet wird - sowie leicht variiert in § 3 Abs. 6 HmbArchG - das die eigentliche Zwischenarchivierung durch § 2 Abs. 3 i.V. mit § 4 Abs. 5 regelt - enthaltene Differenzierung: Zusätzlich wird nämlich die Möglichkeit der Endarchivierung von archivwürdigen Unterlagen bereits vor Ablauf besonderer Aufbewahrungsfristen vorgesehen, denen dann durch die archivische Verwahrung genügt wird. Durch besonders individuelle Formulierungen zeichnet sich auch in diesem Punkt das LArchG Rheinland-Pfalz aus, das in § 8 Abs. 2

---

[77] § 2 Abs. 5 und LTDrs. 9/3345.

[78] § 2 Abs. 4.

Aussonderung und Übernahme von Archivgut

wohl eine Art Zwischen- oder Auftragsarchivierung ermöglichen will, ohne jedoch den Begriff zu verwenden.

Interessant erscheint die in § 4 Abs. 6 ArchivG NW sowie in § 4 Abs. 5 HmbArchG enthaltene Befristung der Zwischenarchivierung nicht archivwürdiger Unterlagen auf 30 bzw. 20 Jahre.

Nur noch ansprechen, aber nicht mehr vertiefen möchte ich zwei Problembereiche, die zweckmäßigerweise in einigen Jahren aufgegriffen werden sollten, wenn erste Erfahrungen gesammelt werden konnten. Zum einen ist es das Problem der vorab im Einvernehmen bzw. im Benehmen mit den anbietenden Stellen durchzuführenden bzw. festzulegenden Maßnahmen zur angemessenen Berücksichtigung der schutzwürdigen Belange Betroffener[79]. Zum anderen sind es die in allen Archivgesetzen, wenn auch nicht einheitlich, teils fakultativ, teils obligatorisch vorgesehenen Vereinbarungen mit den abgebenden Stellen über den Verzicht auf die Anbietung von Unterlagen von offensichtlich geringer Bedeutung, über die Festlegung von Art und Umfang der anzubietenden gleichförmigen Unterlagen, die in großer Zahl anfallen, sowie über Auswahl und Form der Übermittlung der auf maschinenlesbaren Daten-

---

[79] So in § 3 Abs. 1 LArchG BW und Art. 7 Abs. 2 BayArchivG (wo es auch um "überwiegende Interessen des Gemeinwohls" geht).

trägern gespeicherten Daten[80]. Wie erste eigene Erfahrungen zeigen, wird es nicht leicht sein, hier jeweils Einvernehmen herzustellen, das ja Voraussetzung jeder Vereinbarung ist. Auf Schwierigkeiten stoßen v.a. alle archivischen Wünsche, auf maschinenlesbaren Datenträgern gespeicherte Daten auf einem anderen Medium, z.B. auf Mikrofilm oder als Papierausdruck, zu übergeben und sei es nur, weil dadurch zusätzliche Kosten entstehen.

III. Regelungen zur Bewertungskompetenz der Archive

Besonders überraschen mögen beim vergleichenden Studium der genannten Archivgesetze die stark voneinander abweichenden Regelungen zur Bewertungskompetenz der Archive[81]. Nach dem derzeitigen Stand der Gesetzgebung im Bund und

---

[80] Vgl. § 2 Abs. 6 und 5 BArchG; § 3 Abs. 1 LArchG BW; § 3 Abs. 3 und 4 ArchivG NW; §§ 10 Abs. 2 sowie 12 HArchivG; Art. 6 Abs. 2 BayArchivG; § 7 Abs. 3 LArchG Rheinland-Pfalz; § 3 Abs. 4 HmbArchG.

[81] Zu Fragen der Bewertung generell vgl. aus jüngerer Zeit BODO UHL, Der Wandel in der archivischen Bewertungsdiskussion, in: Der Archivar 43, 1990, Sp. 529-538, und GERHARD TADDEY, Das Landesarchivgesetz Baden-Württemberg und seine Konsequenzen für die Bewertungsfrage, ebd. Sp. 539-547, sowie THEODORE R. SCHELLENBERG, Die Bewertung modernen Verwaltungsschriftguts. Übers. und hg. von ANGELIKA MENNE-HARITZ (Veröffentlichungen der Archivschule Marburg Nr. 17), Marburg 1990, darin v.a. auch das anregende Vorwort von MENNE-HARITZ.

in den Ländern glaube ich in diesem Punkt zwei hauptsächliche Richtungen erkennen zu können[82]: Nach dem BArchG sowie nach dem BayArchivG treffen die Entscheidung über die Archivwürdigkeit bzw. über den *bleibenden Wert* von Unterlagen allein die Archive und zwar im Benehmen mit den anbietenden Stellen. Beide Gesetze enthalten allerdings Kriterienkataloge, an denen sich die Archive dabei zu orientieren haben. Im BArchG ist dies sehr kompakt in einem einzigen Paragraphen zusammengefaßt[83]. Im BayArchivG ist zum einschlägigen Art. 7 Abs. 1 auch die Legaldefinition des Art. 2 Abs. 2 heranzuziehen[84].

In allen anderen Landesarchivgesetzen wird die Kompetenz der Archive durch die Legaldefinitionen des Begriffs Archivwürdigkeit nicht unerheblich eingeschränkt. So haben nach dem LArchG BW Unterlagen bleibenden Wert, "denen historischer Wert zukommt oder die auf Grund von Rechtsvorschriften oder von Verwaltungsvorschriften der jeweils zuständigen obersten Landesbehörde [...] dauernd aufzubewahren sind". Die Bewertungskompetenz der Archive beschränkt sich auf

---

[82] Eine Synopse der einschlägigen Bestimmungen ist als Anhang beigefügt.

[83] § 3. Weitergehende Legaldefinitionen von Archivgut enthält das BArchG nicht.

[84] Eine im wesentlichen mit der bayerischen korrespondierende Lösung sieht jetzt auch der Entwurf des BremArchivG in § 2 Abs. 2 vor, wo Legaldefinition von Archivwürdigkeit und Entscheidungskompetenz ähnlich wie im HmbArchG und im ArchivG NW kompakt zusammengefaßt sind.

Unterlagen, "die nicht aufgrund von Rechtsvorschriften oder von Verwaltungsvorschriften [...] dauernd aufzubewahren sind" bzw. auf die Unterlagen, "denen [nur] historischer Wert zukommt"[85].

Die anderen Archivgesetze unterscheiden sich davon zwar nicht im Grundtenor, wohl aber in mehreren Details. So gelten nach dem ArchivG NW, das zwar aus Gründen einer klaren Kompetenzabgrenzung bei der Bewertung nicht einmal ein Benehmen mit den anbietenden Stellen vorsieht[86], als archivwürdig dennoch auch "Unterlagen, die nach anderen Vorschriften dauernd aufzubewahren sind"[87]; über die Kompetenz zum Erlaß derartiger "anderer Vorschriften" sowie über deren Rechtsqualität ist nichts ausgesagt.

Nach dem HArchivG und dem HmbArchG gelten als archivwürdig auch Unterlagen, "die zur Rechtswahrung sowie auf Grund von Rechtsvorschriften dauernd aufzubewahren sind"[88] bzw. "die aufgrund von anderen Rechtsvorschriften

---

[85] Alle Zitate aus § 2 Abs. 3 und § 3 Abs. 2. - RICHTER in: Der Archivar 41 (wie Anm. 4), Sp. 389, führt ausdrücklich aus, daß sich die Bewertungskompetenz der Archivare auf den historischen(!) Wert beschränkt.

[86] So SCHMITZ (wie Anm. 4) Sp. 234.

[87] § 2 Abs. 2.

[88] § 1 Abs. 4 HArchivG.

Aussonderung und Übernahme von Archivgut

oder zur Rechtswahrung dauernd aufbewahrt werden müssen"[89]. Gegenüber Baden-Württemberg und Nordrhein-Westfalen bedeutet dies, daß die Auflage zur dauernden Aufbewahrung wenigstens in einer Rechtsvorschrift enthalten sein muß.

Motive für die jeweiligen Festlegungen werden in den amtlichen Begründungen zu den Gesetzentwürfen in der Regel nicht angeführt, sei es, weil sie wie in Hessen erst vom Landtag in das Gesetz eingefügt wurden[90], sei es, weil sie tatsächlich der überkommenen Praxis und auch dem Selbstverständnis der Archivare entsprechen. Das LArchG BW faßt hier zwei ansonsten getrennte Begründungen für die Archivwürdigkeit bzw. den bleibenden Wert zusammen: Während z.B. in NW die Archivwürdigkeit u.a. mit dem bleibenden Wert "für Gesetzgebung, Regierung, Verwaltung oder Rechtsprechung oder zur Sicherung berechtigter Belange Betroffener oder Dritter" begründet wird und darüber hinaus auch Unterlagen als archivwürdig gelten, "die nach anderen Vorschriften dauernd aufzubewahren sind"[91], haben in BW u.a. bleibenden Wert Unterlagen, "die auf Grund von Rechtsvorschriften oder von Verwaltungsvorschriften der jeweils zuständigen obersten Landesbehörde zur Sicherung berechtigter Belange der Bürger oder zur Bereitstellung von Informationen für Gesetzgebung,

---

[89] § 2 Abs. 2 HmbArchG.

[90] LTDrs. 12/4706.

[91] § 2 Abs. 2; ähnlich auch in Rheinland-Pfalz § 1 Abs. 1 und in Hamburg § 2 Abs. 2.

Verwaltung oder Rechtspflege dauernd aufzubewahren sind"[92]. So auch die amtliche Begründung dazu: "Welche Unterlagen [zur Sicherung bzw. Bereitstellung] dies im einzelnen sind, wird in Rechtsvorschriften oder in Verwaltungsvorschriften [...] geregelt"[93].

Die zweifellos komplizierteste Regelung findet sich im LArchG Rheinland-Pfalz, nach dessen § 8 Abs. 1 zwar ebenfalls das zuständige Landesarchiv entscheidet, welche Unterlagen "bleibenden Wert" haben, was fast wortgleich wie im BayArchivG definiert wird. Singulär ist jedoch der Zusatz "Soweit sie darüber hinaus einen besonderen kulturellen Wert haben, für die Wissenschaft von erheblicher Bedeutung sind oder wenn Rechts- oder Verwaltungsvorschriften dies bestimmen, sind Unterlagen unverändert aufzubewahren"[94]. Damit ist offensichtlich eine noch weitergehende Einschränkung der archivischen Entscheidungskompetenz intendiert.

Daß mit den divergierenden Formulierungen tatsächlich auch unterschiedliche Regelungsinhalte gewollt sind, wird besonders deutlich aus der Vollzugsbekanntmachung zum BayArchivG. Danach sind Unterlagen, die vom zuständigen Archiv nicht als archivwürdig bestimmt wurden, deren besondere Aufbewahrungsfristen jedoch noch nicht abgelaufen sind,

---

[92] § 2 Abs. 3.

[93] LTDrs. 9/3345 zu § 2 Abs. 3.

[94] § 1 Abs. 1.

weiterhin bei der anbietenden Stelle aufzubewahren. Als "besondere Frist" gilt natürlich auch "dauernd"[95]. Diese Tendenz geht auf Erfahrungen mit einigen Schriftgutgruppen zurück, deren "dauernde" Aufbewahrung bereits bisher zu erheblichen Mehrfacharchivierungen führt, z.B. die Notariatsurkunden, von denen ein großer Teil als Ausfertigungen in den ebenfalls dauernd aufzubewahrenden Grundakten der Grundbuchämter wiederkehrt, und auf größere bereits archivierte Bestände, deren behauptete rechtliche Relevanz schon deshalb auf Skepsis stoßen muß, weil sie über Jahrzehnte nie zur Klärung rechtlicher Fragen herangezogen wurden, z.B. die Erbhofakten der Anerbengerichte[96].

Der eigentliche Kern des Problems dürfte im Begriff *dauernd* zu suchen sein, der sowohl von den Archivaren als auch von den Behörden als *ewig* mißverstanden wird, obwohl er in der überwiegenden Zahl der Fälle nur eine zum Zeitpunkt der Rücklegung der Unterlagen noch nicht genau terminierbare längere Frist meint. Daß dies wohl in der überwiegenden Zahl der Fälle so gesehen werden muß, zeigt z.B. die Aufzählung der dauernd aufzubewahrenden Unterlagen in den bayerischen

---

[95] Wie Anm. 50 Nr. 8.6.

[96] Einen m.E. sehr guten Ansatz zur Reduzierung redundanter Überlieferung gerade in diesem Bereich stellen die eben vorgelegten Vorschläge einer Arbeitsgruppe der Archivreferentenkonferenz dar, mit denen zwar nicht die archivexterne Festlegung der Archivwürdigkeit in Frage gestellt wird, die aber auf eine Änderung der Aufbewahrungsbestimmungen bzw. der Bestimmungen zur Führung der Grundakten abzielt.

Aufbewahrungsbestimmungen für Bücher und Belege. Dazu zählen "Unterlagen, die für den Betrieb technischer Anlagen, für die Bauunterhaltung oder die spätere Feststellung von Schadensursachen von Bedeutung sind", wozu vor allem verschiedene Baubelege gehören, "Urkunden über den Erwerb oder die Aufgabe des Eigentums an Grundstücken", "Unterlagen über den Erwerb und die Aufhebung von Rechten sowie Verträge über dauernde Lasten und Verbindlichkeiten, Urkunden über Sonder- und Gewohnheitsrechte sowie über Familien- und Erbrechte, Schuldverschreibungen und andere Urkunden sowie Schriftstücke, deren Vernichtung von Nachteil für den Staat sein könnte"[97]. Fast noch deutlicher wird dies z.B. in einer dem zitierten bayerischen Entwurf entsprechenden Regelung der schleswig-holsteinischen Aussonderungsbekanntmachung für die Justiz, die ebenfalls die weitere Verwahrung "dauernd aufzubewahrender", vom Landesarchiv aber nicht übernommener Unterlagen bei der anbietenden Stelle und ihre Vernichtung nach 100 Jahren vorsieht, wenn keine Anforderungen des Landesarchivs auf Grund eigener Auswahl vorliegen[98].

---

[97] So in Nr. 5.1 der Aufbewahrungsbestimmungen = Anlage 2 zu den VV zu Art. 71 Bayerische Haushaltsordnung. - Gleiche oder ähnliche Formulierungen finden sich in nahezu allen vergleichbaren Vorschriften des Bundes und der Länder.

[98] Bestimmungen über die Aussonderung, die Ablieferung und die Vernichtung des Schriftgutes in Rechtssachen der ordentlichen Gerichtsbarkeit. AV des Justizministers vom 26. Juni 1983, Schleswig-Holsteinische Anzeigen 1983 S. 132 (auch in: Der Archivar 37, 1984, Sp. 230-234), hier Nr. VI (7).

Das Risiko einer Behördenarchivbildung bei stärkerer Betonung der ausschließlich archivischen Entscheidungskompetenz - wenn nicht alle Unterlagen wunschgemäß vom Archiv übernommen werden, erfolgt überhaupt keine Abgabe mehr - halte ich für vernachlässigbar, ist doch die generelle Anbietepflicht in den Archivgesetzen normiert. Rechtliche Probleme wird es in diesem Zusammenhang jedoch nur dann geben, wenn sich das Selbstverständnis der Archivare rascher ändert als die referierten archivgesetzlichen Bestimmungen.

Anhang
Die Bewertungskompetenz der Archive in den Archivgesetzen[99]

BArchG

§ 3
Das Bundesarchiv entscheidet im Benehmen mit
der anbietenden Stelle, ob den Unterlagen bleibender Wert für die Erforschung oder das Verständnis der deutschen Geschichte, die Sicherung berechtigter Belange der Bürger oder die
Bereitstellung von Informationen für Gesetzgebung, Verwaltung oder Rechtsprechung zukommt.

BayArchivG

Art. 7
(1) ¹Das zuständige staatliche Archiv übernimmt
die von ihm im Benehmen mit der anbietenden
Stelle als archivwürdig bestimmten Unterlagen.

Art. 2
(2) Archivwürdig sind Unterlagen, die für die
wissenschaftliche Forschung, zur Sicherung berechtigter Belange Betroffener oder Dritter
oder für Zwecke der Gesetzgebung, Rechtsprechung oder Verwaltung von bleibendem Wert sind.

---

[99] Fundstellen der Gesetze s. oben Anm. 2.

BremArchivG (Entwurf)

§ 2

(2) Archivwürdig sind Unterlagen, die für die Erforschung und das Verständnis der Geschichte, insbesondere der bremischen Geschichte, die Sicherung berechtigter Belange der Bürger und Bürgerinnen oder die Bereitstellung von Informationen für Gesetzgebung, Verwaltung oder Rechtsprechung von bleibendem Wert sind. Über die Archivwürdigkeit entscheidet das Staatsarchiv unter fachlichen Gesichtspunkten.

LArchG BW

§ 3

(2) Das Staatsarchiv entscheidet im Benehmen mit der anbietenden Stelle über die Übernahme von Unterlagen, denen historischer Wert zukommt. [...]

§ 2

(3) [...] Bleibenden Wert haben Unterlagen, denen historischer Wert zukommt oder die auf Grund von Rechtsvorschriften oder von Verwaltungsvorschriften der jeweils zuständigen obersten Landesbehörde zur Sicherung berechtigter Belange der Bürger oder zur Bereitstellung von Informationen für Gesetzgebung, Verwaltung oder Rechtspflege dauernd aufzubewahren sind. Der bleibende Wert von Unterlagen, die nicht aufgrund von Rechtsvorschriften oder von Verwaltungsvorschriften der jeweils zuständigen obersten Landesbehörde dauernd aufzubewahren sind, wird durch die Archivare festgestellt.

ArchivG NW

§ 2

(2) Archivwürdig sind Unterlagen, die für Wissenschaft oder Forschung, für Gesetzgebung, Regierung, Verwaltung oder Rechtsprechung oder zur Sicherung berechtigter Belange Betroffener oder Dritter von bleibendem Wert sind. Über die Archivwürdigkeit entscheiden die staatlichen Archive unter fachlichen Gesichtspunkten. Archivwürdig sind auch Unterlagen, die nach anderen Vorschriften dauernd aufzubewahren sind.

HArchivG

§ 11

(1) Über die Archivwürdigkeit der angebotenen Unterlagen und über die Übernahme in das öffentliche Archiv entscheiden die öffentlichen Archive im Benehmen mit der anbietenden Stelle.

§ 1

(4) Archivwürdig sind Unterlagen, die auf Grund ihrer politischen, wirtschaftlichen, sozialen und kulturellen Bedeutung für die Erforschung und das Verständnis von Geschichte und Gegenwart von bleibendem Wert sind oder die zur Rechtswahrung sowie auf Grund von Rechtsvorschriften dauernd aufzubewahren sind.

LArchG Rheinland-Pfalz

§ 8

(1) Das zuständige Landesarchiv hat binnen sechs Monaten im Benehmen mit der anbietenden Stelle zu entscheiden, welche der angebotenen

Unterlagen bleibenden Wert haben und deshalb zu übernehmen sind.

§ 1

(1) [...] Bleibenden Wert haben Unterlagen, denen für Gesetzgebung, Verwaltung oder Rechtsprechung, für die Erforschung oder das Verständnis der Geschichte oder für die Sicherung berechtigter Belange der Bürger Bedeutung zukommt. Soweit sie darüber hinaus einen besonderen kulturellen Wert haben, für die Wissenschaft von erheblicher Bedeutung sind oder wenn Rechts- oder Verwaltungsvorschriften dies bestimmen, sind Unterlagen unverändert aufzubewahren.

HmbArchG

§ 2

(2) Archivwürdig sind Unterlagen, denen bleibender Wert für Gesetzgebung, Rechtsprechung, Verwaltung, Wissenschaft oder Forschung oder für die Sicherung berechtigter Belange von Einzelpersonen zukommt. Über die Archivwürdigkeit von Unterlagen entscheidet das Staatsarchiv. Die in § 1 Absatz 1 genannten [= anbietenden] Stellen unterstützen das Staatsarchiv bei dieser Entscheidung und machen ihm hierzu ihre Unterlagen zugänglich. Archivwürdig sind auch Unterlagen, die aufgrund von anderen Rechtsvorschriften oder zur Rechtswahrung dauernd aufbewahrt werden müssen.

HERBERT GÜNTHER

Rechtsprobleme der Archivbenutzung

Gliederung

Einführung
I. Eingrenzung des Themas
   1. Sonderfälle
       a. Privatarchive
       b. Kirchliche Archive
   2. Gegenstand der Untersuchung
   3. Der archivische Auskunftsanspruch
II. Die Grundlagen des Archivbenutzungsanspruchs
   1. Sein Gegenstand
   2. Der Vorbehalt weitergehender Rechte
III. Die rechtliche Einordnung des Archivbenutzungsanspruchs
   1. Zulassungsvoraussetzungen
   2. Versagungsgründe
   3. Das Zulassungsverfahren
IV. Das Archivbenutzungsverhältnis
V. Die amtliche Benutzung
VI. Einzelfragen des Benutzungsverhältnisses
VII. Haftungsfragen
   1. Die Haftung des Benutzers gegenüber dem Archiv
   2. Die Haftung des Archivs gegenüber dem Benutzer

Einführung

Die Probleme des Archivbenutzungsrechts sind als Rechtsfragen im Grunde bislang wenig behandelt worden[1]. Jedem, der mit diesem Bereich praktisch befaßt ist oder sich hierzu einen theoretischen Zugang zu schaffen sucht, steht sehr bald vor allem ein Thema von zentraler Bedeutung vor Augen - das in der Archivbenutzung nahezu notwendig angelegte Spannungsverhältnis zwischen dem Auswertungsinteresse des Benutzers und den Persönlichkeitsrechten davon Betroffener und ihrer Hinterbliebenen. In diesem Widerstreit haben sich die Archive und die Archivare einzurichten und häufig von Fall zu Fall Abwägungsentscheidungen zu treffen, bei

---

[1] Vgl. als Spezialliteratur Lepper, Die staatlichen Archive und ihre Benutzung, DVBl. 1963, 315; Schöntag, Archiv und Öffentlichkeit im Spiegel der Benutzungsordnungen für die staatlichen Archive in der Bundesrepublik Deutschland, Der Archivar 1977, 375. Einzelfragen behandelt Freys, Das Recht der Nutzung und des Unterhalts von Archiven, 1989, 67 ff.. Granier, Zur Benutzung von Archivgut des Bundes nach dem Bundesarchivgesetz, Der Archivar 1989, 387, mit einer Ergänzung von Kahlenberg, Der Archivar 1990, 191, geht dagegen auf Rechtsfragen der Archivbenutzung kaum ein. Ergiebiger sind in diesem Punkt die Darstellungen zum Bibliotheksbenutzungsrecht, aus jüngerer Zeit insbes. Kirchner, Bibliotheks- und Dokumentationsrecht, 1981, 125 ff.; Kirchner/Wendt, Bibliotheksbenutzungsordnungen, 1990; Nitze, Die Rechtsstellung der wissenschaftlichen Bibliotheken, 1967, 77 ff., jeweils m. w. Hinw.

denen sich der Gesetzgeber auf Generalklauseln beschränken und mit denen er sie dann auch allein lassen muß[2].

Ein weiterer Beitrag zu diesem Problem ist hier nicht zu erwarten. Statt dessen soll es um die Begründung und den sonstigen Inhalt des Benutzungsverhältnisses gehen, und eben darauf bezieht sich der Hinweis auf die scheinbare juristische Unerheblichkeit des Archivbenutzungsrechts. Möglicherweise entstehen in diesem Bereich Konflikte zwischen Benutzern und Archiven entweder von vornherein nicht, oder aber sie werden ohne und allenfalls mit nur geringfügigem rechtlichem Aufwand gelöst. Verfolgt man die einschlägige Rechtsprechung, dann ist man dankbar für jede der ganz seltenen Entscheidungen, die einen Benutzungsfall zum Gegenstand haben[3]. Schon aus diesem Grunde hat sich das Recht der Archivbenutzung bislang zu einem eigenständigen Rechtsgebiet nicht entwickeln können. Hauptgrund dafür ist freilich nicht nur die zu vermutende mangelnde Konfliktbereitschaft der Benutzer, sondern in besonderem Maße der über lange Jahre

---

[2] Dieser Umstand ist daher auch als Argument gegen die Zweckmäßigkeit von Archivgesetzen ins Feld geführt worden, vgl. die Stellungnahme der Hessischen Landesregierung zum Bericht des Hessischen Datenschutzbeauftragten LT-Drs. 9/6331 S. 11 f.

[3] Diese Feststellung Boberachs aus dem Jahre 1975 (Archivbenutzung und archivarische Arbeit im Wandel von Interessen und Methoden, Der Archivar 1975, 19, 22) ist seither nicht unrichtig geworden. Zur nachfolgenden Rechtsentwicklung s. OVG Koblenz NJW 1984, 1135; VGH München NJW 1985, 1663 = BayVBl. 1985, 366, z.T. auch bei Heydenreuter, Der mögliche Inhalt einer kommunalen Archivsatzung, Der Archivar 1988, 123.

ganz unterentwickelte Stand des Archiv- und damit auch des Archivbenutzungsrechts[4].

I. Eingrenzung des Themas

Das "Recht der Archivbenutzung" ist als einheitlicher Regelungskomplex bei genauerer Betrachtung unter einen so bündigen Titel nicht zu subsumieren. Es ist so vielgestaltig wie die Archive, von deren Benutzung zu sprechen ist, und wie die Bestände, die für eine Benutzung in Betracht kommen.

1. Sonderfälle

Zunächst sollten daher diejenigen Archive ausgenommen werden, von denen hier künftig nicht weiter die Rede sein kann.

---

[4] Vgl. dazu grundlegend für den Rechtszustand vor dem BArchG: Heydenreuter, Die rechtlichen Grundlagen des Archivwesens, Der Archivar 1979, 157; Oldenhage, Archivrecht? Überlegungen zu den rechtlichen Grundlagen des Archivwesens in der Bundesrepublik Deutschland, in: Boberach/Booms, Aus der Arbeit des Bundesarchivs, Boppard 1977, 187; ders., Brauchen wir Archivgesetze?, Der Archivar 1980, 165.

a. Privatarchive

Gemeint sind dabei einmal private Archive oder - richtiger - Archive solcher Rechtsträger, deren Bestehen und Tätigkeit dem Privatrecht zugeordnet ist. Dazu gehören ohne Anspruch auf Vollständigkeit etwa Unternehmens-, Presse-, Partei- und Adels-, also Herrschafts-, Familien- und Hausarchive. Diese Archive lassen sich dadurch kennzeichnen, daß die Beziehung zwischen dem Archivträger und den Archivbeständen ausschließlich dem Privatrecht angehört - der Archivträger ist regelmäßig Eigentümer seiner Bestände und kann die Benutzung seines Eigentums nach Belieben (§ 903 BGB) gestatten, regeln oder auch verhindern. Eine besondere Überformung dieser umfassenden privatrechtlichen Herrschaftsmacht durch eine öffentlich-rechtliche Qualität von Archivträger und Archivgut, wie sie bei öffentlichen Archiven noch festzustellen sein wird, findet hier nicht statt. Daß "Eigentum verpflichtet" (Art. 14 Abs. 2 GG), begründet unter keinem denkbaren Gesichtspunkt Nutzungs- oder Einsichtsrechte Dritter. Dasselbe gilt für die Grundrechte der Informations- und der Wissenschaftsfreiheit (Art. 5 Abs. 1 und 3 GG), die für einen Zulassungsanspruch schon gegenüber öffentlich-rechtlichen Rechtsträgern nichts hergeben[5] und private Informationsansprüche

---

[5] VGH München Bay VBl. 1985, 366 (insoweit a.A. Heydenreuter, Der mögliche Inhalt einer kommunalen Archivsatzung, Der Archivar 1988, 123, 128 f.); Freys a.a.O., 70 ff.; Kießling, Recht auf Benutzung von Archiven, seine Grenzen in der Bundesrepublik Deutschland, Archivpflege in Westfalen und Lippe, Januar 1984 Nr. 21, 47, 48; Lepper DVBl. 1963, 315, 317; Schrittenloher, Benützer-

Rechtsprobleme der Archivbenutzung 125

allemal nicht zu begründen vermögen.

Die Zulassung zu derartigen Archiven und die Nutzung ihrer Bestände vollzieht sich damit, falls die Beziehungen der Be-

---

und Gebührenordnungen der Stadtarchive mit besonderer Berücksichtigung von Rechtsfragen, Mitteilungen für die Archivpflege in Bayern 15, 1969, 49, 50 f.; ähnlich zu einem Anspruch auf Akteneinsicht zu Forschungszwecken BVerwG NJW 1986, 1277 = CR 1986, 835 m.Anm. Gallwas; BVerfG - Kammerentscheidung - NJW 1986, 1243, sowie zu einem aus Art. 5 Abs. 3 GG hergeleiteten Subventionsanspruch BVerwG NJW 1980, 718. Anders dagegen: Heydenreuter, Der Archivar 1979, 157, 161 ff.; König, Archivgesetzgebung zwischen Datenschutz und Informationsfreiheit, Der Archivar 1985, 193, 198; Meilinger, Datenschutz im Bereich von Information und Dokumentation, 1984, 231 ff.; Wyduckel, Archivgesetzgebung im Spannungsfeld von informationeller Selbstbestimmung und Forschungsfreiheit, DVBl. 1989, 327, 333 ff.; wohl auch Oldenhage, in: Boberach/Booms, Aus der Arbeit des Bundesarchivs, 1977, 187, 192, 195 f., 207, und ebenso in Bemerkungen zum Bundesarchivgesetz, Der Archivar 1988, 477, 478, sowie in der Einführung der Kommentierung des BArchG in Das Deutsche Bundesrecht, Nr. VIII A 60 S. 8, wo er allerdings die amtliche Begründung zum Regierungsentwurf des BArchG (BTDrs. 10/ 3072 S. 7 = BTDrs. 11/498 S. 7) in einen dort so nicht formulierten Kontext mit dem Urteil BVerfGE 35, 80 bringt.

Die Ablehnung eines verfassungsfesten Archivbenutzungsanspruchs schließt selbstverständlich nicht aus, daß das Grundrecht aus Art. 5 Abs. 3 GG in die Einzelfallentscheidung über die Gewährung von Akteneinsicht einzufließen hat, vgl. OVG Koblenz NJW 1984, 1135, 1136 und BVerfG NJW 1986, 1243, sowie Gallwas, Datenschutz und historische Forschung in verfassungsrechtlicher Sicht, in: Datenschutz und Forschungsfreiheit, 1986, 35, 41 f. = Der Archivar 1986, 313, 319 f.

teiligten überhaupt hinreichend rechtlich verfestigt sind, allein auf der Grundlage des Privatrechts[6]. Denkbar sind im Einzelfall sogar vorrechtliche bloße Gefälligkeitsverhältnisse ohne primäre Leistungspflichten. Hat die Zulassung zur Archivbenutzung dagegen - immerhin - Rechtsqualität, dann handelt es sich dabei um einen zivilrechtlichen Vertrag sui generis, dessen Rechte und Pflichten sich nach Ausmaß und Inhalt des jeweiligen Bindungswillens bestimmen und der als Folge seines für den Archiveigentümer regelmäßig nur fremdnützigen Charakters grundsätzlich jederzeit kündbar ist.

Als Ansatzpunkt weiterführender Überlegungen zum Recht der Archivbenutzung kommen derartige Privatarchive daher nicht in Betracht.

b. Kirchliche Archive

Auch von kirchlichen Archiven soll hier nicht die Rede sein[7]. Die Kirchen gestalten ihr Innenrecht selbst (Art. 140 GG in Verbindung mit Art. 137 Abs. 3 WRV) und haben daher in der Frage der Zulassung und der näheren Ausgestaltung der Archivnutzung lediglich die Schranken des staatlichen Rechts

---

[6] Zu den Einzelheiten einer privatrechtlichen Benutzung vgl. Kirchner/Wendt, Bibliotheksbenutzungsordnungen, 1990, 110 ff.

[7] S. dazu jetzt Diederich, Anordnung über die Sicherung und Nutzung der Archive der Katholischen Kirche, Der Archivar 1989, 187.

zu beachten[8]. Sie sind zwar auch Körperschaften des öffentlichen Rechts (Art. 137 Abs. 5 WRV), so daß ihre Rechtsakte nicht außerhalb der staatlichen Rechtsordnung stehen. Der Prüfungsmaßstab ist bei sämtlichen Entscheidungen im Zusammenhang einer Archivbenutzung jedoch zunächst dem innerkirchlichen Recht zu entnehmen und soll daher im Zusammenhang dieser Untersuchung nicht weiter erörtert werden.

2. Gegenstand der Untersuchung

Als deren Gegenstand bleiben also die - im Hinblick auf die Kirchen: sonstigen - öffentlichen Archive, oder richtiger solcher Rechtsträger, die ihrerseits ihre Entstehung dem öffentlichen Recht verdanken, also der juristischen Personen des öffentlichen Rechtes.

Daß die öffentlich-rechtlichen Körperschaften, Anstalten und Stiftungen sämtlich Archive einrichten dürfen, steht außer Frage und folgt aus dem Recht jeder dieser juristischen Personen auf Selbstorganisation ihres Behörden- und Verwaltungsaufbaus. Soweit die Archivgesetze der Länder für die Archive der Gemeinden und der sonstigen Körperschaften sowie der Anstalten und Stiftungen des öffentlichen Rechts in unter

---

[8] Vgl. etwa OVG Lüneburg NVwZ 1987, 708, sowie zum Hausverbot bei kirchlichen Einrichtungen VGH München Bay VBl. 1986, 271 m. Anm. Renck; BVerwG DVBl. 1986, 1202 m. Anm. Erichsen, und Müller-Volbehr JuS 1987, 869.

schiedlicher Dichte auch hierfür Regelungen enthalten, wird deren Befugnis zur Einrichtung von Archiven als selbstverständlich vorausgesetzt (LArchG BW §§ 7-8; BayArchivG Art. 13-14; HArchivG § 6; ArchivG NW §§ 3 Abs. 6, 10-11; LArchG Rh.-Pf. § 2 Abs. 2 und 3).

Soweit es hierfür einheitliche Regelungen gibt, sollen vor allem diese besprochen werden. Dabei ist zu betonen, daß ein einheitliches, gleichsam gemeindeutsches Archivbenutzungsrecht sich bisher nicht entwickelt hat. Es gibt also keinen Normenbestand, der den Zugang zu allen öffentlichen Archiven, die Rechte und Pflichten der Archive und ihrer Benutzer im Zusammenhang mit der Archivbenutzung unterschiedslos regelt und über den berichtet werden könnte. Vielmehr ist das Recht der Archivbenutzung ganz unterschiedlichen Quellen zu entnehmen:

- dem allgemeinen Verwaltungsrecht, soweit es Grundfragen der Nutzung öffentlicher Anstalten und das Verwaltungsverfahren betrifft;

- den Archivgesetzen des Bundes und der Länder für die jeweiligen staatlichen Archive;

- den entsprechenden Benutzungsordnungen, für die inzwischen die notwendigen Verordnungsermächtigungen geschaffen worden sind (BArchG § 6; LArchG BW § 6 Abs. 6; BayArchivG Art. 15; HArchivG § 19; ArchivG NW § 8; LArchG Rh.-Pf. § 9 Abs. 4 Satz 2);

- für sonstige öffentliche Archive den entsprechenden Benutzungsordnungen und allenfalls noch - unter dem Gesichtspunkt des Zulassungsanspruchs - den Bestimmungen der Gemeindeordnungen der Länder über die Benutzung kommunaler Einrichtungen.

Wie unvollständig diese Aufgliederung freilich ist, zeigen weitere Besonderheiten:

Selbst in den bestehenden Archivgesetzen ist Raum gelassen für die Schaffung von Sonderarchiven jedenfalls der Parlamente (BArchG § 2 Abs. 2; LArchG BW § 10 - hier und in den folgenden Bestimmungen zugleich für den öffentlichrechtlichen Rundfunk und überwiegend auch für die Kirchen - ; BayArchivG Art. 12, 16; HArchivG §§ 2 Abs. 2, 20; ArchivG NW §§ 9, 13; LArchG Rh.-Pf. §§ 11, 12). Zumindest hinsichtlich der Parlamentsarchive gilt allerdings keine allgemeine Abweichung von den Archivgesetzen, sondern nur ein Vorbehalt eigenständiger Regelungskompetenz für die Einzelheiten der Benutzung, deren Möglichkeit als selbstverständlich zugrundegelegt wird.

Hinzu kommt, daß außer dem Bundes- noch weitere öffentlich-rechtliche Archive innerhalb der Bundesrepublik zentrale Funktionen wahrnehmen, ohne daß das Bundesarchivgesetz für sie Anwendung findet. Diese Ausnahme gilt zwar nicht für das Lastenausgleichsarchiv[9], das "im Bundesarchiv", also als dessen Abteilung errichtet worden ist und für das daher auch dessen Benutzungsrecht gilt. Als Sonderarchive mit zentraler Funktion sind jedoch zu erwähnen

- das Geheime Staatsarchiv innerhalb der Stiftung Preußischer Kulturbesitz[10];

- die Stiftung Bundeskanzler-Adenauer-Haus mit ihrem Archiv[11];

- die Stiftung Reichspräsident-Friedrich-Ebert-Gedenkstätte mit ihrem Archiv[12];

---

[9] § 1 Abs. 1 des Gesetzes über die zentrale Archivierung von Unterlagen aus dem Bereich des Kriegsfolgenrechts vom 6. Januar 1988 BGBl. I, 65.

[10] §§ 1, 2 Abs. 1 des Gesetzes zur Errichtung einer Stiftung "Preußischer Kulturbesitz" und zur Übertragung von Vermögenswerten des ehemaligen Landes Preußen auf die Stiftung vom 25. September 1957 BGBl. I, 841, und dazu statt aller Köstlin, Die Kulturhoheit des Bundes, 1989, 75 ff.

[11] § 2 Abs. 2 des Gesetzes über die Errichtung einer Stiftung Bundeskanzler-Adenauer-Haus vom 24. November 1978 BGBl. I, 1821.

[12] § 2 Abs. 2 Nr. 2 des Gesetzes über die Errichtung einer Stiftung Reichspräsident-Friedrich-Ebert-Gedenkstätte vom 19. Dezember 1986 BGBl. I, 2553, 1987 I, 1069.

Rechtsprobleme der Archivbenutzung 131

- der Internationale Suchdienst (ITS) in Arolsen[13];

- die Wehrmachtsauskunftsstelle (WASt) in Berlin;

- das Document-Center ebenfalls in Berlin[14].

Darüberhinaus finden sich Rechtsnormen über die Benutzung von Archivbeständen nicht allein im Archivrecht. Gemeint sind vor allem diejenigen Fälle, in denen etwa das Hessische Archivgesetz von Zwischenarchivgut spricht (§ 9, vgl. auch § 2 Abs. 4 ArchivG NW) und die das Bayerische Archivgesetz (Art. 8) als Auftragsarchivierung bezeichnet; hier übernimmt das Archiv Unterlagen, deren Aufbewahrungsfristen noch nicht abgelaufen sind und für die das Verfügungsrecht der abgebenden Behörde vorbehalten bleibt. Auch wird man diejenigen Unterlagen zu erwähnen haben, für die bei der Übernahme in das Archiv noch Aufbewahrungsfristen laufen (vgl. BayArchivG Art. 7 Abs. 3) oder die aufgrund von Rechts- oder Verwaltungsvorschriften und ohne eine besondere archivfachliche Übernahmeentscheidung dauernd aufzubewahren sind. Derartige Unterlagen werden etwa in § 2 Abs. 3

---

[13] Vgl. dazu zuletzt Gasser, Der internationale Suchdienst in Arolsen - eine humanitäre Institution im Dienste von Opfern des Zweiten Weltkrieges, in: Festschrift für Karl-Josef Partsch, 1989, 389.

[14] Vgl. hierzu vor allem die Plenardebatte im Deutschen Bundestag vom 10. März 1988, Stenografische Berichte, 11. WP, 4646, sowie das Stenografische Protokoll über die 38. Sitzung des Innenausschusses vom 28. November 1988.

Satz 2 LArchG BW, § 2 Abs. 2 Satz 3 ArchivG NW und § 8 Abs. 2 LArchG Rh.-Pf. als Gegenstand der Übernahmepflicht ausdrücklich hervorgehoben. Andererseits begründet das Archivrecht des Bundes ein Einsichts- und Benutzungsrecht auch für solche Unterlagen, die sich nicht im Bundesarchiv, sondern als Archivgut des Bundes bei den Staatsarchiven der Länder oder aber noch bei den abgabepflichtigen Behörden befinden (§ 5 Abs. 8 BArchG), sofern diese Bestände älter als 30 Jahre sind.

3. Der archivische Auskunftsanspruch

Von vornherein nicht als Fall der Archivbenutzung konzipiert[15] ist schließlich das Auskunftsrecht des Betroffenen über die im Archivgut zu seiner Person enthaltenen Daten, "soweit das Archivgut durch Namen der Person erschlossen ist" (§ 4 Abs. 2 BArchG[16]; vgl. ähnlich LArchG BW § 5 Abs. 1; BayArchivG Art. 11 Abs. 1; HArchivG § 17 Abs. 1; ArchivG NW § 6; LArchG Rh.-Pf. § 4 Abs. 1). Schon der Aufbau der Archivgesetze macht deutlich, daß eine Verknüpfung mit dem allgemeinen Benutzungsrecht nicht beabsichtigt war. Vielmehr wird hier ein selbständiger archivrechtlicher Auskunftsanspruch begründet, der demjenigen der Daten-

---

[15] Ebenso Oldenhage, Der Archivar 1988, 477, 487.

[16] Vgl. hierzu kritisch den 10. Tätigkeitsbericht des Bundesbeauftragten für Datenschutz vom 20. Januar 1988 BT-Drs. 11/1693 S. 58 f.

schutzgesetze (vgl. § 13 BDSG-1977, jetzt § 19 BDSG-1990) nachgebildet ist[17]. Dabei werden die Voraussetzungen dieses Auskunftsanspruchs in den Archivgesetzen abschließend beschrieben, so daß zusätzliche Anforderungen etwa aus den Datenschutzgesetzen nicht hergeleitet und auch im Wege der Analogie auf das Archivrecht nicht übertragen werden dürfen. Daraus ergibt sich zunächst, daß es für die Antragsberechtigung keinerlei Einschränkungen gibt. Besondere Anforderungen dürfen nicht gestellt, ein berechtigtes oder gar ein rechtliches Interesse an der Auskunft darf nicht verlangt werden. Auch für die Form des Auskunftsersuchens gibt es keinerlei Bestimmungen, so daß es - ebenso wie etwa im Fall des § 13 Abs. 1 Satz 3 BDSG-1977, jetzt § 19 Abs. 1 Satz 4 BDSG-1990 - auch formlos gestellt werden kann.

Die Auskunft nach § 4 Abs. 2 BArchG hat sich "über die im Archivgut [...] enthaltenen Daten" zu äußern. Zu erklären ist damit nicht nur, ob überhaupt personenbezogene Daten vorhanden sind, vielmehr ist auch über deren Inhalt Auskunft zu erteilen. Ob sich die Auskunft auch über die Quelle und die Herkunft der Daten zu äußern hat, war für § 13 BDSG-1977 streitig[18], ist aber jetzt durch § 19 Abs. 1 Satz 1 Nr. 1 BDSG-

---

[17] Daß § 13 BDSG-1977 durch § 4 Abs. 2 BArchG als Sonderregelung verdrängt wird und für Archivbestände grundsätzlich unanwendbar ist, wird bei Freys a.a.O. (s. Fn. 1) S. 85 f. augenscheinlich übersehen.

[18] Vgl. Dammann in Simitis/Dammann/Mallmann/Reh, BDSG, 3. Aufl. 1981, § 13 Rdn. 66-67 allgemein zu Daten mit Doppelbezug, sowie Ordemann/Schomerus, BDSG, 4. Aufl. 1988, § 13 Anm.

1990 bejaht worden. Nach dem Sinn des archivrechtlichen Auskunftsanspruchs, soweit dieser nicht durch eine bloße Bezugnahme auf die Landesdatenschutzgesetze geregelt ist, dürfte diese Frage kaum zweifelhaft sein. Personenbezogene Daten können eine sehr unterschiedliche Bedeutung haben je nach dem Ort und dem Zusammenhang, in dem sie archiviert sind. Dies gilt schon deshalb, weil sich die Verläßlichkeit solcher Angaben je nach ihrem Fundort anders darstellen kann. Auch kann es für den Betroffenen von erheblichem Interesse sein zu erfahren, welche Stellen sich überhaupt mit ihm befaßt und personenbezogene Daten über ihn zusammengestellt haben. In dieser Hinsicht kann der Betroffene nicht anders behandelt werden, als es nach dem Bundesdatenschutzgesetz möglich wäre. Dort könnte er von jeder einzelnen speichernden Stelle Auskunft über die jeweils bei ihr vorhandenen Daten erhalten, die nunmehr aufgrund der Aktenabgabe im Bundes- oder Landesarchiv zusammengeführt sind. Insoweit verändert sich der archivrechtliche gegenüber dem datenschutzrechtlichen Auskunftsanspruch inhaltlich daher nicht.

Das Problem, daß eine Auskunft über personenbezogene Daten des Betroffenen möglicherweise auch die Auskunft über Dritte einschließt, wenn etwa Sachverhalte berührt sind, an denen der Betroffene und Dritte gleichermaßen beteiligt waren, wird in archivrechtlichem Zusammenhang nicht behandelt. Dagegen sieht § 19 Abs. 4 Nr. 3 BDSG-1990 (vorher § 13 Abs. 3 Nr. 3 BDSG-1977) für vergleichbare Fälle ein

---

1 S. 134 m. Hinw.

Rechtsprobleme der Archivbenutzung 135

Recht zur Auskunftsverweigerung vor, wenn "die Daten [...] ihrem Wesen nach, insbesondere wegen der überwiegenden berechtigten Interessen eines Dritten, geheimgehalten werden müssen". Obgleich § 4 Abs. 2 BArchG zu diesem Fall schweigt, läßt sich ihm eine Offenbarungspflicht des Bundesarchivs nicht entnehmen. Da eine Bestimmung über denkbare Abwägungen zwischen dem Auskunftsinteresse des Betroffenen und entgegenstehenden Interessen Dritter fehlt, hat sich die Auskunft - auch auf die Gefahr ihrer teilweisen Unvollständigkeit - auf die Daten des Betroffenen zu beschränken. Wünscht er unter diesen Umständen weitere Informationen, muß er sich auf die Archivbenutzung und damit freilich auch auf deren Grenzen verweisen lassen mit der Folge, daß er weitere Erkenntnisse möglicherweise auch auf diesem Wege nicht gewinnen kann.

Ein Vergleich mit der ausdifferenzierten Regelung des § 19 BDSG-1990 (vorher § 13 BDSG-1977) macht auch im übrigen deutlich, von welchen geringen Voraussetzungen der archivrechtliche Auskunftsanspruch abhängig ist.

Nach § 19 Abs. 1 Satz 2 BDSG-1990 (vorher § 13 Abs. 1 Satz 2 BDSG-1977) soll in dem Antrag "die Art der personenbezogenen Daten, über die Auskunft erteilt werden soll, näher bezeichnet werden". Schon für das Datenschutzrecht handelt es sich also um eine Sollvorschrift, von deren Einhaltung die speichernde Stelle aber im Regelfall die Auskunft abhängig machen darf. Zu rechtfertigen ist dieses Erfordernis aus dem Zusammenhang mit § 12 BDSG-1977. Danach hatte die speichernde Stelle die Art der personenbezogenen Daten und den betroffenen Personenkreis öffentlich bekannt und die bisherigen Bekanntmachungen dem Betroffenen sogar auf Antrag zugänglich zu machen. Eine solche Verpflichtung fehlt für das Archivrecht aus naheliegenden Gründen, so daß auch inhaltliche Anforderungen an den Auskunftsantrag regelmäßig nicht gestellt werden können. Gleichwohl setzen die Archivgesetze hinsichtlich der erbetenen Daten ein Mindestmaß an Konkretisierung voraus. So muß das Archivgut entweder nach Namen oder Daten erschlossen sein (§ 4 Abs. 2 BArchG; § 17 Abs. 1 HArchivG), oder aber der Betroffene muß "Angaben machen, die das Auffinden der Unterlagen mit angemessenem Aufwand ermöglichen" (ArchivG NW § 6; ähnlich § 4 Abs. 1 LArchG Rh.-Pf.).

Nach § 13 Abs. 2 BDSG-1977 waren die in § 12 Abs. 2 Nr. 1 BDSG-1977 genannten Behörden (Verfassungsschutzbehörden, Bundeskriminalamt, Staatsanwaltschaften, Polizei etc.) nicht auskunftspflichtig, und ebensowenig war Auskunft aus Akten zu erteilen, die deshalb gesperrt waren, weil sie zur Aufgabenerfüllung nicht mehr erforderlich waren, wegen gesetzlicher Aufbewahrungsbestimmungen aber nicht gelöscht werden durften (§ 12 Abs. 2 Nr. 2, § 14 Abs. 2 Satz 2 BDSG-1977). Eine solche gegenständliche Beschränkung gilt für die Archivauskunft nicht allgemein; Einschränkungen sind allerdings in § 6 Abs. 1 Satz 2 ArchivG NW enthalten. Im übrigen gibt es dagegen unter inhaltlichen Gesichtspunkten keine Archivbestände, hinsichtlich deren die Auskunft versagt werden dürfte. Einzige Voraussetzung des Auskunftsanspruches

Rechtsprobleme der Archivbenutzung

ist demnach, daß er sich überhaupt auf Archivgut bezieht. Dagegen enthalten die Archivgesetze regelmäßig keine Einschränkungen etwa derart, daß von der Auskunftspflicht solches Archivgut ausgenommen wäre, für das besondere Benutzungsregelungen gelten, das also z. B. nur unter besonderen Voraussetzungen (§ 5 Abs. 5 Satz 2 BArchG) oder auch gar nicht (§ 5 Abs. 6 BArchG) benutzt werden darf. Insoweit gilt vielmehr, daß der Betroffene Auskunft auch aus solchen Unterlagen beanspruchen kann, die weder er selbst noch ein Dritter benutzen dürfte. Dieses Ergebnis wird vor allem auch durch den Umstand gestützt, daß der Bundesrat gerade mit dem Argument, die Auskunftsregelung sei angesichts des weitgehenden Archivbenutzungsrechtes ohnehin entbehrlich, deren Streichung gefordert hatte[19], sich damit aber bei den Gesetzesberatungen nicht hat durchsetzen können[20].

Fraglich ist allenfalls, welche Auskunftsregelung hinsichtlich privater Bestände zu gelten hat. § 5 Abs. 1 BArchG zeigt indessen beispielhaft, daß zumindest hinsichtlich der Benutzung eventuelle Sondervereinbarungen dem allgemeinen Benutzungsrecht vorgehen. Ohne weiteres läßt sich dieser Hinweis zwar auf das Auskunftsrecht nicht übertragen, da es sich hierbei gerade nicht um einen Fall der Archivbenutzung han-

---

[19] BT-Drs. 10/3072 = BT-Drs. 11/498, jeweils Anl. 2 Nr. 11 zu § 4 Abs. 2.

[20] Die jetzige Fassung des § 4 Abs. 2 geht zurück auf die Beschlußempfehlung des Innenausschusses vom 19. November 1987 BT-Drs. 11/1215.

delt. Andererseits ist nicht einzusehen, warum ein Auskunftsanspruch auch hinsichtlich solcher Bestände begründet sein sollte, die dann, wenn sie sich nach wie vor im Privatbesitz befänden, dem Zugriff Betroffener - und sei es nur mit dem Ziel einer Auskunft - nicht ausgesetzt wären. Daß § 4 Abs. 2 BArchG und die vergleichbaren Bestimmungen der Länder auch für diese Fälle ein Auskunftsrecht begründen und damit in die Rechtsposition des privaten Eigentümers eingreifen wollten, ist diesen Bestimmungen nicht zu entnehmen. Vielmehr zeigt etwa die Begründung zum Bundesarchivgesetz eher eine gegenläufige Tendenz: "Die Bereitschaft von Eigentümern (z. B. auch Bundesministern), wertvolle Unterlagen, die zur Ergänzung des Archivguts des Bundes geeignet sind, dem Bundesarchiv auf freiwilliger Basis zu übereignen oder sie bei ihm zu deponieren und nutzen zu lassen, sollte durch dieses Gesetz angeregt werden."[21] Damit wäre ein auf dieses Material bezogener Auskunftsanspruch jedoch nicht zu vereinbaren. Schafft § 4 Abs. 2 BArchG daher keinen Eingriffstatbestand, dann kommt eine Berechtigung des Bundesarchivs zur Auskunftserteilung nur nach Maßgabe des jeweiligen Depositalvertrages oder der sonstigen Zuwendungsvereinbarung in Betracht. Allenfalls dort, wo ihm diese Auskunft vom Hinterleger oder früheren Eigentümer freigestellt ist und wo, was § 4 Abs. 2 BArchG ohnehin allgemein voraussetzt, dieser Bestand gerade durch Namen von Personen erschlossen wird, ist es also zur Auskunft befugt.

---

[21] BT-Drs. 10/3072 = BT-Drs. 11/498 jeweils S. 10 zu § 2 Abs. 6.

Rechtsprobleme der Archivbenutzung

II. Die Grundlagen des Archivbenutzungsanspruchs

Das Bundesarchivgesetz und die Archivgesetze der Länder - und das wird als Prognose auch für die noch zu erlassenden Archivgesetze gelten dürfen - stellen sicher, daß die Unterlagen der bundes- und landesunmittelbaren Körperschaften, Anstalten und Stiftungen sowie derjenigen, die der Aufsicht der Länder unterliegen, jeweils einem Archiv zugeführt werden[22]. Das kann das Bundes-, ein Landes- oder ein eigenes Archiv sein. Das Bundesarchiv und die Staatsarchive der Länder sind als organisatorisch verselbständigte, nicht rechtsfähige Anstalten des öffentlichen Rechts eingerichtet[23]. Für

---

[22] § 2 Abs. 1 BArchG und für die Kommunalarchive § 7 LArchG BW, Art. 13 BayArchivG, § 4 HArchivG, § 10 ArchivG NW, § 2 Abs. 2 LArchG Rh.-Pf., sowie für die Archive der der Landesaufsicht unterstehenden juristischen Personen des öffentlichen Rechts § 8 LArchG BW, Art. 14 BayArchivG, § 5 HArchivG, § 3 Abs. 6 ArchivG NW, § 2 Abs. 3, § 7 LArchG Rh.-Pf.

Eine Ausnahme gilt einheitlich für die öffentlich-rechtlichen Rundfunkanstalten sowie für diejenigen öffentlich-rechtlichen Unternehmen, die eigene Rechtspersönlichkeit besitzen und am Wettbewerb teilnehmen: § 10 Abs. 2 LArchG BW, Art. 16 BayArchivG, § 20 HArchivG, § 13 Abs. 1 ArchivG NW, § 12 LArchG Rh.-Pf.

[23] Zum Bundesarchiv etwa Köstlin, Die Kulturhoheit des Bundes, 1989, 86, 165 ff.; allgemein auch Freys a.a.O (s. Fn. 1), 25 f.; Kittel, Die Stellung der Archive in der Verwaltungsorganisation, Der Archivar 1962, 85; Krag, Die rechtliche Stellung zentraler Archive innerhalb der kirchlichen Verwaltung, Der Archivar 1968, 149; Miller, Staatliche Archive - Behörden oder Einrichtungen?, Der Archivar 1963, 139.

alle sonstigen Archive öffentlich-rechtlicher Träger formulieren die Landesarchivgesetze zwar archivfachliche (§ 3 Abs. 3 Satz 1, § 8 LArchG BW; § 10 Abs. 2 Satz 2 ArchivG NW; § 2 Abs. 2 LArchG Rh.-Pf.), aber keine organisatorischen Ansprüche. Einheitlich ist dagegen vorgesehen, daß alle diese Archive nutzbar sein und jeweils Benutzungsordnungen erhalten sollen (§§ 7 Abs. 1, 8 Abs. 1 Satz 2, Abs. 2 i.V.m. § 6 Abs. 1 LArchG BW; Art. 14 Abs. 1 Satz 2 BayArchivG; § 14 i.V.m. § 1 Abs. 2 Satz 1, § 6 HArchivG; § 3 Abs. 6, § 10 Abs. 4 Satz 1 i.V.m. § 7, § 11 Satz 2 i.V.m. § 7 ArchivG NW; § 2 Abs. 2 i.V.m. § 3, § 3 Abs. 1 i.V.m. § 1 Abs. 1 LArchG Rh.-Pf.). Für das Bundes- und die Landesarchive enthalten die jeweiligen Archivgesetze eigene Verordnungsermächtigungen (§ 6 BArchG, § 6 Abs. 6 Satz 4 LArchG BW, Art. 15 Nr. 1 BayArchivG, § 19 Abs. 1 Nr. 2 HArchivG, § 8 ArchivG NW, § 9 Abs. 4 Satz 2 LArchG Rh.-Pf.), von denen bisher Baden-Württemberg (ArchivBO vom 29. August 1988 GBl. S. 250), Bayern (ArchivBO vom 16. Januar 1990 GVBl. S. 6) und Nordrhein-Westfalen (ArchivBO NW vom 29. September 1990 GVBl. S. 587) Gebrauch gemacht haben.

1. Sein Gegenstand

Mit den bereits erlassenen Archivgesetzen ist für ihren Bereich eine alte Streitfrage beigelegt - die Frage nach einem Anspruch auf Archivbenutzung[24]. § 5 Abs. 1 BArchG räumt jedermann auf Antrag das Recht ein, "Archivgut des Bundes aus einer mehr als 30 Jahre zurückliegenden Zeit zu nutzen, [...] soweit durch Rechtsvorschrift nichts anderes bestimmt ist". Was "Archivgut des Bundes" ist, läßt sich der Vorschrift des § 2 Abs. 1 BArchG entnehmen, die ihrerseits mehrere komplexe Sachverhalte zu einer Anbietungs- und Übergabepflicht zusammenfaßt. § 2 Abs. 1 BArchG zählt zunächst diejenigen "Stellen" des Bundes auf, die von der Abgabepflicht betroffen sind, und versucht, wie der Auffangtatbestand der "sonstigen Stellen des Bundes" erkennen läßt, deren Bereich möglichst weit zu ziehen. Dieselbe Gesetzgebungstechnik findet sich im übrigen dort, wo die Landesarchivgesetze

---

[24] S. dazu o. S. 124 f. (Fn. 5).

Für die Kommunalarchive stand dagegen der aus den Gemeindeordnungen der Bundesländer herzuleitende Benutzungsanspruch außer Frage, vgl. VGH München BayVBl. 1985, 366; Heydenreuter, Massenverfilmung von staatlichen und kommunalen Archivbeständen durch oder für Dritte, Der Archivar 1982, 257 f.; ders., Der Archivar 1988, 123, 128. Allgemein zum Anspruch auf Zulassung zu öffentlichen Einrichtungen der Gemeinde s. statt aller Ossenbühl, Rechtliche Probleme der Zulassung zu öffentlichen Stadthallen, DVBl. 1973, 289, 295; Mohl, Die kommunalen öffentlichen Einrichtungen - Begriff und Zulassungsanspruch, Diss.jur. Gießen 1988, sowie Wolff/Bachof/Stober, Verwaltungsrecht Bd. 2, 5. Aufl. 1987, § 99 Rdn. 11-12 S. 323 f.

die Träger der Abgabepflicht aufzuzählen versuchen (vgl. § 3 LArchG BW, Art. 4 Abs. 2 BayArchivG, § 6 HArchivG, § 3 Abs. 1 ArchivG NW, § 7 Abs. 1 LArchG Rh.-Pf.). Überwiegend ist hier die Rede von den Behörden, Gerichten und sonstigen öffentlichen Stellen des jeweiligen Landes, zu denen im Einzelfall noch die Verfassungsorgane hinzutreten. Dabei ist im Anschluß an die Behördendefinition in § 1 Abs. 4 des Verwaltungsverfahrensgesetzes des Bundes und der gleichlautenden Vorschriften der Länder schon der Behördenbegriff denkbar weit und umfaßt jede "Stelle, die Aufgaben der öffentlichen Verwaltung wahrnimmt". "Sonstige öffentliche Stellen" sind damit alle weiteren Organisationseinheiten des Staates, die andere als Verwaltungstätigkeit wahrnehmen. Vorausgesetzt ist dabei aber immer, daß es sich um Träger staatlicher Funktionen handelt, die organisatorisch dem Bund oder Land zugeordnet sind. Nicht erfaßt sind etwa gemeinsame Bund-Länder-Einrichtungen oder juristische Personen des Privatrechts, an denen der Bund wirtschaftlich beteiligt ist oder deren Anteile sich sogar ausschließlich in seiner Hand befinden.

Die abzugebenden Unterlagen werden in § 2 Abs. 8 BArchG näher beschrieben. Diese Bestimmung erfüllt eine zweifache Funktion. Sie definiert den Begriff der Unterlagen zunächst von ihrem Gegenstand her (ähnliches findet sich auch in den Ländern: § 2 Abs. 3 Satz 1 LArchG BW, Art. 2 Abs. 1 Satz 2 und 3 BayArchivG, § 1 Abs. 2 Satz 2 HArchivG, § 2 Abs. 1 Satz 2 ArchivG NW, § 1 Abs. 2 LArchG Rh.-Pf.) und faßt dann deren Zuordnung zu den abgabepflichtigen Behörden und Stellen denkbar weit. Was immer in diesem Sinne als "Unterlage" einzuordnen ist, wird nach der Übernahmeentscheidung des Bundesarchivs (§ 3 BArchG) "Archivgut des Bundes".

Da das Nutzungsrecht ausschließlich an diese Eigenschaft anknüpft, richtet sich der Benutzungsanspruch nicht nur gegen den Bund als Träger des Bundesarchivs, sondern gegen jeden, der Archivgut des Bundes verwahrt, also auch gegen die Träger der Landesarchive, bei denen der Bund unter den Voraussetzungen des § 2 Abs. 3 BArchG sein Archivgut deponiert hat. Obgleich er also im Bereich des Landesarchivrechts keinerlei Zuständigkeiten besitzt, hat er auf diese Weise die Möglichkeit, mit der Abgabe seines Archivgutes an die Länder diese nicht nur bei der Wahrung schutzwürdiger Belange Dritter in die Pflicht zu nehmen (§ 2 Abs. 3 BArchG), sondern sein Archivgut einem notfalls eigenständigen Benutzungsstatut zu unterwerfen, das dann von den Landesarchiven lediglich umzusetzen ist. Die Länder haben sich dieser bundesrechtlichen Vorgabe umgehend angepaßt und zum Teil durch eine Verweisung auf das Bundesrecht von der Anwendung ihres eigenen Archivrechts auf diese Bestände ausdrücklich abgesehen (LArchG BW § 6a Abs. 1 in der Fassung des Änderungsgesetzes vom 12. März 1990; § 3 HArchivG; § 12 Abs. 1 ArchivG NW).

Zum anderen steht mit der Formulierung des § 5 Abs. 1 BArchG zugleich fest, daß der Nutzungsanspruch für andere Bestände des Bundesarchivs als für das Archivgut des Bundes in dem beschriebenen Sinne nicht gilt. Ausdrücklich erwähnt § 5 Abs. 1 BArchG "besondere Vereinbarungen zugunsten von Eigentümern privaten Archivguts" (ähnlich § 14 Satz 2 HArchivG; § 3 Abs. 7 LArchG Rh.-Pf.), also wohl insbesondere den Eigentümern privater Deposita. Ähnliche Vorbehalte machen auch die Landesarchivgesetze, sind hierbei aber mitunter genauer. So nennt § 6 Abs. 1 des LArchG BW "Vereinbarungen mit derzeitigen oder früheren Eigentümern des Archivguts" (vgl. auch § 6 Abs. 6 Nr. 5 sowie Art. 4 Abs. 4 BayArchivG und § 1 Abs. 3 Satz 1 der entsprechenden Archivbenützungsordnung). Ob solche Vorbehalte überhaupt erforderlich wären, hängt von der jeweiligen Gesetzestechnik und der Definition des Archivgutes ab, in das Einsicht gewährt wird. Im Bundesarchivgesetz hat er jedenfalls nur klarstellende Bedeutung, da dort schon zweifelhaft ist, ob das Archivgut des Bundes, in das Einsicht genommen werden darf, in § 2 Abs. 1 BArchG überhaupt abschließend beschrieben ist. Wäre das der Fall, dann käme ein Nutzungsrecht beispielsweise für ergänzende Erwerbungen des Bundesarchivs von vornherein nicht in Betracht. Indessen wird man davon auszugehen haben, daß grundsätzlich alle Unterlagen, die das Bundesarchiv im Rahmen seiner Aufgaben auch ergänzend erwirbt und seinen besonderen Zwecken widmet, dem allgemeinen Archivbenutzungsrecht unterliegen[25]. Ebensowenig

---

[25] Vgl. Becker/Oldenhage, Erl. zum BArchG in: Das Deutsche Bundesrecht, § 2 Abs. 8, und ebenso Oldenhage, Bemerkungen zum Bundesarchivgesetz, Der Archivar 1988, 477, 486. Daß § 2 Abs. 1 BArchG den Begriff des Archivgutes nicht abschließend beschreibt, ergibt sich überdies aus § 5 Abs. 5 Satz 6.

Rechtsprobleme der Archivbenutzung

wie § 2 Abs. 1 BArchG als abschließende Normierung des Archivalienerwerbs gemeint ist, kann die Grundnorm des Bundesarchivs, wenn sie denn in § 1 BArchG überhaupt zu sehen sein sollte, dahin verstanden werden, daß das Bundesarchiv sich - mit Ausnahme der im Gesetz ergänzend erwähnten (§ 2 Abs. 9) und der ihm allgemein vorbehaltenen Zuständigkeiten (§ 7) - ausschließlich dem in § 2 Abs. 1 BArchG beschriebenen Archivgut des Bundes widmen dürfe. Daß also Vereinbarungen mit auch früheren Eigentümern privaten Archivgutes dem allgemeinen Archivbenutzungsrecht vorgehen, erscheint für das Bundesrecht ebenso selbstverständlich wie im Bereich der Länder. Es bleibt daher allenfalls ein Problem der Auslegung unklarer Übernahme- und Depositalverträge, in welcher Weise die Nutzung solcher Bestände zulässig sein soll.

Scheinbar offen ist dagegen die Nutzungsfrage bei Deponenten öffentlichen Archivgutes. Derartige Übernahmen sieht das Bundesarchivgesetz nicht ausdrücklich vor, verbietet sie aber auch nicht. Daraus wird man zumindest den Schluß ziehen dürfen, daß das Bundesarchiv bei einer solchen Übernahme seine gesetzlichen Aufgaben nicht überschreitet. Andererseits ergibt sich aus dem Bundesarchivgesetz keine Verpflichtung, auch solche Bestände dem allgemeinen Benutzungsrecht zu unterwerfen. Benutzbar werden sie folglich erst dann, wenn sie vom Bundesarchiv tatsächlich der allgemeinen Benutzung gewidmet werden.

Im Bereich der Länder stellt sich diese Frage ähnlich. Hier enthalten die Archivgesetze aber nahezu einhellig Bestimmungen über die Abgabe der Bestände von Rechtsträgern außerhalb der Landesverwaltung an die Staatsarchive (§ 8 LArchG BW; Art. 13 Abs. 3 BayArchivG; §§ 4 Abs. 3, 5 HArchivG; §§ 3 Abs. 6, 10 Abs. 2 ArchivG NW; § 2 Abs. 2 Satz 2 LArchG Rh.-Pf.) und unterwerfen diese damit ungeachtet des in der Regel fortbestehenden Eigentums der Deponenten dem allgemeinen Archivbenutzungsrecht.

2. Der Vorbehalt weitergehender Rechte

Eine weitere Zurücknahme des allgemeinen Archivbenutzungsrechts liegt in dem Vorbehalt zugunsten "weitergehende[r] gesetzliche[r] Rechte" in § 5 Abs. 1 Satz 2 BArchG. Damit wird ein allgemeines Verhältnis zwischen dem Archivbenutzungsrecht und Akteneinsichtsrechten beschrieben[26], das sich auch in den Landesarchivgesetzen wiederfindet und dem Recht auf Zugang zu den Archivbeständen manches von seiner systematischen Geschlossenheit nimmt.

Nach § 6 Abs. 1 LArchG BW darf jeder, der ein berechtigtes Interesse glaubhaft macht, nach Maßgabe der Benutzungsordnung das Archivgut nach Ablauf der Sperrfristen nutzen,

---

[26] Von dem Vorrang des Akteneinsichtsrechts gegenüber dem allgemeinen Archivbenutzungsrecht (vgl. Heydenreuter, Der Archivar 1979, 157, 162 f.) geht schon das Urteil des Bundesverwaltungsgerichts (BVerwGE 12, 296) zur Unzulässigkeit der Einsichtnahme in archivierte Ministerialakten aus; ebenso Lepper DVBl. 1963, 315, 318.

"soweit sich aus Rechtsvorschriften [...] nichts anderes ergibt". Allgemeine Vorbehalte zugunsten sonstiger Rechtsvorschriften finden sich in diesem Zusammenhang auch in Bayern (Art. 3, 10 Abs. 3 Satz 1) und in Hessen (§ 14 Satz 1). Während das Bundesarchivgesetz von der Annahme ausgeht, sonstige gesetzliche Bestimmungen könnten das Archivbenutzungsrecht nach Voraussetzungen und Umfang allenfalls noch erweitern, stehen in den Archivgesetzen von Baden-Württemberg, Bayern und Hessen spezialgesetzliche Einsichts- und archivrechtliche Nutzungsrechte scheinbar ohne einen näheren Bezug nebeneinander - freilich mit demselben Ergebnis: Das Archivrecht umschreibt diejenige Nutzung, die in jedem Fall zulässig bleibt, so daß spezialgesetzliche Einsichtsrechte allenfalls dazu dienen können, diese Nutzungsbefugnis noch zu erweitern. Somit entspricht der Vorrang sondergesetzlicher Regelungen einmal der Verpflichtung der Archive, im einzelnen Fall je nach der besonderen rechtlichen Aufgabenstellung Unterlagen auch ohne vorgängige archivfachliche Bewertung zu übernehmen. Zum anderen läßt sich angesichts dieses Vorranges spezieller Einsichtsansprüche, die jederzeit erweiterbar sind, nicht der allgemeine Satz aufstellen, mit der Umwidmung[27] etwa von Akten als öffentlicher Sachen im Verwal-

---

[27] Vgl. dazu Heydenreuter, Der Archivar 1979, 157, 161, und Der Archivar 1988, 123, 129 sowie den 11. Tätigkeitsbericht des Hessischen Datenschutzbeauftragten zum 31. Dezember 1982 S. 42. Zur Widmung im öffentlichen Sachenrecht s. etwa Kirchner, Bibliotheks- und Dokumentationsrecht, 1981, 176, ff.; Nitze, Die Rechtsstellung der wissenschaftlichen Bibliotheken, 1967, 156 ff.; Papier, Recht der öffentlichen Sachen, 2. Aufl. 1984, 36 ff.; Pappermann-Andriske in: Pappermann/Löhr/Andriske, Recht der öffentlichen

tungsgebrauch zu öffentlichen Sachen im Anstaltsgebrauch[28] würden sie endgültig dem außerarchivischen Nutzungsrecht entzogen[29].

III. Die rechtliche Einordnung des Archivbenutzungsanspruches

Das Bundes- und die Staatsarchive der Länder sind heute organisatorisch verselbständigte Teile der allgemeinen Behördenorganisation ohne eigene Rechtspersönlichkeit. Im Bereich der Kommunen und der sonstigen Körperschaften, Anstalten und Stiftungen des öffentlichen Recht muß diese organisatorische Verselbständigung nicht notwendig ebensoweit gehen. Für die Begründung und Abwicklung des Archivbenutzungsverhältnisses sind solche Abweichungen belanglos. Der Archivbenutzungsanspruch in Bund und Ländern hat seine Grundlage in den jeweiligen Archivgesetzen als Sonderrecht

---

Sachen, 1987, 13 ff.; Wolff, Grundsätze des Bibliotheks-Verwaltungsrechts, in: Festgabe für Carl Wehmer, 1963, 279, 283.

[28] Allgemein zu ihrer rechtlichen Einordnung Dörffeldt, Der Erwerb staatlicher und kommunaler Archivalien durch Privatpersonen, Der Archivar 1963, 153, 155.; Herrmann, Die Auswirkungen jüngerer Staats- und Landesgrenzen auf die Archivarbeit, Der Archivar 1984, 19, 28; Salzwedel, Anstaltsnutzung und Nutzung öffentlicher Sachen, in: Erichsen/Martens, Allgemeines Verwaltungsrecht, 8. Aufl. 1988, 461, 514 ff.

[29] Ebenso Heydenreuter, Archivrelevantes Recht außerhalb der Archivgesetzgebung, Der Archivar 1990, 57, 58.

für den Staat als Hoheitsträger und damit im öffentlichen Recht. Streitigkeiten um die Durchsetzung des Zulassungsanspruchs sind folglich öffentlich-rechtlicher Art[30]. Die Zulassungsentscheidung ist in einem förmlichen Verwaltungsverfahren zu treffen, das im Verwaltungsverfahrensgesetz des Bundes und den gleichnamigen Gesetzen der Länder im einzelnen geregelt ist und durch die Archivbenutzungsordnungen nur noch präzisiert und in Einzelfragen ausgestaltet werden kann. Grundsätzlich (vgl. aber § 1 Abs. 1 VwVfG) genießt des Verwaltungsverfahrensrecht insoweit Vorrang, wobei aber in einzelnen Ländern unterschiedliche Subsidiaritätsklauseln gelten.

---

[30] Schöntag, Der Archivar 1977, 375, 376.

Ebenso für die Nutzung öffentlicher Bibliotheken Nitze, Die Rechtsstellung der wissenschaftlichen Bibliotheken, 1967, 92 ff.; Wolff, Grundsätze des Bibliotheks-Verwaltungsrechts, in: Festgabe für Carl Wehmer, 1963, 279, 282, und allgemein für die Nutzung öffentlicher Einrichtungen BVerwG NJW 1990, 134 f.; NVwZ 1991, 59; VGH Kassel NJW 1977, 452; NJW 1979, 886, 887; VGH Mannheim NVwZ 1987, 701; VGH München NVwZ 1982, 120, 121; OVG Münster NJW 1969, 1077; Kopp, VwGO, 8. Aufl. 1989, § 40 Rdn. 16, § 42 Anh. Rdn. 23; Ossenbühl DVBl. 1973, 289, 291.

1. Zulassungsvoraussetzungen

Die materiellen Zulassungsvoraussetzungen sind in ihren Einzelheiten unterschiedlich geregelt[31]. Das Bundesarchivgesetz räumt "jedermann" ein Nutzungsrecht und damit einen Zulassungsanspruch ein, die Landesarchivgesetze sind restriktiver. Nach ihnen ist "jedermann, der ein berechtigtes Interesse glaubhaft macht", zur Nutzung berechtigt (§ 6 Abs. 1 LArchG BW; ähnlich Art. 10 Abs. 2 BayArchivG, wo ergänzend das berechtigte Interesse näher bestimmt wird und insbesondere vorliegen soll, "wenn die Benützung zu amtlichen, wissenschaftlichen, heimatkundlichen, familiengeschichtlichen, rechtlichen, unterrichtlichen oder publizistischen Zwecken oder zur Wahrnehmung von berechtigten persönlichen Belangen erfolgt".) Damit ist auch die Regelung in § 14 HArchivG, § 7 Abs. 1 ArchivG NW und - eingeschränkt - in § 3 Abs. 1 LArchG Rh.-Pf. zu vergleichen, wo allerdings die bloße Darlegung eines berechtigten Interesses genügt und auf die Bildung von Beispielsfällen ganz verzichtet wird. In der Sache liegt darin keine Abweichung vom Recht der übrigen Bundesländer, da das berechtigte Interesse denkbar weit zu fassen ist und insbesondere kein rechtliches, also aus besonderen Rechtsvorschriften ableitbares sein muß.

---

[31] Zu den benutzungsspezifischen Abweichungen des BArchG von dem früheren für das Bundesarchiv geltenden Benutzungsrecht vgl. Buchmann, Erfahrungen mit dem Bundesarchivgesetz, Der Archivar 1990, 37, 41 ff.

Rechtsprobleme der Archivbenutzung 151

2. Versagungsgründe

Generelle Zurückweisungsgründe kennt das Bundesarchivgesetz nicht. Statt dessen regelt es den Zugang des Benutzers zu den einzelnen Archivalien im wesentlichen durch gestaffelte Schutzfristen (§ 5 Abs. 2 - 5) und durch eine Reihe von Nutzungssperren (§ 5 Abs. 6 und 7). Ähnliche Kataloge gibt es in Baden-Württemberg (§ 6 Abs. 6), Hessen (§ 16), Nordrhein-Westfalen (§ 7 Abs. 5) und Rheinland-Pfalz (§ 3 Abs. 2). Wenn in Bayern in derartigen Fällen bereits "die Zulassung zur Benützung [...] zu versagen oder von Auflagen abhängig zu machen" ist (Art. 10 Abs. 2 Satz 3 sowie § 5 Abs. 2 der Archivbenützungsordnung), dürfte auch diese zunächst weiterreichende Einschränkung aus Gründen des Verhältnismäßigkeitsgebotes eher zur Sperrung einzelner Archivalien als zur Versagung der Nutzungserlaubnis insgesamt führen.

3. Das Zulassungsverfahren

Über Form und Inhalt des Benutzungsantrages und der Benutzungsgenehmigung äußern sich die Archivgesetze nicht.

Bei dem Bundesarchiv, den Staatsarchiven der Länder und bei allen öffentlichen Archiven öffentlich-rechtlicher Träger ergeht die Entscheidung über die Benutzungserlaubnis als Verwaltungsakt[32], für den eine besondere Form nicht vorgeschrieben ist (§ 37 Abs. 2 VwVfG) und der nur bei einer vollständigen oder teilweisen Ablehnung des Benutzungsantrages schon nach allgemeinen rechtsstaatlichen Grundsätzen einer Begründung bedarf. Gegen die Ablehnung steht dem Antragsteller die Anfechtungs- oder Verpflichtungsklage zu den Verwaltungsgerichten offen (§ 42 Abs. 1 VwGO), die jedoch erst nach Durchführung eines Widerspruchverfahrens (§§ 68 ff. VwGO) mit dem Ziel einer umfassenden Nachprüfung der Ausgangsentscheidung zulässig ist. Wer in diesem Verfahren für den Erlaß des Widerspruchsbescheides zuständig ist, richtet sich nach der Stellung des jeweils betroffenen Archivs im Verwaltungsaufbau:

Grundsätzlich liegt die Zuständigkeit bei der übergeordneten Behörde (§ 73 Abs. 1 Satz Nr. 1 VwGO). Ist dies wie das Bundesinnenministerium im Falle des Bundesarchivs eine oberste Bundesbehörde, dann hat das Bundesarchiv auch den Widerspruchsbescheid zu erlassen (§ 73 Abs. 1 Satz 2 Nr. 2 VwGO). Die Bundesländer haben ihre Archivverwaltungen teils zwei-, teils mehrstufig aufgebaut. In Baden-Württemberg dürfte die Landesarchivdirektion als Landesoberbehörde auch Widerspruchsbehörde sein (vgl. §§ 1 Abs. 2, 2 Abs. 2, 6 Abs. 6 Satz 3 LArchG), in Bayern ist dies die Generaldirektion der Staatlichen Archive Bayerns (§ 2 Abs. 1 der Verordnung über

---

[32] Heydenreuter, Der Archivar 1979, 157, 159; grundlegend zur Anstaltsnutzung insbesondere Löhr in Pappermann/Löhr/Andriske, Recht der öffentlichen Sachen, 1987, 128 ff.; Ossenbühl DVBl. 1973, 289 ff.; Salzwedel, a.a.O. (s. Fn. 28), 461 ff.

die Gliederung der Staatlichen Archive Bayerns vom 28. Mai 1990 GVBl. S. 175); in Hessen sind die Staatsarchive dem Ministerium für Wissenschaft und Kunst unmittelbar nachgeordnet (§ 18 Abs. 2 ArchivG) und haben daher auch die Widerspruchsbescheide zu erlassen. In Nordrhein-Westfalen findet sich eine entsprechende Gliederung, während in Rheinland-Pfalz das Landeshauptarchiv Koblenz im Fall von Entscheidungen des Landesarchivs Speyer als Aufsichtsbehörde und im Fall seiner eigenen Erstzuständigkeit als obere Landesbehörde zugleich Widerspruchsbehörde ist (§ 5 Abs. 1 und 2 LArchG). Da die Verwaltung von Gemeindearchiven zu den Selbstverwaltungsaufgaben gehört, sind die Kommunen in diesem Bereich auch ihre eigenen Widerspruchsbehörden (§ 73 Abs. 1 Satz 2 Nr. 3 VwGO); dasselbe gilt für die der Staatsaufsicht unterstehenden sonstigen Körperschaften, Anstalten und Stiftungen des öffentlichen Rechts.

Ist durch die Zulassung einmal ein öffentlich-rechtliches Benutzungsverhältnis begründet, dann hat der Archivträger dennoch die Wahl, ob er diese Rechtsbeziehung zum Archivbenutzer nunmehr öffentlich- oder privatrechtlich ausgestalten will. Diese Unterscheidung ist bedeutsam weniger für die inhaltliche Ausformung des Benutzungsverhältnisses, die durch die Archivgesetze in ihren Grundzügen festgelegt ist, als für das Verfahren, mit dem Streitigkeiten zwischen Archiv und Benutzer ausgetragen und Ansprüche des Archivs gegen den Benutzer durchgesetzt werden können. Die Archivgesetze nehmen zu dieser Frage nicht ausdrücklich Stellung, sondern überlassen die Benutzungsregelungen einer Rechtsverordnung des jeweiligen Fachministers, ohne sich in den Ermächtigungsnormen über die Zuordnung des Benutzungsverhältnisses zum öffentlichen oder zum Privatrecht zu äußern.

IV. Das Archivbenutzungsverhältnis

Das Recht der Benutzung öffentlich-rechtlicher Anstalten ist bisher nirgends allgemeingültig positiviert, sondern Gegenstand der Verwaltungsrechtsdogmatik und der Rechtsprechung. Anerkannt ist aber jedenfalls der Grundsatz der Formenwahlfreiheit der öffentlichen Verwaltung[33]: Während ein Privater sich bei der Gestaltung seiner Rechtsbeziehungen zu Dritten grundsätzlich nicht des öffentlichen Rechts bedienen kann, hat der Träger einer öffentlich-rechtlichen Anstalt die Befugnis, die Rechtsbeziehungen innerhalb des Benutzungsverhältnisses dem Zivil- oder dem öffentlichen Recht zu unterwerfen. Dem öffentlichen Recht gehört dabei in jedem Fall das Grund- oder Benutzungsverhältnis selbst an, so daß, wie bereits erwähnt, die Entscheidung über Zulassung oder Zurückweisung von

---

[33] BGH VersR 1978, 85, 86, 253, 254; BVerwG NJW 1986, 2387; VGH Kassel NJW 1979, 886, 887; OVG Lüneburg NJW 1977, 450, und NVwZ 1987, 708, 710; VGH Mannheim ESVGH 25, 203, 204, und DÖV 1987, 569; OLG München VersR 1980, 724, 725; Kopp, VwGO, 8. Aufl. 1989, § 40 Rdn. 17; Salzwedel a.a.O. (s. Fn. 28), 463 f.; Wolff/Bachof/Stober, VerwR Bd. 2, 5. Aufl. 1987, § 99 Rdn. 34-36 S. 334 f.; Fischedick, Die Wahl der Benutzungsform kommunaler Einrichtungen, 1986; Kempen, Die Formenwahlfreiheit der Verwaltung, 1989.

Benutzern in Gestalt eines Verwaltungsaktes, also der klassischen Form einseitiger hoheitlicher Rechtsgestaltung zu treffen ist. Auch der denkbare Ausschluß etwa wegen Verstoßes gegen die Benutzungsordnung - in der Archivbenützungsordnung Bayerns gar nicht vorgesehen, aber als Folge der Anstaltsgewalt zur Wahrung der Anstaltszwecke unbedenklich zulässig (§ 3 Abs. 3 Nr. 3 ArchBO BW; § 6 Abs. 4c ArchivBO NW) - gehört diesem Grundverhältnis an.

Die Ausgestaltung der Leistungsbeziehungen zwischen Anstalt und Benutzer im einzelnen kann dagegen je nach der Entscheidung des Anstaltsträgers jeweils unterschiedlichen Rechtsregeln folgen, ohne daß insoweit aus Rechtsgründen eine Verpflichtung zu einheitlicher Gestaltung bestünde[34]. Schon bisher haben die wenigsten Benutzungsordnungen sich deutlich zu einer bestimmten Rechtsform bekannt. Ein Beispiel für diese unterschiedliche Gestaltung bildet die Benutzung des Bundesarchivs, dessen Benutzungsordnung vom 11. September 1969[35] wahrscheinlich auf eine öffentlich-recht-

---

[34] BVerwG NJW 1986, 2387; OVG Hamburg NJW 1984, 683 f.; OVG Lüneburg NJW 1977, 450; VGH Mannheim DÖV 1978, 569; Kirchner/Wendt, Bibliotheksbenutzungsordnungen, 1990, 72 f. Fordert das Archiv allerdings öffentlich-rechtliche Gebühren, dann setzt dies nach ganz h.M. die öffentlich-rechtliche Qualität seiner eigenen Leistung voraus, vgl. die Hinweise bei BVerwG a.a.O. und ebenso Rogosch, Privatrechtliche Krankenhausbenutzung und Benutzungsgebühr, NVwZ 1988, 903.

[35] Der Archivar 1970, 69 = Archivum 1967, 42; s. dazu Boberach, Die neue Benutzungsordnung für das Bundesarchiv, Der Archivar 1970, 63.

liche Benutzung zielt[36], dessen Entgeltordnungen vom 9. Juli 1969[37], 14. April 1976[38] und vom 24. Februar 1983[39] dagegen mit einiger Sicherheit dem Zivilrecht zuzuordnen sind[40]. Von erfreulicher Klarheit war insoweit die frühere Benutzungsordnung für die staatlichen Archive in Baden-Württemberg vom 12. Mai 1973[41], nach deren § 9 Abs. 1 "das Rechtsverhältnis zwischen Archiv und Benutzer [...] öffentlich-rechtlich" war; § 10 Abs. 1 der Benutzungsordnung für das Landesarchiv Schleswig-Holstein vom 8. Juni 1982[42] ist dem nachgebildet. Auch die Benutzungsordnung für das Parlamentsarchiv des Deutschen Bundestages stellt in ihrem § 2 Abs. 2 ausdrücklich klar: "Die Benutzung vollzieht sich im Rahmen eines öffentlich-rechtlichen Nutzungsverhältnisses."[43] Es wäre hilfreich, wenn die neuen Benutzungsordnungen in ähnlicher Weise verfahren würden. Die Beispiele von Baden-Württemberg, Bayern und Nordrhein-Westfalen stimmen insoweit aber nicht zuversichtlich.

---

[36] Davon geht auch das OVG Koblenz NJW 1984, 1135 aus.

[37] Der Archivar 1970, 71.

[38] Der Archivar 1977, 187.

[39] Der Archivar 1984, 220.

[40] Vgl. Oldenhage, Die neue Entgeltordnung für das Bundesarchiv, Der Archivar 1977, 195.

[41] Der Archivar 1974, 75.

[42] Der Archivar 1983, 181.

[43] Der Archivar 1979, 195.

Rechtsprobleme der Archivbenutzung

Stellt der Archivträger die Rechtsform der Archivbenutzung nicht ausdrücklich klar - dafür würde selbst eine Aussage über den Rechtsweg bei Streitigkeiten genügen -, dann bleibt man bei der Auslegung der Benutzungsbestimmungen auf Indizien angewiesen. Diese führen freilich für das Bundes- und für die Staatsarchive der Länder durchweg zur Annahme einer einheitlichen öffentlich-rechtlichen Benutzungsregelung[44], die hier für das Bundesarchivgesetz kurz näher begründet werden soll.

Das Bundesarchivgesetz regelt in seinem § 4 Vernichtungs-, Auskunfts- und Gegendarstellungsansprüche des Betroffenen zumindest gegen den Bund, aber wohl auch gegen die Länder, soweit das bei ihnen deponierte Archivgut des Bundes betroffen ist, und begründet insoweit zweifelsfrei Ansprüche, die dem öffentlichen Recht angehören. Daneben bestehen die in § 5 Abs. 1 vorgesehenen Akteneinsichts- und Nutzungsrechte, die, soweit sie ausschließlich das - frühere - Schriftgut von Behörden zum Gegenstand haben, ihre Grundlage gleichfalls im öffentlichen Recht finden; eine Ausnahme kann freilich das Vorlagerecht aus § 810 BGB und das Verfolgungsrecht aus § 25 UrhG darstellen. Auch innerhalb der Archivbenutzung gehört ein Sachverhalt, der herkömmlich in diesem Zusammenhang geregelt wird, zweifelsfrei dem öffentlichen Recht

---

[44] So für den Zweifelsfall auch Schöntag, Der Archivar 1977, 375, 376, und allgemein zur Anstaltsbenutzung auch Wolff, Festgabe Carl Wehmer, 279, 282 f.; VGH Mannheim ESVGH 25, 203, 205, DÖV 1978, 569, 570 f., NVwZ 1987, 701, 702; OVG Münster NJW 1969, 1077 f.

an - die amtliche Benutzung. Gleichviel, ob Behörden und Gerichte ihre eigenen oder fremde archivierte Akten erbitten, handelt es sich hierbei um ein Amtshilfeersuchen und damit um einen Vorgang des öffentlichen Rechts. Wirken also ohnehin öffentlich-rechtliche Sachverhalte in das Benutzungsrecht hinein, dann bedürfte es schon aussagefähiger Anhaltspunkte, um annehmen zu können, der Gesetzgeber habe gleichwohl einzelne Sachverhalte innerhalb dieser Gemengelage dem Zivilrecht unterstellen wollen. Als Indiz kommt daneben ferner die Terminologie in Betracht. Das Erfordernis eines Benutzungsantrages, auf den hin eine Benutzungsgenehmigung zu erteilen ist (vgl. § 2 Abs. 1 ArchBO BW, §§ 4 und 5 Bay. ArchivBO; §§ 5 und 6 ArchivBO NW), entspricht schon nicht dem Bild eines zivilrechtlichen Benutzungsvertrages, der durch Angebot und Annahme zustande kommen müßte. Wenn dann auch noch die Erhebung von Gebühren und Auslagen und nicht etwa bloßer "Entgelte" vorgesehen ist, spricht auch unter Berücksichtigung grundsätzlich abweichender Regelungsmodelle alles für eine insgesamt öffentlich-rechtliche Ausgestaltung des Archivbenutzungsverhältnisses. Diese Aussage gilt freilich nur für das Bundesarchiv und die Staatsarchive der Länder und schließt kommunale und sonstige Archivsatzungen nicht notwendig ein.

Kann damit festgestellt werden, daß die Archivbenutzung im Bundesarchiv und in den Archiven der Länder als einheitlicher Regelungskomplex dem öffentlichen Recht angehört, dann lassen sich auch Entscheidungen, mit denen die Einzelheiten der Archivbenutzung nach Maßgabe der Archivgesetze ausgestaltet werden, unbedenklich einordnen.

Daß die Zulassung zur Archivbenutzung und die Ablehnung eines solchen Antrages Verwaltungsakte darstellen, wurde bereits erwähnt. Überwiegend stellen die Benutzungsordnungen klar, daß nicht nur die Vorlage von Archivalien im Lesesaal, sondern ebenso die Beantwortung von schriftlichen und mündlichen Anfragen, die Vorlage von Reproduktionen, die Versendung und die Ausleihe von Archivgut Archivbenutzung ist (§ 1 Abs. 2 ArchBO BW; §§ 5 Abs. 5 Satz 1, 7 Abs. 1 Satz 2 Bay. ArchivBO; § 4 Abs. 1 ArchivBO NW). In solchen Fällen zielt also etwa die Bitte um eine Auskunft oder um Überlassung bestimmter Reproduktionen bei rechtlicher Betrachtung nicht nur auf ein tatsächliches Tätigwerden des Archivs, sondern gleichzeitig auf die Erteilung einer Benutzungsgenehmigung, die konkludent mit der erwünschten Leistung gewährt wird. Diese Verknüpfung wird in denjenigen Bestimmungen der Benutzungsordnungen deutlich, in denen für solche Fälle ein inhaltlich präziser Benutzungsantrag als entbehrlich bezeichnet wird (§ 2 Abs. 3 ArchBO BW; § 4 Abs. 5 Bay. ArchivBO). Diese Verbindung von Verwaltungsakt und Realakt liegt in Fällen positiver Entscheidung nicht unbedingt auf der Hand, wird aber bei einer völligen oder teilweisen Ablehnung hinreichend deutlich.

V. Die amtliche Benutzung

Einen Sonderfall stellt die amtliche Benutzung dar, von der zwar nicht im Bundesarchivgesetz, aber in den Archivgesetzen der Länder durchweg die Rede und die dort recht unterschiedlich geregelt ist.

Das Landesarchivgesetz von Baden-Württemberg befreit die "Behörden, Gerichte und sonstige Stellen des Landes, bei denen es [sc. das Archivgut] entstanden ist oder die es abgegeben haben" (§ 6 Abs. 5 Satz 1), von der Beachtung der archivrechtlichen Sperrfristen, sofern nicht schon diese Stellen das Archivgut hätten vernichten oder sperren müssen. Ähnlich gehen die Archivgesetze von Bayern (Art. 10 Abs. 5; ebenso § 1 Abs. 2 ArchivBO), Nordrhein-Westfalen (§ 5) und Rheinland-Pfalz (§ 3 Abs. 5) vor. Von der Geltung der Archivbenutzungsordnung sind sie in Baden-Württemberg völlig freigestellt (§ 7 Satz 1), während die Bayerische Archivbenützungsordnung die behördliche Benutzung wenigstens von der Gebührenpflicht ausnimmt (§ 13 Nr. 1 - 3). Die Nutzung durch andere Behörden oder Gerichte wird im baden-württembergischen Archivrecht dagegen nicht einmal angesprochen.

Das Bayerische Archivgesetz setzt die Nutzung durch Behörden, Gerichte und sonstige öffentliche Stellen derjenigen durch Private gleich (Art. 10 Abs. 1), wobei die amtlichen Zwecke das notwendige berechtigte Nutzungsinteresse begründen (Art. 10 Abs. 2 Satz 2). Hessen verfährt - bei nicht ganz geglückter Terminologie - ähnlich (§ 14 Satz 1 und 3 HAr-

Rechtsprobleme der Archivbenutzung

chivG), und das gilt auch für das Archivgesetz von Nordrhein-Westfalen (§ 7 Abs. 1 Satz 2; ebenso § 3 a) ArchivBO NW). Dort gilt allerdings eine andere Besonderheit: Während die abgebenden Behörden und sonstigen Stellen mit denselben Einschränkungen wie in Baden-Württemberg und Bayern ihre eigenen Unterlagen benutzen dürfen, haben "Gerichte und Staatsanwaltschaften im Geltungsbereich des Grundgesetzes [...], soweit nicht gesetzliche Bestimmungen oder vertragliche Vereinbarungen entgegenstehen, das Recht jederzeitiger Nutzung allen Archivguts, das als staatliches Eigentum in den Archiven verwahrt wird". Die sonstige amtliche Nutzung von Archivgut amtlicher Herkunft setzt dagegen das Einverständnis der abgebenden Behörde voraus (§ 9 Abs. 2 und 3 ArchivBO NW).

Sieht man von dem allgemeinen Vorbehalt zugunsten der abgebenden Stellen ab, dann zeigt sich in der Behandlung der amtlichen Nutzung eine wenig glückliche Uneinheitlichkeit. Dabei ist noch nirgends bezweifelt worden, daß die amtliche Nutzung archivierter Unterlagen einen Fall der Amtshilfe darstellt[45], die nach Art. 35 GG alle Behörden und Gerichte

---

[45] So das unveröffentlichte Urteil des VG Sigmaringen 3 K 1017/81 v. 27. Januar 1982 (UA S. 5), von dem auch Heydenreuter (Der Archivar 1987, 77) berichtet, sowie Lepper DVBl. 1963, 315, 317 ff.; Schrittenloher, Mitteilungen für die Archivpflege in Bayern 15, 1969, 49, 51. Anders wohl Freys, Das Recht der Nutzung und des Unterhalts von Archiven, 1989, 84 f., der meint, im Hinblick auf den vom Bundesverfassungsgericht geforderten "amtshilfefesten Schutz gegen Zweckentfremdung" gestatte das Institut der Amtshilfe keinen Zugriff auf das Archiv, und damit die grundsätzliche Amts-

des Bundes und der Länder einander zu leisten haben. Damit ist zwar nichts über die Zulässigkeitsvoraussetzungen und -grenzen der Amts- und Rechtshilfe gesagt, doch läßt sich das Nähere hierzu vor allem den Amtshilfevorschriften der Verwaltungsverfahrensgesetze entnehmen. Um Amtshilfe kann eine Behörde insbesondere dann ersuchen, "wenn sie [...] zur Durchführung ihrer Aufgaben auf die Kenntnis von Tatsachen angewiesen ist, die ihr unbekannt sind und die sie selbst nicht ermitteln kann", oder "zur Durchführung ihrer Aufgaben Urkunden oder sonstige Beweismittel benötigt, die sich im Besitz der ersuchten Behörde befinden" (§ 5 Abs. 1 Nr. 3 und 4 VwVfG).

Nichts spricht dafür, daß die Archivgesetze von dieser rechtlichen Einordnung des Vorgangs der Aktenauswahl und -übersendung als Fall der Amtshilfe hätten abgehen wollen. Daß das Verhältnis zwischen den Behörden und den Archiven, soweit sie als Zwischenarchive tätig werden, keinen Amtshilfecharakter trägt, mag aus Gründen der Klarstellung hinzugefügt werden. Diese rechtliche Einordnung als Amtshilfe sagt über deren Voraussetzungen und Grenzen noch nichts. Es bestehen also insbesondere keine Bedenken dagegen, auch diese Art der Amtshilfe in den Archivgesetzen, ähnlich wie dies im Bundesdatenschutzgesetz (§ 15 BDSG-1990, vorher § 10 Abs. 1 BDSG-1977) bereits geschehen ist, aus Gründen der informationellen Selbstbestimmung Sonderregelungen zu

---

hilfepflicht mit ihren sonderrechtlichen Einschränkungen verwechselt.

unterwerfen, die denen für die Nutzung durch Private angeglichen sein mögen. Worauf es indessen ankommt, ist die Feststellung, daß sich die amtliche Benutzung, wenn sie sich denn als Fall der Amtshilfe darstellt, gerade nicht nach dem formalen Vorbild der privaten Archivbenutzung vollzieht. Das Recht der Amtshilfe kennt keinen Antrag auf deren Genehmigung, sondern nur das Amtshilfeersuchen (§ 4 Abs. 1 VwVfG). Über dieses Ersuchen wird nicht durch einen Verwaltungsakt, also auch nicht durch Erteilung einer Benutzungsgenehmigung, sondern durch Vornahme der erbetenen Handlung entschieden. Hält sich die ersuchte Behörde zur Hilfeleistung nicht für verpflichtet, teilt sie der ersuchten Behörde ihre Auffassung mit (§ 5 Abs. 5 Satz 1 VwVfG), lehnt aber nicht etwa durch Verwaltungsakt einen "Amtshilfeantrag" ab. Eine gerichtliche Klärung widerstreitender Standpunkte findet nicht statt, sondern wird im Aufsichtswege herbeigeführt (§ 5 Abs. 5 Satz 2 VwVfG). Verwaltungsgebühren werden im Verhältnis der Behörden zueinander nicht erhoben (§ 8 Abs. 1 VwVfG).

Insoweit läßt sich also der Vorgang der amtlichen Nutzung von Archivakten als Gegenstück zur Aktenabgabe an die Archive verstehen: Ebenso wie dort werden nicht subjektiv-öffentliche Ansprüche etwa von Behörden in ihrem wechselseitigen Verhältnis erfüllt; vielmehr erfüllt jede der beteiligten Behörden die ihr obliegenden Aufgaben der Aktenabgabe und -vorlage, ohne gerade gegenüber der jeweils anderen Behörde hierzu verpflichtet zu sein[46]. Insgesamt erscheint es daher als nicht sachgerecht und sogar irreführend, die sogenannte amtliche Benutzung als eine neben anderen Formen der Benutzung staatlicher Archive auszugeben und zum Teil bereits in den Archivgesetzen, jedenfalls aber in den Benutzungsordnungen den Eindruck hervorzurufen, als vollziehe sich diese Amtshilfe nach dem rechtlichen Schema einer Anstaltsbenutzung durch Private.

Es ist daher auch nicht selbstverständlich, daß private Bestände, die aufgrund entsprechender Vereinbarungen genutzt werden dürfen, ohne weiteres auch dem Zugriff im Wege der Amtshilfe eröffnet sind[47]. Vielmehr werden hierfür gleichfalls Vereinbarungen zu fordern sein[48], wobei es allerdings genügen dürfte, wenn deren Nutzbarkeit allgemein geregelt worden ist. Über die vor allem datenschutzrechtlichen Grenzen der Amtshilfe soll hier nichts gesagt werden. Es ist zu-

---

[46] Insoweit kann die Formulierung von einem "Anspruch der Archive auf Übernahme" von Behördenschriftgut (so z. B. Taddey, Das Landesarchivgesetz Baden-Württemberg und seine Konsequenzen für die Bewertungsfrage, Der Archivar 1990, 539, 542) allenfalls untechnisch verstanden werden. Das gilt auch für den "Anspruch der staatlichen Archive auf die Archivierung amtlichen Schriftgutes" (Zimmermann, Mélanges Charles Braibant, 1959, 553, 558).

[47] Zu diesem Problem schon Lepper DVBl. 1963, 315, 319 unter Hinw. auf BAG NJW 1960, 2118, und Schöntag, Der Archivar 1977, 375, 377.

[48] Ebenso Meilinger, Datenschutz im Bereich von Information und Dokumentation, 1984, 227 f.

nächst Sache der Archivgesetze, dazu das Nähere zu bestimmen. Die Archivbenutzungsordnungen kommen dagegen als amtshilfebeschränkende Normen schon deshalb nicht in Betracht, weil die Verordnungsermächtigung, die Einzelheiten der Benutzung zu bestimmen, nicht zugleich die Befugnis begründet, in Abweichung von den Verwaltungsverfahrensgesetzen Einzelheiten der Amtshilfe zu normieren.

Als besondere Form der Amtshilfe mag schließlich auf die nicht ganz unstreitige, aber überwiegend vertretene Möglichkeit verwiesen werden, in Ermittlungs- und Strafverfahren Akten - und damit auch Archivbestände - notfalls zu beschlagnahmen (§ 96 StPO)[49]. Für diesen Sonderfall läßt sich sogar davon sprechen, daß der Streit um die Zulässigkeit einer Amtshilfe zwischen Archiv und Staatsanwaltschaft in Gestalt des gerichtlichen Beschlagnahmebeschlusses ausnahmsweise einer rechtsförmlichen Klärung zugänglich ist.

---

[49] Dazu bereits Lepper DVBl. 1963, 319, dessen Vorschlag einer generellen öffentlich-rechtlichen Vereinbarung zwischen Staatsarchiven und Strafverfolgungsbehörden zum Schutz privater Archivalien mit der Offizialmaxime (§ 152 Abs. 2 StPO) jedoch unvereinbar ist. Zur Zulässigkeit der Beschlagnahme von Behördenakten s. im übrigen Laufhütte in Karlsruher Kommentar zur StPO, 2. Aufl. 1987, § 96 Rdn. 1, 4; Müller in KMR, StPO, 7. Aufl. 1990, § 96 Rdn. 2, sowie Meilinger a.a.O. 228; anders dagegen Kleinknecht/Meyer, StPO, 39. Aufl. 1989, § 96 Rdn. 2; Rudolphi in Systematischer Kommentar zur StPO und zum GVG, 1987, § 96 Rdn. 8; Schäfer in Löwe/Rosenberg, StPO, 24. Aufl. 1988, § 96 Rdn. 4, jeweils m. H. zum Meinungsstand und zur gegenteiligen h. M.

VI. Einzelfragen des Benutzungsverhältnisses

Obgleich das Bundesarchivgesetz in § 5 Abs. 1 - 4 das Benutzungsrecht zunächst in ein System starrer Fristen gliedert, entscheidet es sich bei ihrer Handhabung doch für eine erhöhte Flexibilität. Die allgemeine Dreißig-Jahresfrist und auch die Sperrfrist für personenbezogenes Archivgut kann verkürzt werden (§ 5 Abs. 5 Satz 1 - 3 in Verbindung mit § 5 Abs. 1 Satz 1) etwa dann, wenn die Einwilligung des Betroffenen vorliegt oder die Benutzung zu wissenschaftlichen Zwecken oder zur Wahrnehmung berechtigter Belange unerläßlich und die Beeinträchtigung schutzwürdiger Belange ausgeschlossen ist. Insgesamt sieht das Gesetz hier und bei den Benutzungseinschränkungen nach § 5 Abs. 6 und 7 BArchG eine Vielzahl von Abwägungsprozessen vor, die der Gesetzgeber nur in ihren Grundzügen und unter Verwendung allgemeiner Rechtsbegriffe und von Generalklauseln hat reglementieren können. Ihre Konkretisierung gestattet dem Bundesarchiv nicht Entscheidungen nach ungebundenem Ermessen, sondern fordert eine weitgehend kontrollierbare Rechtsanwendung. Deren Richtigkeit setzt voraus, daß das Archiv die dort bezeichneten gegenläufigen Interessen zutreffend bestimmt und bei dem konkreten Abwägungsvorgang mit der ihnen von rechtswegen zukommenden Bedeutung in den jeweiligen Interessenausgleich einstellt. Von einem gleichwohl bestehenden Ermessensspielraum kann nur dort die Rede sein, wo das Gesetz als Ergebnis der Abwägung keine inhaltlich terminierte Entscheidung vorgibt, sondern auch dann noch vorsieht, daß Fristen verkürzt und im öffentlichen Interesse auch verlängert werden können (§ 5 Abs. 5 Satz 5).

Alle diese Entscheidungen stellen damit wegen ihrer Grundlage im öffentlichen Recht Verwaltungsakte dar, die der Anfechtung im Verwaltungsrechtsweg zugänglich sind. Ihre tatsächlichen Grundlagen hat das Archiv dabei wegen des im Verwaltungsverfahrensrecht geltenden Untersuchungsgrundsatzes (§ 24 VwVfG) selbst festzustellen.

In diesem Zusammenhang fällt auf, daß das Gesetz dem Archivar diese Abwägungen nur für die Frage der Sperrfristen abverlangt, sich also nicht abschließend zu der weiteren Frage äußert, ob das Bundesarchiv im Einzelfall auch verpflichtet sein soll, die Wahrung von Urheber-, von Persönlichkeitsrechten und sonstiger schutzwürdiger Belange Dritter zu überwachen und gegen mögliche Rechtsverletzungen Vorkehrungen zu treffen. Eine entsprechende Ermächtigungs- und Verpflichtungsnorm enthält aber § 5 Abs. 6 Nr. 2 BArchG: Soweit Grund zu der Annahme besteht, daß schutzwürdige Belange Dritter der Nutzung entgegenstehen, ist sie unzulässig. Worin dieser Grund liegen muß, ob im Inhalt der Unterlagen, in der Person des Benutzers oder in den Benutzungszwecken, sagt das Gesetz nicht und zwingt das Archiv damit zu besonderer Aufmerksamkeit. Das kann aber nicht heißen, daß jegliches Archivgut, mit dessen Hilfe eine solche Rechtsbeeinträchtigung auch nur denkbar ist, bereits aus diesem Grunde gesperrt werden dürfte oder gar müßte.

Neben derartigen Abwägungsproblemen, die gewiß im Komplex der Archivbenutzung die schwierigsten und dem Kernbereich der Aufgaben des Archivars zuzurechnen sind, stehen im wesentlichen Gebühren-[50] und Haftungsfragen. Während die Offenlegung von Archivalien, die wissenschaftliche Beratung, die Benutzung der sonstigen Einrichtungen des Archivs und deren gebührenrechtliche Bewertung und Zuordnung die primäre Leistungsebene im Verhältnis zwischen Archiv und Benutzer betreffen, sind mit der Entstehung und Abwicklung von Schadensersatzansprüchen sekundäre Rechtsbeziehungen betroffen. Sie haben ihre Ursache in Störungen im Leistungsbereich oder in der Verletzung von dazugehörigen Nebenpflichten.

Soweit die Inanspruchnahme der Archive betroffen ist, bestimmen sich die Einzelheiten ihrer Leistungen für die Benutzer nach den Benutzungsordnungen. Die Archivgesetze begründen nur die grundsätzliche Zulässigkeit der Benutzung und deren regelmäßige Grenzen, legen aber das Zulassungsverfahren ebensowenig fest wie den Ablauf des Benutzungsvorganges. Das entspricht der üblichen Aufgabenverteilung zwischen dem

---

[50] Zum Gebührenrecht allgemein Heydenreuter, Archivgebühren und Familienforschung, Der Archivar 1983, 281; Uhlitz, Archivgebühren und Familienforschung, Herold 1980, 269; ders., Noch einmal: Archivgebühren und Familienforschung, Herold 1980, 361; ders., "Archivgebühren und Familienforschung" - eine Erwiderung, Der Archivar 1984, 517; Kirchner/Wendt, Bibliotheksbenutzungsordnungen, 1990, 139 ff.; Löhr in Pappermann/Löhr/Andriske, Recht der öffentlichen Sachen, 1987, 156 ff.; Salzwedel in Erichsen/Martens, Allgemeines Verwaltungsrecht, 8. Aufl. 1988, 461, 474 ff.

Gesetz- und dem Verordnungsgeber, der seine nach Inhalt, Zweck und Ausmaß bestimmte Ermächtigungsgrundlage lediglich auszufüllen hat und über deren Grenzen nicht hinausgehen darf. Wenn also die Archivgesetze einen Anspruch auf Archivbenutzung schaffen, bleibt doch ganz offen, in welcher Form und wo, ob auch durch die Vorlage von Kopien und auch in anderen Archiven, eine Benutzung stattfinden kann.

Unter dem Gesichtspunkt hinreichender Ermächtigung ist dabei insbesondere das Pflichtexemplarrecht bedenklich.

Es steht zwar fest, daß die Verpflichtung zur Abgabe von Belegexemplaren eine Inhaltsbestimmung des Eigentums darstellen kann in der Weise, daß bei entsprechenden Regelungen - wie in § 9 des Hessischen Pressegesetzes, mit dem sich das Bundesverfassungsgericht näher auseinandergesetzt hat[51], - das fragliche Druckwerk, also die gesamte im Eigentum des Verlegers stehende Auflage, bereits im Zeitpunkt seiner Entstehung mit einer entsprechenden Ablieferungspflicht belastet und daher der Inhalt des Eigentums am Druckwerk in dieser Weise ohne enteignende Wirkung konkretisiert ist (Art. 14 Abs. 1 S. 2 GG)[52]. Diese Überlegung könnte auf

---

[51] BVerfGE 58, 137, und hierzu ergänzend VGH Kassel NJW 1989, 418, sowie erläuternd Löffler, Die Grundsatzentscheidung des Bundesverfassungsgerichts zur Ablieferung von Pflichtexemplaren an staatliche Bibliotheken, in: Festschrift für Hans Joachim Faller, 1984, 435; Kirchner, Bibliotheks- und Dokumentationsrecht, 1981, 178 ff.

[52] BVerfGE 58, 137, 144.

Monographien, die aufgrund eines entsprechenden Vertrages in einem Verlag erscheinen und bei denen der Verleger, nicht etwa der Autor Eigentümer des Druckwerks ist, allenfalls übertragen werden unter der Voraussetzung, daß die Abgabevorschrift der Benutzungsordnung sich auch an den Verleger richtet. Das ist indessen nicht anzunehmen, und ebensowenig läßt sich mit dieser eigentumsrechtlichen Konstruktion eine Verpflichtung des Autors begründen, etwa den Sonderdruck eines Aufsatzes an das Archiv weiterzugeben. In diesen Fällen wird der Archivbenutzer nicht als künftiger Eigentümer möglicher Belegexemplare angesprochen, so daß es unrichtig wäre, sich für die Zulässigkeit des Pflichtexemplarrechts kurzerhand auf das Bundesverfassungsgericht zu berufen.

Eher ließe sich daran denken, in der Verpflichtung zur Abgabe eines Belegexemplares gleichsam - neben der Gebühr - eine Gegenleistung für die Möglichkeit der Archivbenutzung zu sehen. Auch diese Lösung überzeugt aber nicht. Eine Pflicht zur Gegenleistung in Naturalien ist dem Gebührenrecht fremd[53]. Tatsächlich werden Belegexemplare weder zu Abgeltung eines vorangehenden staatlichen Aufwandes bei der Archivbenutzung noch als Form staatlicher Teilhabe an demjenigen Vorteil erhoben, der dem Benutzer durch die Möglichkeit der Archivbenutzung eingeräumt worden ist. Vielmehr befriedigt die Abgabe von Belegexemplaren neben möglicherweise auch verfolgten Kontrollzwecken vor allem das wissen-

---

[53] Haas-Traeger, Die Ablieferung von Pflichtexemplaren im Lichte der Eigentumsgarantie, DÖV 1980, 16, 17 f.

Rechtsprobleme der Archivbenutzung 171

schaftliche Interesse des Archivs, sich im einzelnen des historischen Wertes und derjenigen Zusammenhänge zu vergewissern, zu deren Aufarbeitung seine Bestände hilfreich sein konnten[54].

Gibt es keinen besonderen rechtlichen Grund, der die Verpflichtung zur Abgabe von Belegexemplaren legitimieren könnte, dann berührt sie das allgemeine Freiheitsrecht des einzelnen, in dessen Handlungsfreiheit nur der Gesetzgeber eingreifen darf (Art. 2 Abs. 1, Art. 20 Abs. 3 GG). Daraus folgt, daß eine Pflicht zur Abgabe von Belegexemplaren, mag sie als solche auch verfassungsrechtlich unbedenklich sein, nicht durch die Benutzungsordnung (so aber § 10 Bay. ArchivBO; § 11 ArchivBO NW), sondern nur durch den Gesetzgeber begründet werden kann. Tatsächlich ist dies in Baden-Württemberg geschehen (§ 6 Abs. 7 LArchG in der Fassung des Änderungsgesetzes vom 12. März 1990 GBl. S. 89). Soweit nicht wenigstens eine Ermächtigung geschaffen worden ist, die Abgabe von Belegexemplaren im Verordnungswege zu regeln (so § 19 Abs. 1 Nr. 3 HArchivG), dürfte bei Fehlen jeglicher Erwähnung des Pflichtexemplarrechts in einem Archivgesetz weder das allgemeine Anstaltsbenutzungsverhältnis noch die allgemeine Ermächtigung zur Regelung der Archivbenutzung unter dem Gesichtspunkt besonderer Leistungspflichten rechtsstaatlichen Anforderungen genügen.

---

[54] Vgl. hierzu Richter, Das baden-württembergische Gesetz zur Änderung des Landesarchivgesetzes (LArchG) vom 12. März 1990, Archivar 1990, 565, 568 ff.

Der naheliegende Einwand, schon immer sei diese Abgabepflicht für die Archivbenutzung kennzeichnend gewesen, sollte sich gegenüber den Bestimmtheitsanforderungen des Art. 80 Abs. 1 GG, die zumindest in der Sache auch für die Länder gelten, nicht durchsetzen.

VII. *Haftungsfragen*

Haftungsfragen können durch die Archivbenutzung in mehrfacher Hinsicht aufgeworfen werden. Im engeren Sinne benutzungsrechtlicher Natur sind sie allein, wenn sie die Rechtsbeziehung zwischen Archiv und Benutzer betreffen. Daneben steht eine Haftung des Benutzers gegenüber Dritten etwa aus einer Verletzung von Urheber- und vor allem von Persönlichkeitsrechten. Die Möglichkeit einer solchen Haftung wird nicht schon deshalb von vornherein ausgeschlossen, weil die entsprechenden Unterlagen im Archiv rechtmäßig benutzt worden sind. Schon allgemein entbinden behördliche Erlaubnisse nicht von der Beachtung privater Rechte. Zudem werden Archivbenutzer vielfach auf die Notwendigkeit hingewiesen, bei der Auswertung von Archivgut Rechte Dritter zu wahren. Für Rechtsverletzungen hat der Benutzer nach allgemeinem Deliktsrecht einzustehen, das in dem gegenwärtigen Zusammenhang ohne Interesse ist, im übrigen aber als Folge der Auswertung von Archivalien, soweit feststellbar, bisher ohnehin keine Bedeutung gewonnen hat. Soweit in diesem Außenverhältnis eine Haftung juristischer Personen des öffentlichen Rechts für Handlungen ihrer Archive in Betracht kommt, hat sie ihre Grundlage in den Amtshaftungsvorschriften des § 839 BGB und des Art. 34 GG; daneben können öffentlich-rechtliche Unterlassungsansprüche in Erwägung zu ziehen sein[55].

1. Die Haftung des Benutzers gegenüber dem Archiv

In dem gegenwärtigen Zusammenhang ist vielmehr die Haftung innerhalb des Anstaltsbenutzungsverhältnisses zu erörtern. Die Archivgesetze äußern sich dazu nicht. Die Benutzungsordnungen stellen Verhaltensregeln auf (§ 4 Abs. 2 und 3 ArchBO BW; § 7 Abs. 3 bis 5 Bay. ArchivBO; § 12 und 18 ArchivBO NW), an deren Verletzung die Befugnis zur Versagung oder zum Widerruf der Benutzungsgenehmigung geknüpft wird (§ 3 Abs. 1 Nr. 1, Abs. 2 Nr. 3 ArchBO BW; § 6 Abs. 3 a, Abs. 4 c ArchivBO NW; vgl. auch § 5 Abs. 3 Nr. 3 Bay. ArchivBO).

Eigene Haftungstatbestände sind dagegen nicht vorgesehen. Damit bleibt es für den Benutzer gegenüber dem Archivträger bei den allgemeinen zivilrechtlichen Haftungsgründen, die durch die öffentlich-rechtliche Qualität der Archivbenutzung keineswegs verdrängt werden. Soweit er also Archivalien beschädigt oder zerstört, hat er dafür Ersatz zu leisten (§ 823

---

[55] Vgl. hierzu Freys, Das Recht der Nutzung und des Unterhalts von Archiven, 1989, 101 ff.

Abs. 1 BGB)[56], bei dem allenfalls dessen Berechnung Schwierigkeiten hervorruft. Geschuldet ist zunächst die Naturalrestitution (§ 249 BGB), also Ersatz der Kosten für die Wiederherstellung des früheren Zustandes in Natur. Ist eine solche Wiederherstellung nicht möglich oder unzureichend, dann ist stattdessen oder daneben Geldersatz zu leisten (§ 251 Abs. 1 BGB), dem es freilich an einem verläßlichen Maßstab fehlt, da Archivalien durchweg Einzelstücke ohne Marktpreis sind. Hier wird man auf den Marktpreis für ähnliche Güter, also etwa für Autographen oder sonstige Dokumente und Sammlerstücke, zurückgreifen müssen[57]. Sind Archivalien gestohlen worden, können im Einzelfall sogar die Kosten für die Überprüfung der gesamten Archivbestände ersatzfähig sein[58].

Die Beweislast für Schadensgrund und -höhe liegt bei dem Archiv. Es hat dem konkret in Anspruch genommenen Benutzer nicht nur nachzuweisen, daß gerade er es war, der das Archivgut in bestimmter Weise beschädigt hat, sondern hat auch den Beweis für die Höhe des Schadensersatzanspruches

---

[56] Für eine im Einzelfall weitergehende quasi-vertragliche Haftung Tiemann, Grundfragen der Staats- und Benutzerhaftung in öffentlich-rechtlichen Benutzungsverhältnissen, VerwArch. 1974, 381, 395 f.

[57] Zum Schadensersatzanspruch bei der Beschädigung von Liebhaberstücken vgl. ähnlich BGHZ 92, 85, 90 ff.

[58] BGHZ 76, 216; zur strafrechtlichen Seite vgl. Böhm/Paschek, Bücherentwendungen aus Hochschulbibliotheken als Rechtsproblem, ZfBB 28, 1981, 90.

zu führen. Dabei erscheint die Beweisführung für die Haftung dem Grunde nach besonders schwierig, weil sich Schäden vielfach erst dann herausstellen, wenn ein Archivale von mehreren Benutzern in Anspruch genommen worden ist. Mag das Archiv in diesem Falle auch imstande sein, die Reihe sämtlicher Benutzer aufgrund seiner eigenen Benutzerkartei zurückzuverfolgen, so scheidet doch die Möglichkeit aus, sie allein aufgrund der bloßen Benutzung bereits als Gesamtschuldner haften zu lassen (§ 830 Abs. 1 S. 2 BGB); denn hierfür ist Voraussetzung, daß jeder dieser Gesamtschuldner an der möglicherweise gefährlichen und schadenstiftenden Handlung beteiligt war, während allein die Benutzung als bereits potentiell gefährdende Handlungsweise noch nicht angesehen werden kann.

Hinzu kommt in allen diesen Fällen die weitere Schwierigkeit nachzuweisen, daß das Archivale vor seiner Ausgabe an den in Anspruch genommenen Benutzer noch vollständig und unbeschädigt war. Er mag zwar ein Interesse haben, von sich aus auf solche Mängel hinzuweisen, um eine eigene Haftung von vornherein auszuschließen. Tut er das nicht, käme einem solchen Unterlassen jedoch eine allenfalls indizielle Bedeutung zu. Zu einer vollständigen Umkehr der Beweislast führt es dagegen nicht. Auch eine Beweislastumkehr entsprechend § 282 BGB, die im Anstaltsbenutzungsverhältnis grundsätzlich in Betracht zu ziehen sein mag, scheitert an eben diesem Umstand. Sie greift erst ein, wenn feststeht, daß die beschädigte Sache unbeschädigt in den Verantwortungsbereich des möglichen Schädigers gelangt ist und der Schaden nur aus dessen Verantwortungsbereich herrühren kann.

Eine Beweislastumkehr zu Lasten des Benutzers dürfte sich schließlich auch durch entsprechende Benutzungsordnungen nicht einführen lassen, wobei es nicht einmal wesentlich erscheint, ob diese in Form einer Rechtsverordnung, als Satzung oder als Verwaltungsvorschrift ergehen. Hierfür steht heute überwiegend außer Streit, daß zumindest die Grundgedanken des Gesetzes über die Allgemeinen Geschäftsbedingungen (AGBG) auch in öffentlich-rechtlichen Sonderbeziehungen Anwendung finden, soweit dort keine abweichenden Regelungen enthalten sind[59]. In den Archivgesetzen ist das nicht der Fall. Sieht man in den Regelungen des AGBG dann aber eine gesetzgeberische Grundentscheidung für den Inhalt eines angemessenen Interessenausgleichs zwischen Vertragspartnern, die ihre Rechtsbeziehungen nicht individuell ausgehandelt haben, dann liegt es nahe, diese grundsätzlichen Erwägungen auch auf das Verhältnis zwischen der öffentlichen Hand und dem Anstaltsbenutzer zu übertragen, soweit dieses im übrigen einer Vertragsbeziehung vergleichbar ist. Für die Anstaltsbe-

---

[59] Hefermehl in: Erman, Handkommentar zum BGB, 8. Aufl. 1989 Bd. 1, vor §§ 8 und 9 AGBG Rdn. 11; Kirchner/Wendt, Bibliotheksbenutzungsordnungen, 1990, 197 ff.; Wolf in Wolf/Horn/Lindacher, AGB-Gesetz, 2. Aufl. 1989, Einl. Rdn. 20; Wolff/Bachof/Stober a.a.O. (s. Fn. 33) § 99 Rdn. 39 S. 337; anders freilich Ulmer/Brandner/Hensen, AGB-Gesetz, 6. Aufl. 1990, § 1 Rdn. 9, 73 m. Hinw. auf die Gegenmeinung in Fn. 8; Kötz in: Münchner Kommentar zum BGB, 2. Aufl. Bd. 1, 1984, § 1 AGBG Rdn. 3; Palandt/Heinrichs, BGB, 50. Aufl. 1991, vor § 8 AGBG Rdn. 5.

nutzung erscheint diese Parallele im Grundsatz vertretbar[60] mit der Folge, daß der Archivbenutzer nicht verpflichtet werden kann zu beweisen, daß er die später beschädigten Archivalien bereits in beschädigtem Zustand erhalten hat (§ 11 Nr. 15 a AGBG).

Stehen dem Archivträger aus einem Fehlverhalten des Archivbenutzers Schadensersatzansprüche zu, hat er sie im Klagewege vor den ordentlichen Gerichten geltend zu machen. Die Befugnis, solche Ansprüche zum Gegenstand eines Leistungsbescheides zu machen und die Zahlungspflicht des Benutzers auf diesem Wege durchzusetzen, findet in den Archivgesetzen keine Grundlage.

2. Die Haftung des Archivs gegenüber dem Benutzer

Der Haftung des Benutzers steht diejenige des Archivs gegenüber. Klarzustellen ist dabei, daß es sich im strengen Sinne nicht um Haftung des Archivs, das selbst nicht rechtsfähig ist, sondern nur um die Haftung des Archivträgers handeln kann. Denkbar sind die unterschiedlichsten Haftungstatbestände, da das Archiv nicht nur für die Richtigkeit seiner Auskünfte, sondern auch dafür einzustehen hat, daß der Benutzer bei der

---

[60] Vgl. nur Kirchner/Wendt a.a.O., 93 f., 198 m. w. Hinw. in Fn. 66 sowie allgemein S. 196 zur Unzulässigkeit einer derartigen Klausel wegen Verstoßes gegen das Verhältnismäßigkeitsgebot.

Inanspruchnahme von Einrichtungen des Archivs nicht zu Schaden kommt[61].

Eine solche Haftung kommt zunächst für die gesamte Beratungstätigkeit der Archivare gegenüber dem Benutzer in Betracht. Dabei ist zu beachten, daß auch die bloße schriftliche oder mündliche Auskunftserteilung bereits innerhalb der öffentlich-rechtlichen Archivbenutzung stattfindet. Bei Fehlern drängt sich dann die Frage nach der Amtshaftung des Archivträgers für seine Bediensteten auf[62].

Nach Art. 34 GG haftet die Anstellungskörperschaft immer dann, wenn jemand in Ausübung eines öffentlichen Amtes eine Amtspflicht verletzt, die ihm gegenüber einem Dritten obliegt. Die nach § 839 Abs. 1 BGB in derartigen Fällen zunächst den Beamten treffende Haftung wird damit auf die Anstellungskörperschaft übergeleitet. Diese Haftungsverlagerung greift auch bei der Archivbenutzung ein.

Die Unterhaltung von Archiven als nutzbaren öffentlich-rechtlichen Anstalten und ihre Tätigkeit bei der Erteilung von Auskünften - um es bei diesem Beispiel zu belassen - gehört

---

[61] Vgl. Wolff/Bachof/Stober a.a.O. (s. Fn. 33) § 93 Rdn. 32 S. 333; BGH NJW 1964, 1670; 1973, 2102, 2103; 1974, 1816, 1817, sowie zu möglichen Haftungstatbeständen auch Kilian, Versicherungsschutz für Archive, Der Archivar 1980, 401.

[62] S. dazu grundsätzlich Lansky/Seidenschnur, Haftung und Haftungsausschluß der Bibliotheken bei falschen Auskünften, ZfBB 1974, 83; Tiemann, VerwArch. 1974, 381.

zur schlicht-hoheitlichen Verwaltung, die der Staat mit Mitteln des öffentlichen Rechts bewältigt. Mit ihrer hierbei entfalteten Tätigkeit üben die Archivbediensteten ein öffentliches Amt aus, und zwar unabhängig von ihrer dienstrechtlichen Stellung als Beamte oder Angestellte. Dabei muß die Pflicht, um deren Verletzung es geht, dem Bediensteten gerade gegenüber Dritten obliegen. Das ist bei der Pflicht zur Erteilung zutreffender Auskünfte unzweifelhaft der Fall. Schließlich setzt die Haftung ein Verschulden, also einen vorsätzlich oder fahrlässig begangenen Fehler voraus, wobei der Sorgfaltsmaßstab jedenfalls im Archivwesen recht hoch zu sein hat.

Haftungsbeschränkungen durch Benutzungsordnungen sind hier nach wohl überwiegender Meinung nicht möglich[63], da die Bestimmungen der § 839 BGB und Art. 34 GG einen entsprechenden Vorbehalt nicht kennen.

Daneben tritt in Fällen der Anstaltsbenutzung eine vertragsähnliche Haftung des Archivträgers ein. Sie hat ihren Rechtsgrund in der Sonderrechtsbeziehung zwischen Archiv und Benutzer. Hierzu hat der Bundesgerichtshof schon mehrfach ausgesprochen, daß auch innerhalb öffentlich-rechtlicher Rechtsbeziehungen die Verwaltung für Leistungsstörungen

---

[63] BGHZ 61, 7, 14 f.; BGH NJW 1973, 2102, 2103; BGH VersR 1984, 38, 40; Schrittenloher, Mitteilungen für die Archivpflege in Bayern 15, 1969, 49, 54; anders VGH München NVwZ 1985, 855, und differenzierend Reiter, Amtshaftungsrecht: Zur Zulässigkeit von Freizeichnungsklauseln in kommunalen Satzungen, BayVBl. 1990, 711.

nach vertragsähnlichen Grundsätzen dort einzustehen hat, wo ein besonderes, enges Verhältnis des einzelnen zur Verwaltung begründet worden ist und mangels ausdrücklicher gesetzlicher Regelung ein Bedürfnis für eine angemessene Verteilung der Verantwortung innerhalb des öffentlichen Rechts vorliegt[64].

Eine solche Bedürfnisprüfung bringt zwar, soweit die Haftung für Auskünfte betroffen ist, kein positives Ergebnis, so daß es hier mit der Amtshaftung sein Bewenden haben kann. Anders steht es aber beispielsweise mit den technischen Hilfeleistungen, die das Archiv dem Benutzer anbietet. Hier ist denkbar, daß das Archiv sich wie etwa bei der Aufstellung von Kopiergeräten privater Unternehmer bedient. Bietet das Archiv deren Leistungen als eigene an und erhebt es dafür Gebühren, dann tritt es insoweit in eine besondere Leistungsbeziehung zu dem Benutzer. Wird er oder wird sein Eigentum im Zusammenhang mit solchen Hilfsaufgaben geschädigt, läßt sich oftmals kein Amtsträger als Schädiger feststellen, so daß eine Amtshaftung ausscheidet. In diesem Fall greift jedoch eine Haftung des Archivträgers in entsprechender Anwendung der §§ 276, 278 BGB für derartige Hilfspersonen ein, so daß dem Benutzer aus unterschiedlichen internen Organisationsregelungen kein Nachteil erwachsen kann. Insoweit kommt im Rahmen des Anstaltsbenutzungsverhältnisses grundsätzlich eine Haf-

---

[64] BGHZ 17, 191, 192 f.; 21, 214, 218 f.; 54, 299, 302 ff.; 59, 303, 305; 61, 7, 11; 63, 167, 172; BGH NJW 1963, 1828; 1964, 1671; 1974, 1816; VersR 1978, 85, 86; Kirchner/Wendt a.a.O. (s. Fn. 59), 128 f.; Wolff/Bachof/Stober a.a.O. (s. Fn. 33) § 99 Rdn. 33, S. 333 f.

tungseinschränkung auf Vorsatz und grobe Fahrlässigkeit in Betracht[65].

Die Zuständigkeit für die Durchsetzung dieser Schadensersatzansprüche liegt einheitlich bei den ordentlichen und nicht etwa bei den Verwaltungsgerichten. Für Ansprüche aus Amtspflichtsverletzung folgt das aus Art. 34 Satz 3 GG, für solche aus einer vertragsähnlichen Sonderbeziehung wird sie aus § 40 Abs. 2 Satz 1 VwGO hergeleitet, ist hier aber nicht unstreitig[66].

Es ist nicht zu leugnen, daß gerade die Überlegungen zur Haftung im Archivverhältnis einen spekulativen Zug aufweisen. Anders als bei der Benutzung zahlreicher anderer öffentlicher Anstalten im Bereich der Daseinsvorsorge werden im Archivwesen Streitigkeiten nicht auf dem offenen Markt der Rechtsprechung ausgetragen. Ob dieses Stillschweigen überhaupt eine Dunkelziffer verbirgt und wie diese allenfalls zu bemessen wäre, läßt sich bei einer Betrachtung von außen her nicht feststellen. Gleichwohl mag es der ersten Orientierung dienen, jedenfalls den äußeren Rahmen solcher möglichen Auseinandersetzungen probeweise abzustecken.

---

[65] BGHZ 61, 7, 12, f. m. Nachw., 15 f.; BGH VersR 1978, 85, 86; VGH Mannheim ESVGH 25, 203, 205 f.; VGH München NVwZ 1985, 844; Lansky/Seidenschnur, ZfBB 1974, 83, 87 ff.

[66] Vgl. nur BGHZ 59, 303, 305 m. Nachw.; BGH NJW 1963, 1828; BGH VersR 1978, 85, 86, 253, 254, und andererseits Kopp, VwGO, 8. Aufl. 1989, § 40 Rdn. 71, 72 m. Hinw.

HERMANN BANNASCH

"Das Nähere [...] regelt die Landesregierung durch Rechtsverordnung (Benutzungsordnung)" - Erfahrungen bei der Normierung der Archivgutnutzung in Baden-Württemberg

Gliederung

1	Rechtslage in Baden-Württemberg
1.1	Stand der Archivgesetzgebung und Folgeregelungen
1.2	Geltungsbereich und Gliederung des Landesarchivgesetzes
2	Verhältnis von Nutzungs- und Auskunftsrecht
3	Das Gesetzesgebot "Archivgut allgemein nutzbar machen"
3.1	Staatliches und sonstiges öffentliches Archivgut
3.2	Kommunales Archivgut
4	Das Nutzungsrecht für jedermann
4.1	Staatsarchive und sonstige öffentliche Archive
4.2	Kommunalarchive
5	Konkurrierende Rechte
5.1	Schutzrechte
5.2	Vereinbarungen mit Eigentümern
6	Sperr- und Schutzfristen
6.1	Arten
6.2	Dauer
6.3	Fristenlauf
6.4	Personenbezogenes Archivgut
6.5	Verlängerung und Verkürzung

7	Privilegierungen
7.1	Wissenschaft
7.2	Wahrnehmung berechtigter Belange anderer Personen oder Stellen
7.3	Abgebende Stellen
8	Die Benutzungsordnung der Staatsarchive
8.1	Verhältnis von Benutzungsordnung, Archivgesetz und Lesesaalordnung
8.2	Regelungsinhalte
9	Satzungsmuster für eine Archivordnung der Kommunalarchive
10	Belegexemplare
11	Zusammenfassung

Nachträge 1 bis 3

1 Rechtslage in Baden-Württemberg

1.1 Stand der Archivgesetzgebung und Folgeregelungen

Das Archivgesetz des Landes Baden-Württemberg ist - wie allgemein bekannt - als erstes Archivgesetz eines Bundeslandes und auch noch vor dem Bundesarchivgesetz verabschiedet worden[1]. Es trat am 1. August 1987 in Kraft.

Die Vorreiterrolle in der Bundesrepublik hat bekanntlich dazu geführt, daß das Gesetz alsbald novelliert werden mußte. Denn ein knappes halbes Jahr später folgte mit Wirkung vom 15. Januar 1988 das Bundesarchivgesetz mit anderen Schutz- und Nutzungsbestimmungen für das Archivgut des Bundes sowie

---

1 Abdruck des Bundesarchivgesetzes (BArchG), des Gesetzes über die Pflege und Nutzung von Archivgut in Baden-Württemberg (Landesarchivgesetz - LArchG), der Verordnung der Landesregierung über die Benutzung der Staatsarchive (Archivbenutzungsordnung - ArchBO), des Satzungsmusters für eine Archivordnung der Kommunalarchive in Baden-Württemberg, in: Archivrecht in Baden-Württemberg. Texte, Materialien, Erläuterungen. Bearbeitet von H. Bannasch unter Mitwirkung von A. Maisch mit einer Einführung in das Landesarchivgesetz von G. Richter (Werkhefte der Staatlichen Archivverwaltung Baden-Württemberg, Serie A, Heft 1, 1990), im folgenden kurz: Archivrecht. Die durch den Einigungsvertrag erfolgte Novellierung von § 2 Abs. 8 BArchG konnte darin noch nicht berücksichtigt werden. Zur Gesetzgebungsgeschichte in Baden-Württemberg und zu weiterführender Literatur die Einführung von G. Richter, S. 231 ff.. Nachweise zu den bis zum Symposion erlassenen weiteren Archivgesetzen der Bundesländer, die bisweilen zum Vergleich herangezogen werden, in der Einführung von R. Polley.

für Archivgut, das Rechtsvorschriften des Bundes über Geheimhaltung unterliegt. Um weiterhin Unterlagen von den mittleren und unteren Bundesbehörden in die Landesarchive sowie Unterlagen, die bundesrechtlichen Geheimhaltungsvorschriften unterliegen, in die Landes-, Kommunal- und sonstigen öffentlichen Archive übernehmen und dort nutzen lassen zu können, war die Anpassung des Landesgesetzes unumgänglich. Das Änderungsgesetz des Landesarchivgesetzes trat am 1. April 1990 in Kraft.

Als Folgeregelung des Landesarchivgesetzes hat die Landesregierung noch vor der Novelle eine neue Benutzungsordnung für die Staatsarchive erlassen. Sie ist am 29. September 1988 in Kraft getreten. Sie hat im Gegensatz zu der älteren Benutzungsordnung, die als Verwaltungsvorschrift erlassen worden war, den Rang einer Rechtsverordnung, ihre Regelungen haben also Gesetzeswirkung und begründen Eingriffsrechte.

Kurz bevor die neue Benutzungsordnung für die Staatsarchive in Kraft trat, verabschiedeten die drei kommunalen Landesverbände - der Landkreistag, der Städtetag und der Gemeindetag Baden-Württemberg - ein gemeinsames Satzungsmuster für eine Archivordnung der Kommunalarchive. Es enthält weit überwiegend Nutzungsbestimmungen. Die Vorschrift, die Archivordnung für die Kommunalarchive als Satzung zu erlassen, findet sich ebenfalls im Landesarchivgesetz. Derzeit sind davon betroffen: über 1000 Gemeinden, 35 Landkreise und 9 Stadtkreise sowie deren Gemeindeverwaltungsverbände,

Zweckverbände, Nachbarschaftsverbände und kommunale Stiftungen.

Das Landesarchivgesetz verlangt schließlich auch von den übrigen Trägern öffentlicher Archive, daß sie eine Benutzungsordnung erlassen.

1.2 Geltungsbereich und Gliederung des Landesarchivgesetzes

Das Archivgesetz des Landes Baden-Württemberg stellt bereits in der Titelgebung "Gesetz über die Pflege und Nutzung von Archivgut" die Archivgutnutzung als einen Schwerpunkt seiner Regelungsziele und seines Regelungsgehalts heraus. Es gilt für das gesamte öffentliche, d.h. staatliche, kommunale und sonstige öffentliche Archivgut. Letzteres ist das Archivgut der Körperschaften, Anstalten und Stiftungen des öffentlichen Rechts, die der Aufsicht des Landes unterstellt sind, beispielsweise der Universitäten oder der Industrie- und Handelskammern. Ausgenommen sind der Landtag, die öffentlich-rechtlichen Rundfunkanstalten sowie die öffentlich-rechtlichen Unternehmen mit eigener Rechtspersönlichkeit, die am Wettbewerb teilnehmen, und deren Zusammenschlüsse mit Ausnahme von Zweckverbänden.

Während der Staat und die kommunalen Gebietskörperschaften grundsätzlich zur Eigenarchivierung verpflichtet sind, haben die der Landesaufsicht unterstellten juristischen Perso-

Archivgutnutzung in Baden-Württemberg 187

nen des öffentlichen Rechts ein Wahlrecht. Sie können sich zwischen Eigenarchivierung oder Anbietungspflicht gegenüber einem Staatsarchiv oder einem anderen Archiv, das den archivrechtlichen und archivfachlichen Ansprüchen genügt, entscheiden.

Die Regelungen für das staatliche Archivgut sind am ausführlichsten. Für das kommunale und sonstige öffentliche Archivgut finden sich nur die Besonderheiten formuliert, während im übrigen auf die mitgeltenden Vorschriften des dem staatlichen Archivgut gewidmeten ersten Abschnitts verwiesen wird. Dies macht den Vergleich der Nutzungsregelungen innerhalb des Gesetzes etwas mühsam. Denn es ist nicht nur darauf zu achten, welche Vorschriften mitgelten, sondern auch darauf, welche nicht mitgelten und welche an deren Stelle treten.

Bei meinen Ausführungen über Erfahrungen bei der Normierung der Archivgutnutzung lasse ich mich von dieser Gliederung leiten und erörtere die Fragen vorwiegend am Beispiel des staatlichen Archivguts.

2 Verhältnis von Nutzungs- und Auskunftsrecht

In den Rahmen des Nutzungsrechts ist in Baden-Württemberg *nicht* einbezogen das Recht Betroffener, Auskünfte über Daten zu verlangen, die über ihre Person im Archivgut enthalten sind. Statt einer *Auskunft* kann das Archiv auch *Einsicht* in das Archivgut gewähren (§ 5 LArchG). Dieses Auskunfts- und Einsichtsrecht stammt aus dem Datenschutzrecht und gilt im Archiv für personenbezogene Daten nicht nur in Dateien, sondern im Archivgut schlechthin fort. Es hat mit Archivgutnutzung nur Teile der praktischen Abwicklung gemein. Das wird ganz offenkundig, wenn man sich die weiteren Rechte vergegenwärtigt, die der Betroffene in diesem Zusammenhang hat. Wenn er der Auffassung ist, daß die im Archivgut zu seiner Person enthaltenen Angaben nicht richtig sind, kann er eine Gegendarstellung niederschreiben und sie dem Archivgut beifügen lassen. Er kann auch versuchen, eine Berichtigung zu erwirken. Kaum auszudenken, welche "Bereicherungen" das Archivgut erführe, wenn den Nutzern solche Rechte bei der Archivgutnutzung, wie sie uns allgemein vertraut ist, eingeräumt würden! Das Recht auf Auskunft und Gegendarstellung ist daher in Baden-Württemberg wie in Bayern, Hessen und Rheinland-Pfalz in einem eigenen Paragraphen gesondert geregelt und fällt nicht unter den Begriff "Nutzung". Definitorisch anders verfährt Nordrhein-Westfalen. Es versteht "Nutzung" weiter und spricht bei im wesentlichen gleichem Regelungsinhalt von "Nutzung durch Betroffene" (§ 6 ArchivG NW).

Archivgutnutzung in Baden-Württemberg

3 Das Gesetzesgebot "Archivgut allgemein nutzbar machen"

3.1 Staatliches und sonstiges öffentliches Archivgut

Das Landesarchivgesetz beschließt den Pflichtenkatalog, in dem die Hauptaufgaben der staatlichen Archive zusammengestellt werden, lapidar mit den Worten: "sie [die Staatsarchive] machen das Archivgut allgemein nutzbar" (§ 2 Abs. 2 Satz 2 zweiter Halbsatz). Da das Erschließen als eigene Aufgabe genannt wird, muß "allgemein nutzbar machen" etwas anderes bedeuten. Verständnishilfen lassen sich aus dem Gesetzestext selbst gewinnen, und zwar aus der Zweckbestimmung für die dauernde Aufbewahrung, wie sie § 2 Abs. 3 LArchG in der Definition des bleibenden Werts beschreibt: "Bleibenden Wert haben Unterlagen, denen historischer Wert zukommt oder die zur Sicherung berechtigter Belange der Bürger oder zur Bereitstellung von Informationen für Gesetzgebung, Verwaltung oder Rechtspflege dauernd aufzubewahren sind." Konkreter wird indessen die Gesetzesbegründung[2]. Ihr zufolge ist unter "allgemein nutzbar machen" die Pflicht der Staatsarchive zu verstehen, das Archivgut für die Nutzung bereitzustellen, und zwar nicht nur für die Verwaltung, sondern auch für die wissenschaftliche und heimatkundliche Forschung, die historisch interessierte Allgemeinheit und den Bürger zum Nachweis seiner Rechte. In den Zusammenhang dieser Pflichtaufgabe rückt die Begrün-

---

[2] Vgl. Archivrecht (s. Anm. 1), S. 105.

dung ferner die Veröffentlichung von Archivinventaren und Quelleneditionen sowie die Präsentation von Ausstellungen und Dokumentationen. Ein weites und vielseitiges Aufgabenfeld wird da abgesteckt. Es konkretisiert nicht nur die Pflichtaufgabe des Nutzbarmachens, sondern auch den qualifizierenden Zusatz "allgemein", der rechtserheblich und nicht etwa ein redundantes Beiwort ist. Wenn der Gesetzgeber die Archivverwaltung in dieser Weise festlegt, so ist dabei zu beachten, daß er sehr bewußt unterscheidet zwischen Archivgut, gegenüber dem die Aufgabe des allgemein Nutzbarmachens wie die des Verwahrens, des Erhaltens und des Erschließens als *Pflicht*aufgabe zu erfüllen ist, und solchem Archivgut, gegenüber dem diese Aufgabe *freiwillig* übernommen werden kann. Pflichtaufgabe ist es, die von den anbietungspflichtigen Stellen übernommenen Unterlagen allgemein nutzbar zu machen, und das macht auch Sinn, denn wer sollte sonst dieses Geschäft besorgen, wenn nicht das dafür allein zuständige Archiv? Anders verhält es sich in dem Bereich dessen, was wir archivische Sammlungen oder Ergänzungsdokumentation nennen. Dieser Aufgabenkomplex darf insgesamt nur als freiwillige Aufgabe wahrgenommen werden.

Der Gesetzgeber hat also eine klare Prioritätenfolge festgelegt. Dahinter verbirgt sich sein Wille, nur kostenneutrale Beschlüsse zu fassen. Die Frage, ob für das allgemein Nutzbarmachen Kapazitäten frei sind, freigesetzt oder geschaffen werden können, müßte demnach bereits beim Erwerb von Sammlungsgut gestellt werden. Das Magazin zu füllen, ohne die Erwerbung auch in absehbarer Zeit allgemein nutzbar machen zu können, wäre nur vertretbar, wenn das betreffende Sammlungsgut auf andere Weise nicht erhalten werden könnte.

Das Gebot, Archivgut allgemein nutzbar machen, gilt in gleicher Weise wie für die Staatarchive auch für die der Landesaufsicht unterstellten Körperschaften, Anstalten und Stiftungen des öffentlichen Rechts, wenn diese eigene Archive unterhalten.

3.2 Kommunales Archivgut

Vergleichen wir den Aufgabenkatalog der Kommunalarchive mit dem der Staatsarchive, so fallen hinsichtlich des Gebots des Nutzbarmachens bemerkenswerte Unterschiede auf.

Für die Kommunalarchive wird bestimmt: "sie sollen das Archivgut nutzbar machen" (§ 7 Abs. 1 Satz 1 zweiter Halbsatz). - Kein strikter Gesetzesbefehl also wie bei den Staatsarchiven, sondern nur eine - wenn auch deutliche - Aufforderung. Und selbst diese wird noch einmal in ihrem Umfang zurückgenommen: das kommunale Archivgut soll "nutzbar gemacht" werden, der Zusatz "allgemein" unterbleibt. Außerdem gilt die Vorschrift nur für Pflichtabgaben. Diese auffällige Zurückhaltung bei der gesetzlichen Regelung eines nach Zweck und Inhalt gleichen Sachverhalts erklärt sich allein daraus, daß der Gesetzgeber auf das kommunale Selbstverwaltungsrecht Rücksicht genommen hat. Ganz zu verzichten, wurde aus datenschutzrechtlichen Gründen abgelehnt, weil auch die Kommunalarchive für die Nutzbarmachung oder datenschutzrechtlich gesprochen: für das Übermitteln personenbezogener Daten einer gesetzlichen Ermächtigung bedürfen, wenn sie diese Aufgabe rechtmäßig wahrnehmen wollen.

4 Das Nutzungsrecht für jedermann

4.1 Staatsarchive und sonstige öffentliche Archive

Wie im Gesetzestitel angekündigt, gehören die Vorschriften über die Archivgutnutzung nach Inhalt, Umfang und Gewicht zum Kernbestand der archivgesetzlichen Regelungen in Baden-Württemberg (§§ 6, 6a, 7 Abs. 3, 8 LArchG). Alle bisher in Kraft getretenen Archivgesetze stehen darin dem baden-württembergischen verständlicherweise nicht nach. Dabei bleibt bei allzu rascher Lektüre bisweilen der Eindruck zurück, daß der Gesetzgeber zwar zu einer Art Volkslauf aufruft, daß das Rennen aber alsbald zu einem Hindernislauf über Gräben und Wälle von Gründen und Sperren der Einschränkung oder Versagung der Nutzung gerät.

Dieser erste Eindruck, wenn er denn entsteht, ist nicht begründet. Für die Nutzung des öffentlichen Archivguts wird nämlich grundsätzlich ein sehr weitreichendes Recht kodifiziert: das Recht, daß jedermann nach Ablauf der Sperr- und Schutzfristen einen gesetzlichen Anspruch auf die Nutzung öffentlichen Archivguts hat. Für Unterlagen, die bei ihrer Entstehung zur Veröffentlichung bestimmt oder der Öffentlichkeit zugänglich waren, gelten keinerlei Fristen. Der Jedermann-Anspruch setzt bei diesen im Zeitpunkt ihrer Entstehung ein.

Wer das gesetzlich fixierte und daher auch einklagbare Recht auf Archivgutnutzung in Anspruch nehmen möchte, muß nach dem baden-württembergischen Archivgesetz ähnlich wie nach den bislang vorliegenden anderen Ländergesetzen als Zulassungsvoraussetzung lediglich ein berechtigtes Interesse glaubhaft machen. Auch wenn dieses nicht wie zum Beispiel im bayerischen Archivgesetz (Art. 10 Abs. 2) näher bestimmt worden ist, ist seine Bedeutung nicht zweifelhaft. Im Unterschied zum rechtlichen Interesse (allgemein vertrautes Beispiel: Nutzung der nach 1876 angelegten Personenstandsbücher für familienkundliche Zwecke), ist ein berechtigtes Interesse jedes verständige, durch die Sachlage gerechtfertigtes Interesse[3]. Die Zulassungshürde, um im Bild zu bleiben, ist also sehr niedrig gestellt. Ein Grund, zur Archivgutnutzung nicht zugelassen zu werden, wäre beispielsweise die Befriedigung bloßer Neugierde oder Sensationslust. Das Bundesarchivgesetz verzichtet selbst auf dieses Minimum an Zulassungsvoraussetzung und verlangt lediglich, daß ein Antrag gestellt wird.

---

[3] Darüber: Alexander F. J. Freys, Das Recht der Nutzung und des Unterhalts von Archiven (Schriftenreihe des Archivs für Urheber-, Film-, Funk- und Theaterrecht (UFITA) Bd. 85), Baden-Baden: Nomos Verlagsgesellschaft 1989, S. 104.

4.2 Kommunalarchive

Das Jedermann-Nutzungsrecht erstreckt sich in Baden-Württemberg nicht auf das Archivgut der kommunalen Gebietskörperschaften. Den Landkreisen und Gemeinden wird die Öffnung ihrer Archive für jedermann von Gesetzes wegen nicht abverlangt. Hier hält sich der Gesetzgeber mehr noch als bei der Verpflichtung zur Nutzbarmachung zurück und überläßt die Entscheidung der Selbstverwaltung (§ 7 Abs. 3 LArchG).

5 Konkurrierende Rechte

5.1 Schutzrechte

Mit dem Nutzungsrecht für jedermann konkurrieren verschiedene Rechte, die dem Schutz sehr unterschiedlicher Rechtsgüter dienen und nicht etwa bezwecken, die Archivgutnutzung zu behindern. Spätestens hier wird deutlich, daß der oben gewählte Vergleich mit dem Hindernislauf nicht sachgerecht ist. Schutz gegenüber dem Jedermann-Anspruch genießen vor allem die Staatssicherheit und die Funktionsfähigkeit von Gesetzgebung, Rechtspflege und Verwaltung einschließlich der der Archive, das allgemeine Persönlichkeitsrecht einschließlich des Rechts auf informationelle Selbstbestimmung, durch Rechtsvorschriften bestimmte Festlegungen, insbesondere Geheimnisse, Vereinbarungen mit Eigentümern von fremdem Archivgut sowie nicht zuletzt das Archivgut selbst, das in der Regel aus Unikaten von bleibendem Wert besteht und physisch zu erhalten ist. Der Gesetzgeber stellt den erforderlichen Schutz zum einen durch allgemeine Vorbehalte im Zusammenhang mit der Einräumung des Nutzungsrechts für jedermann sicher (§ 6 Abs. 1 LArchG), zum anderen konkretisiert er darüber hinaus in einem eigenen Katalog diejenigen Gründe, die für die Einschränkung oder Versagung der Nutzung zwingend sind und die den Archiven bei der Nutzungsgenehmigung wie bei der Überwachung des Nutzungsverlaufs kein Ermessen einräumen (§ 6 Abs. 6 LArchG).

Ähnliche Kataloge enthalten alle bislang in Kraft getretenen Archivgesetze. Ihnen sind folgende Einschränkungs- oder Versagungsgründe gemeinsam: Grund zu der Annahme einer Gefahr (Hessen, Nordrhein-Westfalen: eines wesentlichen Nachteils) für das Wohl (Bayern: Interesse) der Bundesrepublik Deutschland oder eines ihrer Länder, Grund zu der Annahme, daß schutzwürdige Belange Dritter (Bayern, Rheinland-Pfalz: Betroffener oder Dritter; Nordrhein-Westfalen: einer Person) der Nutzung entgegenstehen (Hessen, Nordrhein-Westfalen: beeinträchtigt werden) sowie die Gefährdung des Erhaltungszustands des Archivguts. Das baden-württembergische Archivgesetz nennt darüber hinaus noch die Entstehung eines nicht vertretbaren Verwaltungsaufwands (so auch Bund, Bayern, Nordrhein-Westfalen) sowie Vereinbarungen mit Eigentümern fremden Archivguts (so auch Rheinland-Pfalz). Nicht dagegen hat das baden-württembergische Archivgesetz in den Katalog der Einschränkungs- und Versagungsgründe noch einmal die Verletzung von Rechtsvorschriften über Geheimhaltungspflichten aufgenommen (so Bund, Bayern, Nordrhein-Westfalen, Rheinland-Pfalz; vgl. jedoch § 6 Abs. 1 LArchG: "[...] soweit sich aus Rechtsvorschriften [...] nichts anderes ergibt").

Die Sorgfaltspflichten, die den Staatsarchiven in Baden-Württemberg daraus zufallen, sind ihnen im Grunde nicht neu. Denn die genannten Einschränkungs- und Versagungsgründe waren auch schon in der bislang geltenden, im Wege einer Verwaltungsvorschrift erlassenen Benutzungsordnung[4] enthalten. Sie haben jedoch nun eine andere Rechtsqualität erlangt.

Zwingende Nutzungsbeschränkungen oder Nutzungsversagungen können schließlich von den abgebenden Stellen verfügt werden, wenn Unterlagen übernommen werden sollen, die durch Rechtsvorschriften über Geheimhaltung geschützt sind (§ 3 Abs. 1 Sätze 3 und 4 LArchG). Das Recht dieser Stellen, in solchen Fällen Nutzungsbestimmungen festzulegen, ergibt sich daraus, daß sie gesetzlich verpflichtet werden, im Benehmen mit den Staatsarchiven schutzwürdige Belange Betroffener durch geeignete Maßnahmen angemessen zu berücksichtigen und die erforderlichen Maßnahmen vor der Übergabe durchzuführen oder festzulegen. Diese gesetzliche Ermächti-

---

[4] Bekanntmachung des Staatsministeriums über die Benutzung der staatlichen Archive in Baden-Württemberg vom 12. Mai 1973 (GABl. S. 607, auch in: Der Archivar 27 (1974), Sp. 75-79), geändert durch die Bekanntmachung der Landesarchivdirektion vom 26. August 1975 - Nr. 2524 - (GABl. S. 984, auch in: Der Archivar 29 (1976), Sp. 398 f.).

gung der ablieferungspflichtigen Stellen zu einer so weitreichenden Bindung der Archive bei der Nutzbarmachung im Wege von Verwaltungsvorschriften gilt nur für die Wahrung des Geheimnisschutzes. Sie löst eine generalklauselartige Bestimmung der früheren Benutzungsordnung (§ 6 Abs. 1 Satz 1 lit. a) ab, derzufolge abgebende Behörden ganz allgemein die Nutzung durch Anordnungen ausschließen konnten. Durch die gesetzliche Ermächtigung haben die zulässigen Verfügungen nun aber eine andere Rechtsqualität. Die Regelung wurde bereits angewendet. Sie hat den Weg freigemacht, Unterlagen, die durch die ärztliche Schweigepflicht geschützt waren, in die Staatsarchive zu übernehmen[5].

Über die erwähnten zwingenden Gründe hinaus stellt der Gesetzgeber anheim, die Nutzung auch aus anderen wichtigen Gründen einzuschränken oder zu versagen. Näheres dazu zu regeln, bleibt der Benutzungsordnung vorbehalten.

5.2 Vereinbarungen mit Eigentümern

Wie schon erwähnt wurde, gehen nach dem Landesarchivgesetz Vereinbarungen mit Archiveigentümern den gesetzlichen Nutzungsvorschriften zwingend vor. Der Gesetzgeber respektiert nicht nur *bestehende* abweichende Regelungen, sondern räumt auch einen nicht näher bestimmten Regelungsspielraum für *künftige* Nutzungsvereinbarungen ein. Dieser breite Gestal-

---

[5] Archivrecht (s. Anm. 1), S. 168.

tungsspielraum wird dadurch eingeschränkt, daß Archivgut anderer Stellen oder Privater, wie in anderem Zusammenhang vorgeschrieben wird (§ 2 Abs. 4 LArchG), in den Staatsarchiven nur verwahrt werden darf, soweit daran ein öffentliches Interesse besteht. Zweck der Übernahme fremden Archivguts ist daher nicht nur die Erhaltung - dies wäre ein rein denkmalpflegerischer Zweck -, sondern auch die Nutzbarmachung im Rahmen der gesetzlichen Nutzungsbestimmungen. Der breite Gestaltungsspielraum für Nutzungsvereinbarungen ist im Hinblick auf die höchst unterschiedlichen Vorstellungen der Eigentümer von Privatarchiven und Nachlässen sicherlich sinnvoll. Doch hätte eine Tendenzvorgabe in Form einer Soll-Vorschrift, die bestimmt, daß angestrebt werden soll, die Nutzungsregelungen für das öffentliche Archivgut als mitgeltende Vorschriften zu vereinbaren, der Klarstellung dienen können.

6 Sperr- und Schutzfristen

6.1 Arten

Ein wesentlicher Fortschritt gegenüber früheren Nutzungsbestimmungen ist die wiederholt angesprochene gesetzliche Festlegung von Sperr- und Schutzfristen, nach deren Ablauf das Nutzungsrecht für jedermann beginnt. Dieser Wertung wird sicherlich auch derjenige beipflichten, der beklagen mag, daß die verschiedenen Gesetzgeber trotz gleicher Rechtsmaterie weder bei der Fixierung der Fristendauer noch bei den

Verkürzungs- und Verlängerungsmöglichkeiten, ja nicht einmal in der Terminologie einheitlich verfahren.

Das baden-württembergische Archivgesetz spricht von Sperrfristen. Das Bundesarchivgesetz legt sich im Gesetzestext einheitlich auf Schutzfristen fest, verwendet in der Gesetzesbegründung[6] aber auch den Begriff "Sperrfrist" in gleicher Bedeutung wie "Schutzfrist". Die Begrifflichkeit des Gesetzestextes des Bundes, "Schutzfristen", scheint mir der Funktion dieser Fristen besser zu entsprechen und für deren Akzeptanz förderlicher zu sein als die Bezeichnung "Sperrfristen".

Landes- wie Bundesgesetzgeber unterscheiden drei Arten von Sperr- und Schutzfristen:

- eine allgemeine Sperr-/Schutzfrist

- eine Sperr-/Schutzfrist für Archivgut, das Rechtsvorschriften über Geheimhaltung unterlag, und

- eine Sperr-/Schutzfrist für Archivgut, das sich auf eine natürliche Person bezieht, in Kurzbezeichnung auch personenbezogenes Archivgut genannt.

---

[6] Archivrecht (s. Anm. 1), S. 192 f.

6.2 Dauer

Wie allgemein bekannt ist, haben sich der Landes- und der Bundesgesetzgeber nur bei der allgemeinen Sperrfrist auf eine einheitliche Dauer von 30 Jahren festgelegt. Im übrigen sind unterschiedliche Zeitspannen bestimmt worden: Wenn Archivgut landesrechtlichen Geheimhaltungsvorschriften unterlag, wird es nach 60 Jahren, wenn es bundesrechtlichen Geheimhaltungsvorschriften unterlag, wird es nach 80 Jahren frei. Bezieht es sich auf eine natürliche Person, darf es nach Landesrecht frühestens 10 Jahre nach deren Tod oder 90 Jahre nach der Geburt, nach Bundesrecht erst 30 Jahre nach dem Tod oder 110 Jahre nach der Geburt durch Dritte genutzt werden. Die unterschiedlichen Fristenregelungen sind das Ergebnis der jeweiligen parlamentarischen Beratungen[7].

Die Entwürfe gingen ursprünglich von identischen Regelungen aus. Auch bei der Novellierung des Landesarchivgesetzes hat der Landesgesetzgeber die kürzeren Fristen beibehalten und die längeren nur insoweit übernommen, als sie für die Übernahme und Nutzung von Archivgut des Bundes sowie von Archivgut, das bundesrechtlichen Geheimhaltungsvorschriften unterlag, durch das Bundesarchivgesetz vorgegeben worden sind. Wenn also zu prüfen ist, ob die Sperrfristen abgelaufen sind, müssen diese landes- und bundesrechtlich bedingten

---

[7] G. Richter, in: Archivrecht (s. Anm 1), S. 244 f., 251; K. Oldenhage, Bemerkungen zum Bundesarchivgesetz, in: Der Archivar 41 (1988), Sp. 477, 489.

Archivgutnutzung in Baden-Württemberg

Unterschiede der Fristendauer strikt beachtet werden. Außer Rheinland-Pfalz sind die übrigen Länder, die ihre Archivgesetze inzwischen in Kraft gesetzt haben, was die Festlegung der Fristendauer anbelangt, im wesentlichen dem baden-württembergischen Beispiel gefolgt.

6.3 Fristenlauf

Die Fristen sind sogenannte gleitende Sperrfristen. Von Jahr zu Jahr fällt demnach Archivgut aus ihnen heraus und wird allgemein nutzbar. Für die Praxis wichtig ist daher zu wissen, wann die jeweilige Frist zu laufen beginnt. Für personenbezogenes Archivgut sind bereits Tod oder Geburt des Betroffenen als Beginn des Fristenlaufs erwähnt worden. Die Gesetze unterscheiden sich zum Teil darin, daß sie vom Todestag oder vom Todesjahr an zählen. Bei der 30Jahre-Frist für Archivgut des Bundes bleibt in der Formulierung "aus einer mehr als 30 Jahre zurückliegenden Zeit" offen, woran diese Frist anknüpft. Die 80Jahre-Frist beginnt indessen ebenso wie die vom Landesgesetzgeber in Baden-Württemberg festgelegte 30Jahre- und 60Jahre-Frist vom *Zeitpunkt des Entstehens* der Unterlagen an zu laufen *(vgl. Nachtrag 1).* Da Unterlagen im Sinne der Archivgesetze sowohl einzelne Schriftstücke als auch ganze Aktenbunde oder Amtsbücher sein können, verzichten die Gesetze mit Rücksicht auf die Möglichkeit ihrer flexiblen praxisgerechten Anwendung bewußt auf eine nähere Definition des Entstehungszeitpunkts. Für Akten gilt in der baden-württembergischen Archivverwaltung grundsätzlich, daß sie in dem Zeitpunkt entstanden sind, in dem sie abgeschlossen wurden oder ihren letzten Zugang erfahren haben, Ausleihnachweise nicht eingeschlossen. Bei vertretbarem Verwaltungsaufwand soll jedoch, wenn es die innere Ordnung der Akten oder Bände zuläßt, nicht ausgeschlossen werden, Teile, die aus der Sperrfrist herausgewachsen sind, herauszunehmen oder abzubinden. Wie die Diskussion über dieses Thema auf dem 60. Deutschen Archivtag 1989 in Lübeck gezeigt hat, wird so auch andernorts verfahren. Für Krankenakten aus den Landeskrankenhäusern in Baden-Württemberg hat das Sozialministerium festgelegt, daß sie "entstanden" sind, wenn die Behandlung durch Entlassung, Verlegung oder Tod abgeschlossen ist[8].

6.4 Personenbezogenes Archivgut

Auf eine Besonderheit bei der Definition des personenbezogenen Archivguts, für das die Sperrfristen nach dem Todes- oder Geburtsdatum zu laufen beginnen, ist noch hinzuweisen. Das baden-württembergische Landesarchivgesetz legt diese Sperrfristen nur für solches Archivgut fest, das sich *"nach seiner Zweckbestimmung"* auf eine natürliche Person bezieht. Damit wird bestimmt, daß personenbezogene Angaben, die sich in Sachakten befinden, nicht den Fristenschutz genießen, der an die betroffene Person anknüpft, sondern den, der an die Entstehung der Sachakten anknüpft. Der Bund und die Länder

---

[8] Vgl. Archivrecht (s. Anm. 1), S. 168.

sind diesem Beispiel bislang nicht gefolgt, weil nach inzwischen wohl vorherrschender Meinung aufgrund der fortgeschrittenen Diskussion über den allgemeinen Persönlichkeitsschutz für den Grad der Personenbezogenheit der *Verwendungszusammenhang*, nicht aber die Unterscheidung nach der Zweckbestimmung von Unterlagen aussagekräftig ist. Als spezialgesetzliche Regelung ist die gesetzgeberische Wertentscheidung des baden-württembergischen Parlaments jedoch rechtens und geht dem Landesdatenschutzgesetz und dem informationellen Selbstbestimmungsrecht vor[9].

6.5 Verlängerung und Verkürzung

Außer der bundesgesetzlich normierten 80Jahre-Frist können alle übrigen Sperr- und Schutzfristen unter bestimmten Voraussetzungen und für bestimmte Zwecke verlängert oder verkürzt werden. Für die Verlängerung hat der Bundesgesetzgeber als Obergrenze höchstens 30 Jahre, der Landesgesetzgeber höchstens 20 Jahre festgelegt. Wenn das Archivgut von Bundesstellen stammt, ist deren Einwilligung erforderlich. Der Landesgesetzgeber hat indessen eine scharfe Trennungslinie zwischen Unterlagen einerseits und Archivgut andererseits gezogen; er verlangt keinerlei Beteiligung der abgebenden Stellen. Für das staatliche Archivgut des Landes trifft die Entscheidungen die Landesarchivdirektion, für das übrige öffentliche Archivgut der jeweilige Archivträger.

---

[9] Vgl. Freys (s. Anm. 3), S. 98.

Die Unterschiede zwischen Bundes- und Landesrecht erstrekken sich darüber hinaus auch auf die Vorschriften, die festlegen, unter welchen Voraussetzungen und für welche Zwecke die jeweiligen Fristen verlängert oder verkürzt werden dürfen. Im einzelnen gehe ich darauf nicht ein, ich komme jedoch auf bestimmte Fragen im Zusammenhang mit den Privilegierungen gleich noch einmal zurück.

Die Unterschiede zwischen Bundes- und Landesrecht geben bei der Umsetzung und praktischen Anwendung dieser ohnehin nicht leicht zu handhabenden Bestimmungen im Alltag der Archive Probleme auf. Doch mag es nützlich sein, auf diesem schwierigen neuen Terrain Erfahrungen mit verschiedenen rechtlichen Möglichkeiten sammeln zu können.

7 Privilegierungen

7.1 Wissenschaft

Für die Verlängerung von Sperrfristen hat es in Baden-Württemberg bislang noch keinen Bedarf gegeben. Anders verhält es sich mit der Frage der Verkürzung. Von dieser Möglichkeit lebt vor allem die zeitgeschichtliche Forschung. Ich will daher in diesem Zusammenhang auf zwei wichtige Unterschiede zwischen dem Bundes- und dem Landesarchivgesetz etwas näher eingehen.

Nach dem Bundesarchivgesetz kann die Schutzfrist für personenbezogenes Archivgut (im Sinne des Bundesarchivgesetzes) ohne Einwilligung des Betroffenen verkürzt werden, "wenn die Benutzung für ein wissenschaftliches Forschungsvorhaben [...] unerläßlich ist [...] und eine Beeinträchtigung schutzwürdiger Belange durch angemessene Maßnahmen, insbesondere durch Vorlage anonymisierter Reproduktionen, *ausgeschlossen* werden kann" (§ 5 Abs. 5 Satz 3 BArchG). Für den Vergleich mit dem Landesarchivgesetz kommt es dabei zunächst besonders auf die Worte an: "und eine Beeinträchtigung schutzwürdiger Belange durch angemessene Maßnahmen [...] *ausgeschlossen* werden kann". Als "angemessene Maßnahme" wird insbesondere die Vorlage anonymisierter Reproduktionen bestimmt. Für die Handhabung bedeutet das, daß der Archivar praktisch keinen Ermessensspielraum für eine Rechtsgüterabwägung zwischen den Interessen des Betroffenen und den Interessen des Forschenden hat. Er muß die mögliche Beeinträchtigung schutzwürdiger Belange grundsätzlich *ausschließen*. Dies muß er durch die Aufhebung des Personenbezugs (= Anonymisierung; *vgl. Nachtrag 2) bei der Vorlage* des Archivguts tun. Da er in das Original selbst nicht tilgend eingreifen darf, soll er es auf dem Weg über anonymisierte Reproduktionen tun.

Die entsprechende Formulierung im baden-württembergischen Landesarchivgesetz weicht von der des Bundesarchivgesetzes vermeintlich leicht, aber doch entscheidend ab. Sie lautet: "wenn die Nutzung zu wissenschaftlichen Zwecken [...] unerläßlich ist und durch Anonymisierung oder durch andere

Maßnahmen die schutzwürdigen Belange des Betroffenen *angemessen berücksichtigt* werden" (§ 6 Abs. 4 Satz 3 LArchG). Nach Landesrecht muß also nicht ausgeschlossen, sondern angemessen berücksichtigt werden. Der Archivar erhält einen Ermessensspielraum mit der Maßgabe, daß neben der Anonymisierung gleichrangige Alternativen für den Schutz der Persönlichkeitsrechte zulässig sind. Diese Möglichkeit räumt das Bundesarchivgesetz nur gegenüber Personen der Zeitgeschichte und gegenüber Amtsträgern in Ausübung ihres Amtes ein (§ 5 Abs. 5 Satz 4 BArchG), deren Persönlichkeitsrechte bekanntlich weniger umfassend geschützt sind. Wenn an dem Forschungsvorhaben ein überragendes wissenschaftliches Interesse besteht und es anders nicht durchgeführt werden könnte, gestattet das Landesarchivgesetz sogar ausnahmsweise, gesperrtes personenbezogenes Archivgut ohne Anonymisierung zu nutzen (§ 6 Abs. 4 Satz 4 LArchG).

In der Praxis verfahren wir in der Regel so, daß wir dem Nutzer das Archivgut in nicht-anonymisierter Form vorlegen, ihn aber zuvor verpflichten, bei der Auswertung, vor allem bei der Darstellung und Veröffentlichung zu anonymisieren, d.h. den Personenbezug aufzuheben. Wir nennen das "Nutzungsanonymisierung"[10]. Der Nutzer muß dazu eine gesonderte schriftliche Erklärung abgeben. Die Genehmigung zur Nutzung gesperrter Unterlagen schließt außerdem nicht das Recht ein, Kopien zu erhalten oder längere Texte im Wortlaut zu zitieren. Wenn ausnahmsweise mit Sondererlaubnis dennoch

---

[10] Vgl. Archivrecht (s. Anm. 1), S. 168.

Kopien abgegeben werden, erhält jede einzelne Kopie mit Hilfe einer Folie einen Überdruck mit folgendem Text: "Kopie nur zum persönlichen Gebrauch durch Frau/Herrn - hier wird der jeweilige Name eingefügt -, Weitergabe an Dritte untersagt" *(vgl. Nachtrag 3).*

Wir suchen grundsätzlich zu vermeiden, anonymisierte Kopien herzustellen, weil in der Regel der Arbeitsaufwand nicht zu leisten ist und die Archive auch nicht in die damit verbundene Wertentscheidung einbezogen werden sollen.

Bemerkenswert und folgenreich ist ferner der Unterschied bei der Beschreibung der Privilegierungszwecke. Nach dem Bundesarchivgesetz kann "für ein wissenschaftliches Forschungsvorhaben", nach dem Landesarchivgesetz "zu wissenschaftlichen Zwecken" verkürzt werden. Die Vorschrift "zu wissenschaftlichen Zwecken" ist wesentlich enger als die Bestimmung "für ein wissenschaftliches Forschungsvorhaben", und sie hat uns schon bei Verkürzungsanträgen für publizistische Zwecke, die durchaus mit wissenschaftlichen Methoden verfolgt werden können, in Bedrängnis gebracht. Es ist daher zu empfehlen, wie die übrigen Länder, die inzwischen Archivgesetze verabschiedet haben, dem Beispiel des Bundes zu folgen.

7.2 Wahrnehmung berechtigter Belange anderer Personen oder Stellen

Der Wahrnehmung berechtigter Belange, die im überwiegenden Interesse einer anderen Person oder Stelle liegen, wird vom Bundes- wie Landesgesetzgeber der gleiche Rang zuerkannt wie wissenschaftlichen Forschungsvorhaben (Bund) bzw. wissenschaftlichen Zwecken (Baden-Württemberg). Entsprechend ist die Wahrnehmung solcher Belange durch jeweils identische Verkürzungsbestimmungen privilegiert.

7.3 Abgebende Stellen

Die Sperrfristen gelten nicht für die Behörden oder Stellen, die die Unterlagen abgegeben haben oder bei denen sie entstanden sind, es sei denn, die Unterlagen hätten dort gesperrt oder gelöscht werden müssen. Diese Privilegierung der abgebenden Stellen enthalten, soweit ich sehe, alle bisher in Kraft gesetzten Landesarchivgesetze. Für die Stellen des Bundes ist sie in dem mir bekannten Entwurf einer Benutzungsordnung des Bundesarchivs vorgesehen. Für die Bundesbehörden, die an Landesarchive abliefern, fehlt eine entsprechende Regelung.

8 Die Benutzungsordnung der Staatsarchive

8.1 Verhältnis von Benutzungsordnung, Archivgesetz und Lesesaalordnung

Die neue Benutzungsordnung für die Staatsarchive in Baden-Württemberg ist im Vergleich zu der älteren[11] wesentlich knapper gefaßt. Der Grund dafür ist, daß der Normprüfungsausschuß, dem die Entwürfe sämtlicher Rechtsverordnungen zugeleitet werden müssen, bevor sie in das Kabinett gelangen, sehr genau darüber gewacht hat, daß der Verordnungsgeber seinen gesetzlichen Ermächtigungsrahmen nach Ausmaß und Inhalt exakt einhält. So wurde beispielsweise anders als in Bayern nicht zugelassen, den Nutzern ohne gesetzliche Grundlage Belegexemplare abzufordern. Auch ein allgemeiner Hinweis auf Nutzungsgebühren und Entgelte, der die Gebührenverordnung für die Staatsarchive einbinden sollte, wurde nicht gestattet. Schließlich durften alle Nutzungsregelungen, die das Archivgesetz abschließend getroffen hat, in der Benutzungsordnung nicht wiederholt werden. Ziel war, den konstitutiven Inhalt der Verordnung deutlich hervortreten zu lassen. Dahinter mußten alle praktischen Gesichtspunkte zurücktreten. Die Folge ist, daß Archivare wie Nutzer für die Archivgutnutzung mehrere Vorschriften unterschiedlicher Rangfolge gleichzeitig zu beachten haben. Für den Archivalltag ist diese rechtlich und regelungstechnisch bedingte Verfahrensweise nicht in jedem Fall hilfreich, um so weniger, als die Benutzungsord-

---

[11] S. o. Anm. 4.

nung ihrerseits wiederum Einzelfragen über die Archivgutnutzung ausklammern und der Regelung durch eine als Verwaltungsvorschrift zu erlassende Lesesaalordnung vorbehalten mußte. Diese Lesesaalordnung für die Staatsarchive in Baden-Württemberg, für die die Landesarchivdirektion einen einheitlichen Rahmen vorgeben wird und in der örtliche Besonderheiten, beispielsweise die Öffnungszeiten, berücksichtigt werden können, steht noch aus.

Die Benutzungsordnung gilt nicht für die abgebenden Stellen des Landes. Die Staatsarchive vereinbaren die Nutzung mit diesen im Einzelfall (§ 7 ArchBO). Für die Stellen des Bundes, die an die Staatsarchive abliefern, gibt es, wie bereits erwähnt, eine entsprechende allgemeine Regelung nicht.

8.2 Regelungsinhalte

Die gesetzliche Ermächtigung der Landesregierung, die Benutzungsordnung für die Staatsarchive zu erlassen, lautet wörtlich:

"Das Nähere über die Nutzung des Archivguts, insbesondere
 über das Antrags- und Genehmigungsverfahren,
 über die Sorgfaltspflichten bei der Nutzung,
 über die Versendung von Archivgut,
 über die Ablieferung von Belegexemplaren
 und
 über die Herstellung von Kopien und Reproduktionen,

regelt die Landesregierung durch Rechtsverordnung (Benutzungsordnung)." (§ 6 Abs. 6 Satz 4 LArchG).

Die Ermächtigung, die Ablieferung von Belegexemplaren durch Rechtsverordnung näher zu regeln, ist der Gesetzesnovelle zu verdanken. Da die Landesregierung ihrem Auftrag, wie eingangs erwähnt, noch vor der Novellierung des Landesarchivgesetzes nachgekommen ist, sind nähere Bestimmungen über die Ablieferung von Belegexemplaren in der Benutzungsordnung noch nicht enthalten. Im übrigen entspricht die Gliederung der Benutzungsordnung im wesentlichen der Reihenfolge der Rechtsmaterien, wie sie das Gesetz in der zitierten Ermächtigung aufführt.

Bevor sich die Landesregierung als der vom Gesetz ermächtigte Verordnungsgeber der Schwerpunktbereiche annimmt, die durch das Wort "insbesondere" hervorgehoben werden, trifft sie eine grundlegende Entscheidung über die Art und Weise, wie Archivgut in den Staatsarchiven des Landes genutzt werden darf. Archivgut, so wird in § 1 Abs. 1 ArchBO bestimmt, wird grundsätzlich durch *Einsichtnahme* genutzt. Diese uns so selbstverständlich klingende Festlegung hat erhebliche Konsequenzen und löst zwangsläufig weitere Regelungen aus, beispielsweise die nicht minder folgenreiche, daß das Archivgut, um es vor unbefugter Nutzung, vor Beschädigung oder Vernichtung zu schützen, nur *im Lesesaal* eingesehen werden darf. Für den Nutzer folgt daraus außerdem, daß er sein Lektürepensum einschließlich der Bewältigung möglicher paläographischer und anderer Schwierigkeiten beim Verständnis archivalischer Quellen selbst leisten muß und keinen Anspruch darauf hat, daß ihm das Archiv diese Arbeit abnimmt. Unter "Einsichtnahme" ist auch, wie die Erläuterungen zur Benutzungsordnung[12] ergänzen, das Abhören von Tonquellen zu verstehen, so daß die Benutzungsordnung auch die Nutzung der neuen Medien einschließt.

Neben der Nutzung durch "Einsichtnahme" werden als weitere Nutzungsmöglichkeiten zugelassen: die *Beantwortung schriftlicher oder mündlicher Anfragen* sowie die Vorlage oder Abgabe von *Reproduktionen*. Diese die Einsichtnahme des originalen Archivguts ersetzenden oder ergänzenden Nutzungsmöglichkeiten sind *freiwillige Aufgaben* der Staatsarchive. Danach könnte zum Beispiel ein Staatsarchiv, das große Erschließungsrückstände hat, seinen Auskunftsdienst so lange einschränken oder gar einstellen, bis es die im Interesse der Allgemeinheit liegende Pflichtaufgabe der Erschließung zu Ende gebracht hat. Den Lesesaal aus dem nämlichen Grund für diese Zeit geschlossen zu halten, ist indessen nicht erlaubt. Um den Auskunftsdienst, in den sehr viel Zeit investiert wird, zu regulieren, bestimmt die Benutzungsordnung ferner, daß sich die Auskünfte grundsätzlich auf Hinweise zu einschlägigem Archivgut beschränken (§ 1 Abs. 2 ArchBO).

Es liegt in der Konsequenz der Sache, daß die für die Nutzung von Archivgut getroffenen Bestimmungen auf Findmittel und Reproduktionen entsprechend anzuwenden sind. Es bedarf

---

[12] Vgl. Archivrecht (s. Anm. 1), S. 170 (zu § 1).

keiner übermäßigen Phantasie, sich auszumalen, welche praktischen Schwierigkeiten aus einer solchen Festlegung folgen können, wenn das Findbuch Archivgut erschließt, das ganz oder teilweise einer oder mehreren Sperrfristen unterliegt, und welche Anforderungen sich daraus an Findbücher solcher Bestände ergeben. Um das Antrags- und Genehmigungsverfahren zu vereinfachen, Findbücher einsehen zu dürfen, die Bestände erschließen, die ganz oder teilweise einer Sperrfrist unterliegen, hat die Landesarchivdirektion die Staatsarchive ermächtigt, Ausnahmebewilligungen zu erteilen, wenn die betreffenden Findbücher für ein Forschungsvorhaben benötigt werden, das den gesetzlichen Ausnahmekriterien für die Archivgutnutzung genügt, die Einsichtnahme für die Verfolgung des Forschungszwecks unerläßlich ist und der Nutzer sich verpflichtet, die gleiche Verpflichtungserklärung zu unterschreiben, wie sie bei der Nutzung des gesperrten Archivguts gefordert wird.

Auf die Bestimmungen des *Antragsverfahrens* und des Verfahrens auf *Sperrfristverkürzung* gehe ich im übrigen nicht weiter ein. Einzelheiten können im Verordnungstext nachgelesen werden (§ 2 ArchBO). Eine Erfahrung, die wir bei der Ausarbeitung des Verordnungstextes gemacht haben, möchte ich jedoch weitergeben: Aus datenschutzrechtlichen Gründen dürfen dem Nutzer in dem vorgeschriebenen Nutzungsantrag nur solche Angaben über seine Person und sein Forschungsvorhaben als Pflichtangaben abverlangt werden, die für den Antragszweck unbedingt erforderlich sind. Andere Fragen, beispielsweise die nach der Nationalität, müssen als freiwillige

Angaben gekennzeichnet sein. Rein statistische Zwecke wurden nicht als ausreichend anerkannt.

Ich übergehe auch die im wesentlichen aus der alten Benutzungsordnung in die neue übernommenen Tatbestände, die - außer den im Gesetz selbst genannten - zur *Einschränkung, zur Versagung oder zum Entzug des Rechts auf Nutzung* führen können. Sie dienen vor allem dem Schutz von Urheber- und Persönlichkeitsrechten, dem Schutz des Archivguts und der Gewährleistung eines geordneten Ablaufs der Nutzung (§ 3 ArchBO).

Die gleichen Gründe sind dafür maßgeblich, daß die *Versendung von Archivgut* sehr restriktiv geregelt wird (§ 5 ArchBO). Grundsätzlich besteht kein Anspruch darauf. Ausnahmen müssen besonders begründet sein. Wenn sie zugelassen werden, dann nur in sehr beschränktem Umfang und nur an hauptamtlich verwaltete Archive in der Bundesrepublik. Auf alle Fälle muß der Antragsteller zunächst in den Lesesaal des verwahrenden Staatsarchivs kommen, die Archivalien durchsehen und auf die Stücke reduzieren, deren Nutzung im verwahrenden Archiv nicht zumutbar erscheint. Auch ist zu prüfen, ob der Nutzungszweck nicht durch Reproduktionen erreicht werden kann. Und schließlich wird eine Sendung auf höchstens 10 Archivguteinheiten begrenzt. Hier schließt sich der Bogen wieder in der Festlegung, daß Archivgut grundsätzlich durch Einsichtnahme im Lesesaal genutzt wird (§ 4 ArchBO). Das Risiko soll so gering wie möglich gehalten werden.

Für die Praxis sehr wichtige und zunehmend wichtiger werdende Alternativen oder Ergänzungen zur Nutzung des Archivguts durch Einsichtnahme der Originale sind die bereits angesprochenen *Reproduktionen*, vor allem Film und Kopie. Die Benutzungsordnung enthält daher ausführliche Bestimmungen dazu (§ 6 ArchBO). Sie bezwecken einerseits, die den Staatsarchiven zustehenden Bild- und Verwertungsrechte zu wahren, zum andern, mögliche Schädigungen des Archivguts bei der Herstellung von Reproduktionen auszuschließen.

9 Satzungsmuster für eine Archivordnung der Kommunalarchive

Vergleichen wir das Satzungsmuster der Kommunalen Landesverbände für eine Archivordnung der Landkreise und Gemeinden in Baden-Württemberg mit der Benutzungsordnung der Staatsarchive, so stellen wir in den Grundzügen der Archivgutnutzung sehr viel Übereinstimmung fest.

Sehr wesentlich ist vor allem, daß den Kommunen in dem gleichen Wortlaut, den der Gesetzestext bei der Aufgabenbeschreibung der Staatsarchive verwendet, empfohlen wird, ihr Archivgut allgemein nutzbar zu machen.

Sehr zurückhaltend ist die Mustersatzung bei der Offenlegung der Möglichkeit, daß Sperrfristen verkürzt werden können. Hier begnügt sie sich mit einem Fußnoten-Hinweis zu § 3 Abs. 1 auf die geltenden gesetzlichen Bestimmungen. Grund für diese Zurückhaltung ist wohl die Erfahrung, daß sich die Schwierigkeiten in diesem sensiblen Bereich mehren, je kleinräumiger und durchschaubarer die Verhältnisse sind.

In der Frage der Versendung von Archivgut schränkt die Mustersatzung weniger als die Benutzungsordnung der Staatsarchive ein und gestattet mit Rücksicht darauf, daß nicht alle Kommunalarchive hauptamtlich geleitet werden, die Versendung allgemein an "Archive", bei Quelleneditionen verlangt sie indessen - wenig plausibel, wie ich meine, und auch im Hinblick auf die Selbstverpflichtung, das Archivgut allgemein nutzbar zu machen, kaum nachvollziehbar - die Zustimmung des Archivträgers. Die Regelungen über die Fertigung und Nutzung von Reproduktionen beschränken sich auf Grundsätzliches und sind im übrigen weit weniger differenziert als die der Benutzungsordnung der Staatsarchive.

Aufs ganze gesehen muß aber festgestellt werden: Wenn die Gemeinden und Landkreise das Satzungsmuster in der von den Kommunalen Landesverbänden empfohlenen Form übernehmen, wird in den staatlichen, kommunalen und sonstigen öffentlichen Archiven in Baden-Württemberg weitgehend einheitliches Nutzungsrecht angewendet werden.

10 Belegexemplare

Eine Besonderheit im Sinne einer Einmaligkeit im Vergleich zu den übrigen bislang in Kraft gesetzten Archivgesetzen ist die Verpflichtung der Nutzer zur Ablieferung eines Belegexemplars. Auch hier muß ich Einzelheiten eigener Lektüre anempfehlen (§ 6 Abs. 7 LArchG). Daß der betreffende Absatz so umfangreich geraten ist, zeigt rein äußerlich, daß hier sehr fein austarierte Bestimmungen formuliert werden mußten, was wiederum darauf hindeutet, daß erhebliche rechtliche Probleme zu lösen waren.

Im ersten Anlauf - in der ursprünglichen Fassung des Archivgesetzes - hatten wir keinen Erfolg. Das Argument, daß eine entsprechende Bestimmung in der alten Benutzungsordnung enthalten sei und die Einwerbung der Belegexemplare insgesamt problemlos praktiziert werde, überzeugte die Normprüfungsjuristen nicht davon, daß dies auch rechtens sei. Als wir die Forderung bei der Ausarbeitung der Benutzungsordnung wiederholten, wurde sie mit dem Hinweis abgewehrt, daß dafür eine entsprechende Ermächtigung im Archivgesetz fehle. So nutzten wir das aus ganz anderen Gründen unumgängliche Änderungsgesetz, um zugleich auch die erforderliche Rechtsgrundlage für die Abgabe eines Belegexemplars zu schaffen und den Ermächtigungsrahmen für die Benutzungsordnung entsprechend zu erweitern.

Rechtlich waren zwei Probleme zu lösen:

Zum einen mußte unter Wahrung des rechtsstaatlichen Grundsatzes der Verhältnismäßigkeit plausibel begründet werden, warum es erforderlich ist, in das grundgesetzlich geschützte Recht auf Eigentum einzugreifen. Zum andern war zu beachten, daß dieser Eingriff zugleich auch das Urheberrecht und die daraus fließenden Verwertungsrechte berühren kann, beispielsweise wenn Belegexemplare von Arbeiten verlangt werden, die nicht für die Verbreitung bestimmt sind. Der Durchbruch beim dritten Anlauf ist im wesentlichen durch folgende Argumentationskette gelungen: Veröffentlichungen, die unter wesentlicher Verwendung von Archivgut erstellt worden sind, sind unverzichtbare Erschließungshilfen für das Archiv. Die Erschließung ist eine Pflichtaufgabe der Archive, also benötigen sie solche Veröffentlichungen im öffentlichen Interesse. Die unentgeltliche Abgabe ist grundsätzlich eine zumutbare Gegenleistung des Nutzers für die unentgeltliche Nutzung des Archivs. Bis zum Erlöschen des Urheberrechts dürfen nichtveröffentlichte Schriftwerke ohne Zustimmung des Autors nur für Erschließungszwecke verwendet werden (§ 6 Abs. 7 LArchG).

11 Zusammenfassung

Die neuere Archivgesetzgebung in Baden-Württemberg faßt die erforderlichen gesetzlichen Bestimmungen für das staatliche, kommunale und sonstige öffentliche Archivgut bereichsspezifisch in einem Gesetz zusammen. Sie schafft damit die Rechtsgrundlage für ein weitgehend einheitliches Nutzungsrecht in den öffentlichen Archiven des Landes. Dieses Nutzungsrecht wird im vorgezeichneten gesetzlichen Rahmen weiter ausgestaltet: durch Rechtsverordnung der Landesregierung für die Staatsarchive, durch Satzung der jeweiligen kommunalen Archivträger für die Kommunalarchive, durch Benutzungsordnung der jeweiligen Träger für die sonstigen öffentlichen Archive. Unterhalb dieser Stufe sind weitere Ausführungsbestimmungen im Rang von Verwaltungsvorschriften geboten oder möglich.

Die Benutzungsordnung für die Staatsarchive ist inzwischen erlassen. Sie wiederholt grundsätzlich nicht, was im Gesetz abschließend geregelt ist. Soweit durch die gesetzliche Ermächtigung abgedeckt, finden sich in ihr im übrigen, teils identisch, teils modifiziert, Bestimmungen, wie sie auch die alte Benutzungsordnung enthalten hat, jetzt allerdings mit anderer Rechtswirksamkeit. Was unterhalb der Ebene der Rechtsverordnung zu regeln ist, bleibt der Lesesaalordnung vorbehalten, die eine Verwaltungsvorschrift sein wird.

Für die Kommunalarchive schreibt das Landesarchivgesetz nicht wie für die Staatsarchive verbindlich vor, daß das Archivgut allgemein nutzbar gemacht wird. Es überläßt die Entscheidung den Gremien der kommunalen Selbstverwaltung. Das von den Kommunalen Landesverbänden empfohlene Satzungsmuster sieht jedoch die allgemeine Nutzbarmachung als Pflichtaufgabe auch der Kommunalarchive vor. Es enthält im übrigen mit der Benutzungsordnung für die Staatsarchive weitgehend übereinstimmende Regelungen und berücksichtigt darüber hinaus kommunale Besonderheiten. Dort, wo hauptamtliche Facharchivare tätig sind, ist zu beobachten, daß das Satzungsmuster im wesentlichen übernommen wird. Es bleibt abzuwarten, wie die übrigen Gemeinden und Landkreise verfahren werden.

Die Nutzungsregelungen im Gesetz und in den Benutzungs- oder Archivordnungen sind als eine Einheit zu sehen. Sie haben nach der erheblichen Verunsicherung der letzten Jahre - aufs ganze gesehen - mehr Rechtssicherheit gebracht für alle Beteiligten: den Nutzer, die zu schützende Person oder das zu schützende Rechtsgut und schließlich auch für den Archivar als Mittler; sie haben aber auch in der praktischen Anwendung nicht nur den Nicht-Juristen, die in unserem Berufsstand weit überwiegen, sondern auch den Juristen neue Probleme aufgegeben. Hier besteht über den Erfahrungsaustausch hinaus auch ein erheblicher Schulungsbedarf.

Die Unterschiede in den einzelnen Archivgesetzen sind, wenn sie gewollt sind, auf unterschiedliche Rechtsauffassungen, aber auch auf die Normierung unterschiedlicher archivfachlicher Verwaltungsübung und archivfachlicher Ziele zurückzuführen. Insoweit sind die Archivgesetze auch Spiegel eines lebendigen kulturellen Föderalismus. Über dessen Grenzen hat uns Rainer Polley in seinem Beitrag sehr Bedenkenswertes gesagt. Im gegenwärtigen Stadium der Normierung der Archivgutnutzung ist es aber, gerade wenn wir gemeinsame Ziele verfolgen wollen, wohl auch hilfreich, wenn verschiedene Modelle nebeneinander gleichzeitig erprobt und Erfahrungen auf diesem Neuland gesammelt werden können.

Abschließend noch eine regelungstechnische Bemerkung: Aus unseren Erfahrungen insbesondere mit der Belegexemplarvorschrift ist die Empfehlung abzuleiten, die erforderlichen nutzungsrechtlichen Regelungen in ihrer Gesamtheit stets präsent zu halten und sie in der Hierarchie der Vorschriften vom Gesetz über die Rechtsverordnung bis hin zur Verwaltungsvorschrift rechtzeitig und ausreichend untereinander abzustimmen und zu verteilen. Gesetze und Rechtsverordnungen zu novellieren, ist mit Rücksicht auf die vorgeschriebenen Verfahren wesentlich schwieriger als Regelungen, die wie die Benutzungsordnungen alter Art in Form von Verwaltungsvorschriften erlassen worden sind.

Nachtrag 1

Zur einheitlichen Anwendung der §§ 8, 10 und 11 des Bundesarchivgesetzes in den öffentlichen Archiven der Länder und der Kommunen hat eine Arbeitsgruppe aus Vertretern der Archivreferentenkonferenz und des Bundesarchivs am 11. Januar 1991 eingehend erörtert,

- welche Akten unter § 8 BArchG fallen,

- was unter "personenbezogenen Daten" im Sinne des Sozialgesetzbuchs zu verstehen ist und wie sie gegen den allgemeinen Begriff "personenbezogene Daten" abgegrenzt sind (§ 10 BArchG) sowie

- welche anderen Rechtsvorschriften des Bundes über Geheimhaltung in § 11 BArchG genannt sind.

Die Ergebnisse wurden in einem Besprechungsvermerk des Bundesarchivs vom 14. Januar 1991 I 1 - 1040/34 festgehalten. Dem Vermerk ist eine vom Bundesminister des Innern 1987 gefertigte Liste "anderer Rechtsvorschriften des Bundes über Geheimhaltung" beigefügt. Es ist beabsichtigt, auf der Grundlage dieses Vermerks einen ausführlichen juristisch abgesicherten Kommentar zu den betreffenden Paragraphen des Bundesarchivgesetzes zu veröffentlichen.

Im Hinblick auf die einheitliche Anwendung der §§ 8, 10 und 11 BArchG hat die Arbeitsgruppe grundsätzlich klargestellt, daß die Rechtsvorschriften des Bundes über Geheimhaltung ihre volle Wirkung erst von dem Zeitpunkt an entfalten können, in dem Bundesrecht wirksam wurde, d.h. frühestens im Jahre 1949. Diese Klarstellung ist insbesondere für Archivgut folgenreich, das der nicht verkürzbaren 80jährigen Schutzfrist unterliegt. Archivgut aus Unterlagen, die vor der Gründung der Bundesrepublik oder in der Deutschen Demokratischen Republik vor dem Beitritt abgeschlossen wurden, fällt demnach nicht unter die 80-Jahrefrist. Entsprechend existiert das Sozialgeheimnis im Sinne des Sozialgesetzbuches erst seit 1975 mit dem Inkrafttreten dieses Gesetzes. Akten, die vorher geschlossen wurden, fallen entweder unter eine sonstige Rechtsvorschrift des Bundes über Geheimhaltung oder, falls eine solche nicht anwendbar ist, unter das allgemeine Persönlichkeitsschutzrecht.

Nachtrag 2

Der Begriff der Anonymisierung ist in den Archivgesetzen nicht definiert. Das Bundesdatenschutzgesetz in der Fassung des Gesetzes zur Fortentwicklung der Datenverarbeitung und des Datenschutzes vom 20. Dezember 1990 (BGBl. I S. 2954) sieht in § 3 Abs. 7 folgende, auch in die Novelle zum Landesdatenschutzgesetz von Baden-Württemberg vom 27. Mai 1991 (GBl. S. 277) in § 3 Abs. 5 weitgehend wortgleich übernommene Begriffsbestimmung vor (Abweichungen in runden Klammern):

"Anonymisieren ist das Verändern personenbezogener Daten derart (in der Weise), daß die Einzelangaben (daß Einzelangaben) über persönliche und sachliche Verhältnisse nicht mehr oder nur mit einem unverhältnismäßig großen Aufwand an Zeit, Kosten und Arbeitskraft einer bestimmten oder bestimmbaren natürlichen Person zugeordnet werden können."

Dieser Definition zufolge muß die Möglichkeit, den Personenbezug wiederherstellen zu können, nicht gänzlich ausgeschlossen, sondern nurmehr so sehr erschwert werden, daß der Aufwand an Zeit, Kosten und Arbeitskraft unverhältnismäßig groß ist.

Nachtrag 3

In der Diskussion über die Verkürzung von Sperr- und Schutzfristen wird bisweilen bezweifelt, daß die besondere schriftliche Erklärung, die dem Nutzer über seine Sorgfaltspflichten bei der Wahrung der Urheber- und Persönlichkeitsschutzrechte abverlangt wird, eine taugliche Maßnahme sei, um im Sinne des Archivgesetzes die berechtigten Belange des Betroffenen angemessen zu berücksichtigen (§ 6 Abs. 3 LArchG). In diesem Zusammenhang ist von Interesse, was das jüngst in Kraft getretene baden-württembergische Landesstatistikgesetz vom 24. April 1991 (GBl. S. 215) in vergleichbaren Fällen vorschreibt.

Nach § 15 Abs. 3 des Landesstatistikgesetzes ist das Statistische Landesamt befugt, für die Durchführung wissenschaftlicher Forschungsvorhaben Einzelangaben an Hochschulen oder sonstige Einrichtungen mit der Aufgabe unabhängiger wissenschaftlicher Forschung zu übermitteln, wenn die Einzelangaben nur mit einem unverhältnismäßig großen Aufwand an Zeit, Kosten und Arbeitskraft zugeordnet werden können. Sofern die Empfänger weder Amtsträger noch Personen sind, die für den öffentlichen Dienst besonders verpflichtet wurden, sind sie vor der Übermittlung besonders zur Geheimhaltung zu verpflichten. Mitgeltende Norm für das Verfahren dieser besonderen Verpflichtung zur Geheimhaltung ist § 1 Absätze 2, 3 und 4 Nr. 2 des Gesetzes über die förmliche Verpflichtung nichtbeamteter Personen (Verpflichtungsgesetz) vom 2. März 1974 (BGBl. I S. 469 Artikel 42), geändert durch Gesetz vom 15. August 1974 (BGBl. I S. 1942 § 1 Nr. 4). Wer in dieser Weise besonders verpflichtet worden ist, steht für die Anwendung der Vorschriften des Strafgesetzbuches über die Verletzung von Privatgeheimnissen (§ 203 Absätze 2, 4, 5, § 204, § 205) und des Dienstgeheimnisses (§ 353 b Abs. 1) den für den öffentlichen Dienst besonders Verpflichteten gleich. Die Einzelangaben sind zu löschen, sobald das wissenschaftliche Vorhaben abgeschlossen ist, zu dessen Durchführung sie übermittelt wurden. Die Löschung ist dem Statistischen Landesamt anzuzeigen.

Aus der Reihe dieser Einzelbestimmungen in § 15 Abs. 3 des Landesstatistikgesetzes sind drei Festlegungen besonders bemerkenswert:

1. Einzelangaben dürfen nur anonymisiert übermittelt werden.

2. Der Empfänger wird auf gesetzlicher Grundlage zur Geheimhaltung verpflichtet und insoweit den für den öffentlichen Dienst besonders Verpflichteten strafrechtlich gleichgestellt.

3. Nach dem Abschluß des wissenschaftlichen Forschungsvorhabens müssen die übermittelten Einzelangaben gelöscht werden.

Für die besondere förmliche Verpflichtung nichtbeamteter Personen schreibt § 1 Absätze 2, 3 und 4 Nr. 2 des Verpflichtungsgesetzes folgendes Verfahren vor:

Die Verpflichtung wird mündlich vorgenommen. Dabei ist auf die strafrechtlichen Folgen einer Pflichtverletzung hinzuweisen (§ 1 Abs. 2).

Über die Verpflichtung wird eine Niederschrift aufgenommen, die der Verpflichtete mit unterzeichnet. Er erhält eine Abschrift der Niederschrift (§ 1 Abs. 3).

Welche Stelle für die Verpflichtung zuständig ist, bestimmt diejenige Behörde, die von der Landesregierung durch Rechtsverordnung bestimmt wird (§ 1 Abs. 4 Nr. 2).

STEFAN KÖNIG

Die Archivgesetze des Bundes und der Länder: Fluch oder Segen?
- Zum Nutzen und Schaden der Archivgesetze für die Erforschung des Nationalsozialismus -

Was könnte "Archivrecht" leisten? Der folgende Beitrag will anhand *eines* Problemfeldes aus dem Bereich rechtlicher Regelungen des Archivwesens zeigen, wie notwendig es ist, dieses Gebiet staatlichen und privaten Handelns systematisch, für den Archivar (und die sonstigen Betroffenen) in der Praxis handhabbar aufzuarbeiten.

I. Archivgesetzliche Regelungen des Persönlichkeitsrechtsschutzes

Seit dem Landesarchivgesetz Baden-Württemberg vom 27. Juli 1987 und dem Bundesarchivgesetz vom 6. Januar 1988 hat in der Bundesrepublik ein Prozeß der gesetzlichen Normierung des Archivwesens eingesetzt. Dem sind bereits einige Länder gefolgt. Bislang sind dies Bayern, Hessen, Nordrhein-Westfalen und zuletzt Rheinland-Pfalz. Entwürfe sind bekannt geworden im Land Berlin[1] und in Schleswig-Holstein[2].

---

[1] Vgl. hierzu *meine* Ausführungen zu "Archivgesetzgebung zwischen Datenschutz und Informationsfreiheit" in: Der Archivar 38 (1985), Sp.193 ff.

Ein Vergleich der einzelnen Regelungswerke zeigt, daß in einigen Punkten unterschiedliche Tatbestände geschaffen wurden. Für die Erforschung des Nationalsozialismus ist dies von erheblichen praktischen Auswirkungen im Bereich der Rechte der Benutzer. Dort sehen die einzelnen Gesetze verschiedene Sperrfristen für personenbezogenes Archivgut vor[3]. Während das Bundesarchivgesetz und auch das Archivgesetz des Landes Rheinland-Pfalz die Akten grundsätzlich bis zum Ablauf von 30 Jahren nach dem Tod des Betroffenen bzw., wo das Todesdatum nicht feststellbar ist, von 110 Jahren nach seiner Geburt unter Verschluß halten wollen, sehen die Archivgesetze von Baden-Württemberg, Bayern und Nordrhein-Westfalen Sperrfristen von 10 Jahren nach dem Tod bzw. 90 Jahren nach der Geburt des Betroffenen vor. In Hessen lauten die Fristen: 10 Jahre nach dem Tod, 100 Jahre nach der Geburt.

Ein einfaches Rechenbeispiel kann dokumentieren, daß die Archivgesetze des Bundes und des Landes Rheinland-Pfalz jedenfalls diejenigen Forschungsvorhaben erheblich behindern können, die auf personenbezogenes Archivgut angewiesen

---

[2] Gesetzentwurf des Abgeordneten Karl Otto Meyer (SSW), Schleswig-Holsteinischer Landtag Drucksache 12/1233 vom 16. Januar 1991; vgl. Erste Lesung, 70. Sitzung, Mittwoch, 23. Januar 1991, Plenarprotokoll 12/70, S. 4164-4172.

[3] Da ich mich hier besonders mit den Problemen der Erforschung des Nationalsozialismus befasse, kann eine Diskussion der - in allen Archivgesetzen der Bundesrepublik enthaltenen - 30-Jahresfrist nach Schluß oder Entstehung der Akte hier unterbleiben.

Archivgesetze und Erforschung des Nationalsozialismus 229

sind. Wenn sich den Akten nämlich überhaupt biographische Daten entnehmen lassen, so sind es meistens die Geburtsdaten. Es sei denn aus der Akte ergibt sich, daß die betroffene Person bereits verstorben ist. Dann ist die Offenlage der Akten - soweit sie aus der Zeit zwischen 1933 und 1945 stammen - allerdings ohnehin unproblematisch. Die 110-Jahresfrist zugrundegelegt, wären heute, im Jahr 1991, die Akten zugänglich, die sich auf Personen beziehen, die vor 1881 geboren sind. Die waren 1933 bereits 52jährig, 1945 65jährig, gehörten also nur zu einem geringen Teil der Entscheidungsträger während der NS-Zeit. Bei strikter Anwendung der 110-Jahresfrist kann die Erforschung des Nationalsozialismus um 10 bis 20 Jahre verschoben werden.

Anders ist es bei der 90-Jahresfrist. Hier wären heute bereits die Akten aller vor dem Jahr 1901 geborenen zugänglich. Das sind diejenigen, die 1933 32 Jahre oder älter waren. Damit läßt sich schon viel mehr anfangen.

Meine Überlegungen will ich von zwei verschiedenen Standpunkten her entwickeln. Der eine ist der des Benutzers, der versucht, sich mit Hilfe der Archivgesetzgebung Zugang zu Archivalien zu verschaffen, die ihm das Archiv nicht vorlegen will. Notfalls auf dem Rechtswege.

Der andere ist derjenige des Archivars, der bemüht ist, mit Hilfe eines Archivgesetzes den Grundsatz "soviel Forschungsfreiheit wie möglich - soviel Persönlichkeitsschutz wie nötig[4]" in eine benutzerfreundliche Praxis umzusetzen.

II. Die Perspektive des Benutzers

Ich beginne mit der Perspektive des Benutzers. Ist seine Situation durch die Archivgesetzgebung verbessert worden? Auf den ersten Blick läßt sich das bejahen. Erstmals haben die Archivgesetze einen Anspruch des Benutzers auf Nutzung von Archivalien gesetzlich verankert[5]. Dabei werden in den verschiedenen Gesetzen unterschiedliche Anforderungen gestellt[6].

---

[4] Oldenhage in: Boberach/Booms (Hrsg.), Aus der Arbeit des Bundesarchivs, Boppard 1977, S. 187 ff. (200).

[5] Zum status quo ante vgl. OVG Koblenz NJW 1984, 1135 und VG Koblenz, Beschluß vom 8. Januar 1990, 1 K 228/88.

Zur Rechtslage vor Erlaß der Archivgesetze auch Oldenhage a.a.O., S. 194 ff., dabei vorsichtig einen Anspruch des Wissenschaftlers aus Art. 5 Abs. 3 GG auf Einsicht in Archivalien bejahend.

[6] Bundesarchivgesetz, § 5 Abs. 1 S. 1: "Das Recht, Archivgut des Bundes [...] zu nutzen, steht *jedermann auf Antrag* zu [...]."

Landesarchivgesetz Baden-Württemberg, § 6 Abs. 1: "*Jedermann, der ein berechtigtes Interesse glaubhaft macht*, hat nach Maßgabe der Benutzungsordnung das Recht, Archivgut [...] zu nutzen [...]."

Archivgesetz Nordrhein-Westfalen, § 7 Abs. 1: "Archivgut kann [...] nutzen, wer ein *berechtigtes Interesse* an der Nutzung *glaubhaft macht*. Ein berechtigtes Interesse ist *insbesondere gegeben*, wenn die Nutzung zu *amtlichen, wissenschaftlichen oder publizistischen*

Für eine Diskussion der unterschiedlichen Kriterien ist hier nicht der Raum. Man wird sie, kurz gefaßt, so umschreiben können: Jeder, der ein nach Inhalt und Form ernsthaftes Unternehmen zur Erforschung der Wahrheit verfolgt, hat einen Anspruch auf Einsicht in staatliches Archivgut, gleich ob es sich um einen Universitätsprofessor, einen Journalisten oder einen Heimat- oder Familienforscher handelt. Das entspricht der weiten Auslegung des Wissenschaftsbegriffes und des hiermit einhergehenden Schutzbereiches von Art. 5 Abs. 3 GG durch das Bundesverfassungsgericht[7].

Zwecken oder zur Wahrung von persönlichen Belangen begehrt wird."

Bayerisches Archivgesetz, Art. 10 Abs. 2: "Das in den staatlichen Archiven verwahrte Archivgut kann benützt werden, soweit ein *berechtigtes Interesse* an der Benützung glaubhaft gemacht wird [...]. Ein berechtigtes Interesse ist insbesondere gegeben, wenn die Benützung zu *amtlichen, wissenschaftlichen, heimatkundlichen, familiengeschichtlichen, rechtlichen, unterrichtlichen oder publizistischen Zwecken oder zur Wahrung von persönlichen Belangen erfolgt.* [...]."

Hessisches Archivgesetz, § 14: "Das Recht, öffentliches Archivgut [...] zu nutzen, steht *jeder Person zu,* die ein *berechtigtes Interesse* an der Nutzung glaubhaft macht [...]. [...] Ein berechtigtes Interesse ist *insbesondere gegeben, wenn die Nutzung zu amtlichen, wissenschaftlichen, publizistischen oder Unterrichtszwecken sowie zur Wahrung berechtigter persönlicher Belange begehrt wird.*"

---

[7] Vgl. BVerfGE 35, 79 (113).

Ist damit aber die Position des Benutzers im Konfliktfalle verbessert, wenn er der Hilfe des Gesetzes und der Gerichte bedarf? Ich möchte das - mit gewissen Vorbehalten - verneinen.

Konflikte entstehen zumeist dort, wo durch die Offenlage von Archivalien die Interessen und Rechte einzelner Personen, seien es Lebende, seien es ihre Angehörigen, tangiert werden. Der empfindliche Bereich ist also derjenige des personenbezogenen Archivgutes. Gleichzeitig richtet sich das Interesse des Zeitgeschichtlers häufig auf personenbezogene Vorgänge. Gerade die Erforschung des Nationalsozialismus ist in erheblichem Umfang auf Unterlagen angewiesen, die die Geschichte der Opfer und Täter der vielfältigen Verfolgungs- und Unterdrückungspraxis dieses Herrschaftssystems dokumentieren. Bestimmte Forschungsgegenstände lassen sich ohne Personenbezug kaum bearbeiten, insbesondere wo es um die Erforschung regional begrenzter Entwicklungen geht.

1. Personenbezogenes Archivgut?

Probleme bereitet bereits die Definition dessen, was als "personenbezogenes Archivgut" oder "Archivgut, das sich auf natürliche Personen bezieht" zu begreifen ist. Kein Archivgesetz hat hier eine brauchbare Legaldefinition gefunden. Am Griffigsten ist noch die im baden-württembergischen Gesetz enthaltene Umschreibung als "Archivgut, das sich nach seiner

Archivgesetze und Erforschung des Nationalsozialismus 233

Zweckbestimmung auf eine natürliche Person bezieht[8]". In Nordrhein-Westfalen ist die schöne Klarheit etwas verwässert. Es heißt dort: "Bezieht es [= das Archivgut] sich nach seiner Zweckbestimmung oder nach seinem wesentlichen Inhalt auf eine natürliche Person [...]"[9].

Einen interessanten Vorschlag hat der Entwurf des Abgeordneten im Schleswig-Holsteinischen Landtag Karl Otto Meyer (SSW) in die Diskussion gebracht. In seinem Archivgesetzentwurf für das Land Schleswig-Holstein heißt es in § 9 Abs. 2:

"Ohne Zustimmung der Betroffenen oder ihrer Rechtsnachfolger darf Archivgut, das um einer natürlichen Person willen angelegt wurde, erst 10 Jahre nach deren Tod oder, wenn das Todesdatum nicht bekannt ist, 90 Jahre nach deren Geburt benutzt werden. Um einer natürlichen Person willen angelegtes Archivgut sind Personal-, Prozeß-, Steuer- und Krankenakten sowie entsprechende Unterlagen, Informationsträger und darauf gespeicherte Informationen."

In § 9 Abs. 3 desselben Gesetzentwurfes heißt es dann grundsätzlich:

---

[8] § 6 Abs. 2 Satz 2.
[9] § 7 Abs. 2 Satz 3.

> "Archivgut darf nicht benutzt werden, wenn Gründe zur Annahme bestehen, daß dadurch der persönliche Lebensbereich oder schutzwürdige Belange einer natürlichen Person beeinträchtigt werden."[10]

Das Problem all dieser mehr oder weniger gelungenen Versuche einer Umschreibung des Begriffes rührt daher, daß hier der Versuch unternommen wird, ein in anderem rechtlichem und tatsächlichem Zusammenhang entwickeltes Begriffssystem auf einen Sachverhalt zu übertragen, der unter ganz anderen Gesichtspunkten organisiert ist. Bei dem Begriff vom "personenbezogenen Archivgut" handelt es sich um eine bereichsspezifische Adaption des Begriffes der "personenbezogenen Datei", wie sie das Datenschutzrecht kennt. Hier sieht das Gesetz eine klare Definition dessen vor, was unter Datei und was unter personenbezogen zu verstehen sei.

Die behördliche Aktenführung, an die die Aufbewahrung durch die Archive anknüpft, ist nach ganz anderen Gesichtspunkten organisiert. Hier gibt es zwar auch Personalakten und bei denen wird man, sind sie im Archiv gelandet, problemlos davon ausgehen können, daß es sich um "personenbezogenes Archivgut" handelt. Das darf aber nicht zum Umkehrschluß verleiten. Auch Akten, die als Generalakten geführt werden, können durchaus "personenbezogenes Archivgut" sein oder auch nur solches enthalten. Eine Akte etwa mit der Bezeich-

---

[10] Die Zitate stammen aus dem mir vorliegenden Entwurf des Abgeordneten Karl Otto Meyer (SSW) (s. Anm. 2).

Archivgesetze und Erforschung des Nationalsozialismus 235

nung "Arisierung jüdischen Grundbesitzes in der Gemeinde XY" kann sowohl Archivgut allgemeinen Inhalts als auch auf Einzelfälle einzelner Betroffener bezogene Vorgänge enthalten.

In der einzigen mir bekannten gerichtlichen Entscheidung zu diesem Problemkreis hat das Verwaltungsgericht Koblenz ausgeführt[11]:

"Ohne weiteres liegt auf der Hand, daß "personenbezogene Einzelakten" (jedenfalls) alle diejenigen Archivalien sind, die sich "nach ihrer Zweckbestimmung auf eine natürliche Person beziehen" (so der Definitionsvorschlag des Klägers), also insbesondere Personalakten, Prozeßakten und dergleichen. [...] [Allerdings können] "personenbezogene Einzelakten" auch solche Archivalien sein [...], die sich zwar nicht von ihrer Zweckbestimmung her, aber auf sonstige Weise auf eine Person beziehen. Dies ist etwa dann vorstellbar, wenn in einer Strafverfahrensakte auch Ermittlungsergebnisse aufgenommen sind, die Aufschluß über die Glaubwürdigkeit oder Unglaubwürdigkeit des

---

[11] Der Beschluß (vom 8. Januar 1990, 1 K 228/88) bezieht sich noch auf die Benutzungsordnung für die Landesarchive des Landes Rheinland-Pfalz vom 28. März 1979 (in: Der Archivar 33 (1980) Sp. 227-230) in der Fassung vom 12. Dezember 1983 (in: Der Archivar 37 (1984) Sp. 524), die durch das inzwischen verabschiedete Archivgesetz des Landes außer Kraft getreten ist. Die Ausführungen in dem zitierten Beschluß sind aber von grundsätzlicher Bedeutung.

Anzeigenden oder eines Zeugen geben sollen; auch hinsichtlich dieser Personen liegt dann eine "personenbezogene Einzelakte" vor. Keineswegs genügt es aber für die Annahme, es handele sich um eine "personenbezogene Einzelakte", wenn in einem Archivstück lediglich "personenbezogene Daten" im Sinne von § 3 Abs. 1 des Landesdatenschutzgesetzes enthalten sind. Eine solche Auslegung vernachlässigt sowohl das Begriffsmerkmal "Einzelakte" als auch die Unterscheidung zwischen Archivalien "allgemeinen Inhalts" und "personenbezogenen Einzelakten". Sind nämlich Anknüpfungspunkt des § 5 Abs. 1 Nr. 3 lit. c) BenutzungsO stets die zu wahrenden Interessen Dritter und können solche Interessen Dritter durch die Offenlage von Archivalien überhaupt nur dann tangiert werden, wenn darin "personenbezogene Daten" im Sinne von § 3 Abs. 1 Landesdatenschutzgesetz enthalten sind, so kann nicht bereits dieser Umstand zu der Annahme zwingen, es handele sich bei der Archivalie um eine "personenbezogene Einzelakte"; dann gäbe es nämlich keine in § 5 Abs. [1] Nr. 3 lit. c) BenutzungsO indessen ausdrücklich erwähnte Archivalien "allgemeinen Inhalts" mehr, deren Vorlage zur Wahrung berechtigter Interessen Dritter ausgeschlossen sein könnte. [...] Wann letztlich (bereits) eine "personenbezogene Einzelakte" vorliegt oder (noch) eine Archivalie "allgemeinen Inhalts", läßt sich nach Auffassung der Kammer nur aufgrund des konkreten Inhalts eines Archivstückes feststellen."

Diese Ausführungen reflektieren eher die Hilflosigkeit, die ein Gericht befallen, wenn es die unhandlichen Begriffe des Gesetzes auf einen ihm zur Entscheidung vorgelegten Sachverhalt anzuwenden hat, als daß sie Kriterien für eine Auslegung des Begriffes lieferten. Hier ist das baden-württembergische Gesetz sicherlich - wie schon gesagt - das handlichste. Es beantwortet aber auch nicht die Frage, ob damit den besonderen Sperrfristen nur solche Akten unterliegen, die sich *insgesamt* ihrer Zweckbestimmung nach auf natürliche Personen beziehen oder ob auch *Aktenbestandteile*, die personenbezogen in diesem Sinne sind, gesperrt sind.

Ohne Kenntnis der Gesetzgebungsmaterialien möchte ich aus der Systematik des Gesetzes den vorsichtigen Schluß ziehen, daß nur Akten, die sich *insgesamt* ihrer Zweckbestimmung nach auf natürliche Personen beziehen, den Sperrfristen des § 6 Abs. 2 Satz 2 unterliegen.

Nur dort nämlich, wo infolge der größeren Verdichtung von Personendaten ein ganzes Persönlichkeitsprofil entsteht und damit ein erheblicher Eingriff in die Persönlichkeitsrechte des Betroffenen im Falle ihrer Offenbarung zu besorgen ist, ist durch das Aufstellen besonderer Sperrfristen zu gewährleisten, daß dieser Eingriff nicht zu einer Verletzung der Persönlichkeitsrechte führt.

Neben dieser Sonderregelung für besonders empfindliches Archivgut enthält das Gesetz in § 6 Abs. 6 Ziff. 2 die Verpflichtung für das Archiv, Nutzungsanträge zurückzuweisen oder mit Beschränkungen zu versehen, wenn "Grund zu der Annahme besteht, daß schutzwürdige Belange Dritter entgegenstehen". Diese Passage des Gesetzes gibt nur dann einen Sinn, wenn es sich bei den "Dritten" nicht um diejenigen handelt, auf die sich das Archivstück nach seiner Zweckbestimmung bezieht, sondern um andere Personen, die in ihm genannt werden. Hier ist das Archiv - *unabhängig von Sperrfristen* - verpflichtet, auch deren schutzwürdige Belange zu wahren.

Diese Überlegungen lassen sich indes auf die Auslegung des Bundesarchivgesetzes *nicht* ohne weiteres übertragen. Dort zeigt nämlich ein Blick in die Materialien des Gesetzgebungsverfahrens, daß der Bundestag der Anregung des Bundesrates nicht gefolgt ist, eine Umschreibung des Begriffs "personenbezogenes Archivgut" als solches, das sich nach seiner Zweckbestimmung auf eine natürliche Person bezieht, in das BArchG aufzunehmen[12].

---

[12] Vgl. BT-Drucksache 11/498, S. 16, Ziff. 11. Zur Begründung seiner Auffassung hatte der Bundesrat ausgeführt: "Diese Einschränkung ist notwendig, damit nicht recht weitreichende Schutzbestimmungen auf Archivgut ausgedehnt werden, im dem sich auch Angaben über natürliche Personen befinden."

Die Bundesregierung hatte hierzu erklärt (BT-Drucks. 11/498, S. 20, zu Ziff. 11):

"Die Bundesregierung widerspricht dem Vorschlag.

Diese Ausführungen können nicht der erforderlichen Kommentierung der Archivgesetze vorgreifen und mögen insoweit nur Ansätze zu Auslegungsmöglichkeiten aufzeigen. Sie zeigen aber bereits, wie kompliziert die Materie ist, und machen deutlich, daß ein Gesetzeskommentar für die Praxis eine wesentliche und notwendige Hilfe bedeuten würde.

Zurück zur Perspektive des Benutzers: Ist einmal die Frage geklärt, ob es sich bei den Akten, die er einsehen möchte, um "personenbezogenes Archivgut" handelt, und ist die Frage zu

---

Das Recht auf informationelle Selbstbestimmung, das diese Schutzbestimmung erforderlich macht, gilt nicht nur für Unterlagen, die sich "nach ihrer Zweckbestimmung" auf natürliche Personen beziehen.

Der vorliegende Entwurf muß nämlich auch dem Umstand Rechnung tragen, daß z. B. Akten der Bundesaufsichtsämter für das Kreditwesen und für das Versicherungswesen, die nach dem Aufsichtszweck regelmäßig die überwachten Unternehmen betreffen, oft zugleich schutzwürdige Angaben über natürliche Personen enthalten und sich insoweit auch auf diese beziehen können."

Dieser Einwand der Bundesregierung ist aus verschiedenen Gründen befremdlich. Zunächst unterliegen die Unterlagen des Bundesaufsichtsamtes für das Kreditwesen ohnehin dem besonderen Geheimnisschutz nach §§ 9 KreditwesenG, 2 Abs. 4 Ziff. 1, 5 Abs. 3 BArchG. Die Unterlagen des Bundesaufsichtsamtes für das Versicherungswesen ließen sich, soweit ihre Offenlegung schutzwürdige Belange Dritter tangieren würde, auch nach § 5 Abs. 6 Ziff. 2 BArchG schützen. Man hat den Eindruck, die Bundesregierung habe ihren eigenen Entwurf nicht vollständig gelesen.

bejahen, entstehen weitere praktische Probleme, die die Archivgesetze nur teilweise lösen.

2. Wie werden die erforderlichen Daten ermittelt?

Die erste: Wer ermittelt die zur Berechnung der Fristen erforderlichen Geburts- und Sterbedaten? Hier gilt auch für die Archive der in § 24 des Verwaltungsverfahrensgesetzes (entsprechende Vorschriften enthalten die VwVfGe der Länder) niedergelegte Untersuchungsgrundsatz. Die Archive müssen also anhand der ihnen vorliegenden Informationen versuchen, die erforderlichen Daten, ggf. durch Anfragen bei Standesämtern oder Einwohnermeldeämtern, zu ermitteln. Bei einer Akte, in der eine Vielzahl von Personen, z. T. nur mit Angabe des Herkunftsortes, ohne Adresse etc. erscheinen, kann das eine außerordentlich aufwendige Aufgabe sein.

Häufig wird der Fall eintreten, daß sich die Daten nur mit unverhältnismäßigem Aufwand oder überhaupt nicht feststellen lassen. Für diese Konstellation sehen die Gesetze keine Lösung vor. Der Entwurf der Alternativen Liste für ein Archivgesetz des Landes Berlin hat ein Modell vorgeschlagen, das in den genannten Fällen die Veröffentlichung eines Aufrufes in einer überregionalen Tageszeitung vorsieht. Meldet sich hierauf der Betroffene oder ein Angehöriger, sind die Daten feststellbar. Meldet sich niemand, wird davon ausgegangen, daß schutzwürdige Belange einer Vorlage der Archivalien nicht entgegenstehen[13]. Ich halte das für ein diskussionswürdiges Modell.

Denkbar ist auch eine Lösung, die in solchen Fällen eine Abwägung der schutzwürdigen Belange der in den Akten erscheinenden Personen und des Interesses des Benutzers unabhängig vom Ablauf oder Nichtablauf der Sperrfristen vorsieht. Dabei könnte - neben dem konkreten Inhalt der Akte (handelt es sich um Vorgänge, die den "Intimbereich" der Persönlichkeit betreffen? Geht es um Straftaten, so daß der Resozialisierungsgedanke eine Rolle spielen könnte? Etc.) - eine wichtige Rolle spielen, wie lange der in den Akten dokumentierte Vorgang zurückliegt. Ohnehin wäre zu bedenken, ob angesichts der praktischen Probleme, die das Modell der Sperrfristen aufwirft, nicht ganz auf solche Fristen verzichtet werden sollte. Dem mag entgegengehalten werden, daß die Fristen der Erleichterung der Arbeit des Archivars dienen sollen, dem nach Ablauf einer bestimmten Zeit das Abwägungsproblem genommen werden soll. Zugleich hat nach Ablauf der Fristen der Benutzer einen Vorlage*anspruch*. Da dem Benutzer mit diesem Anspruch ohnehin nicht viel geholfen ist (vgl. die folgenden Ausführungen zu den Problemen mit der Durchsetzbarkeit dieses Anspruchs), während der Archivar mit aufwendigen Recherchen belastet wird, könnte eine Generalklausel ausreichen, wonach Unterlagen nicht vorgelegt werden dürfen, wenn Grund zu der Annahme be-

---

[13] § 28 Abs. 5, s. Abgeordnetenhaus-Drucksache 10/1837.

steht, daß dadurch schutzwürdige Belange einzelner Personen beeinträchtigt werden.

Die 1. Kammer des Verwaltungsgerichts Koblenz hielt das rheinland-pfälzische Archivgesetz wegen des Fehlens einer Regelung für den Fall, daß sich Geburts- oder Todesdatum nicht ermitteln lassen, für verfassungswidrig - und zwar sowohl im Hinblick auf Art. 5 Abs. 3 des Grundgesetzes als auch auf eine entsprechende Vorschrift der Landesverfassung. Zu einer Vorlage beim Landes- oder Bundesverfassungsgericht ist es nur deshalb nicht gekommen, weil das Gericht sich als unzuständig betrachtete und das Verfahren zunächst an das Verwaltungsgericht Neustadt/W. verwiesen hat. Ob von dort eine Vorlage erfolgen wird, bleibt abzuwarten. Der rheinland-pfälzische Kultusminister hat in einer Antwort auf eine Mündliche Anfrage im rheinland-pfälzischen Landtag erklärt, er teile die Bedenken des Gerichts nicht[14].

3. Zur Durchsetzbarkeit des Vorlageanspruchs

Die Entscheidung des Archivs, Einsicht zu gewähren oder zu versagen, ist ein Verwaltungsakt, übrigens soweit es sich um personenbezogenes Archivgut handelt, ein Verwaltungsakt mit

---

[14] Mündliche Anfrage der Abgeordneten Prof. Dr. Rotter und Dr. Dörr (DIE GRÜNEN), Landtag Rheinland-Pfalz, Drucksache 11/5212 vom 28. Februar 1991. Antwort von Kultusminister Dr. Gölter, in: Landtag Rheinland-Pfalz, Plenarprotokoll 11/97, 14. März 1991, S. 7043 f.

Archivgesetze und Erforschung des Nationalsozialismus

Doppelwirkung, gegen den der Benutzer und der Betroffene die Rechtsbehelfe der Verwaltungsgerichtsordnung besitzen, also Widerspruch sowie Anfechtungs- und Verpflichtungsklage.

Der Benutzer, der sich zu dem Schritt entschließt, gegen den ablehnenden Bescheid bzw. den diesen aufrechterhaltenden Widerspruchsbescheid vor Gericht zu ziehen, wird sich bei einem Prozeß durch zwei Instanzen auf drei bis fünf Jahre einrichten müssen, bis ihm eine rechtskräftige Entscheidung vorliegt. Geht das Verfahren durch weitere Instanzen, kann es noch erheblich länger dauern. Bei vielen Benutzern handelt es sich um Doktoranden oder Diplomanden, um Mitarbeiter an Forschungsprojekten begrenzter Laufzeit, von Schülern oder gar Journalisten nicht zu sprechen. Sie alle werden sich auf ein langwieriges Streitverfahren nicht einlassen können.

Ein weiteres Problem ergibt sich aus verfahrensrechtlichen Gründen: Ist etwa die Frage streitig, ob es sich bei den Akten, die der Benutzer einsehen will, um "personenbezogene" handelt oder ob die Berechnung der Sperrfristen zutreffend vorgenommen wurde, kommt es für die Entscheidung auf die Kenntnis des Akteninhaltes an. Es liegt daher nahe, die streitbefangenen Archivalien im Prozeß beizuziehen, um dem Gericht eine Entscheidungsgrundlage zu geben. Werden aber die Akten Verfahrensgegenstand, dann muß sämtlichen Verfahrensbeteiligten Gelegenheit gegeben werden, sie einzusehen und zu ihrem Inhalt Stellung zu beziehen. Damit wäre dem Ausgang des Prozesses vorgegriffen. Der Benutzer bekäme bereits während des Verfahrens die Akteneinsicht, die er erst durch das Urteil erstreiten will. Nach herrschender Auffassung wird daher in solchen Fällen ein Anspruch auf Beiziehung der Akten durch das Gericht verneint[15]. Vielmehr wird das Archiv aufgefordert, den Akteninhalt detailliert, ggf. Blatt für Blatt, zu berichten[16] - für die Archivare, die hierzu verpflichtet werden, eine unter Umständen außerordentlich arbeitsintensive Maßnahme.

Ich habe eingangs die Frage, ob die Archivgesetze die Stellung des Benutzers verbessert haben, vorsichtig verneint. Ich kann es an dieser Stelle zusammenfassend begründen. Jedenfalls soweit der mit der Erforschung des Nationalsozialismus befaßte Zeitgeschichtler betroffen ist, helfen ihm die Gesetze des Bundes und des Landes Rheinland-Pfalz wegen der langen Sperrfristen für einen Großteil der ihn interessierenden Akten - nämlich diejenigen, die sich auf natürliche Personen beziehen - nicht weiter. Zwar enthalten beide Gesetze auch Vorschriften, die es ermöglichen, unter bestimmten Veraussetzungen die Akten vor Ablauf der Sperrfristen vorzulegen. Ob dies geschieht oder nicht, wird jedoch in das Ermessen der Archive gestellt. Insoweit hat, wenn nicht der Ausnahmefall einer

---

[15] Vgl. BVerwGE 15, 132 ff.; BVerwG NJW 1983, 2954; Hess VGH MDR 1967, 335; Redeker/v. Oertzen, VwGO-Kommentar, 9. Aufl., § 99 Rdnr. 8; Kopp, VwGO-Kommentar, 8. Aufl., § 99 Rdnr. 10 und § 100 Rdnr. 3 f.; Schoenemann DVBl. 1988, 530, 524 ff.; Flümann NJW 1985, 1452 ff.

[16] So VG Koblenz Beschluß vom 8. Januar 1990, 1 K 228/88.

Reduzierung dieses Ermessens auf Null vorliegt, der Benutzer nur einen Anspruch auf ermessensfehlerfreie Bescheidung durch die Behörde. Die Ermessensausübung ist durch die Gerichte nur beschränkt überprüfbar[17].

Bei den übrigen Archivgesetzen, die kürzere Fristen vorsehen, steht der Zeitgeschichtler wesentlich besser da. Sie verlassen ihn aber sämtlich, wenn in personenbezogenen Akten Personen auftauchen, von denen nicht feststellbar ist, wann sie geboren oder gestorben sind.

Kommt es schließlich zum Konflikt mit dem Archiv, kann der Benutzer zwar durch Einlegung eines Widerspruchs versuchen, eine ihm günstige Entscheidung der Aufsichtsbehörde herbeizuführen. Gelingt das nicht, ist der Rest nicht viel mehr als graue Theorie. Kaum ein Benutzer wird sich auf den jahrelangen Rechtsweg begeben können oder auch nur wollen.

Ich halte daher die Überlegung für unbedingt diskussionswürdig, einen Archivbeirat einzusetzen, der von der Widerspruchsbehörde oder vom Archiv selbst berufen wird und bei der Entscheidung über Widersprüche gegen ablehnende Entscheidungen (mit)entscheidet, zumindest aber angehört wird. Dieser Beirat wäre zu besetzen mit Repräsentanten der verschiedenen Benutzergruppen (Wissenschaftler, Publizisten) und Archivaren. Auf diese Weise ließe sich in vertretbaren Fristen bereits im Stadium des Verwaltungsverfahrens eine

---

[17] § 114 VwGO.

Überprüfung der Entscheidung des Archives durch eine unabhängige und sachlich kompetente Einrichtung herbeiführen.

Bei der jetzigen Situation ist der Benutzer also - wie eh und je - auf die Freundlichkeit des Archivars angewiesen.

III. Die Perspektive der Archivare

Die Frage ist nun - und damit wechsele ich den Standpunkt - , erlauben die Archivgesetze die Fortführung der zu gesetzlosen Zeiten verbreiteten großzügigen, benutzerfreundlichen Praxis? Diese Frage möchte ich - vorsichtig - bejahen.

Um es aber vorwegzusagen: Für die kaum entwickelte Spezialdisziplin des "Archivrechts" ist hier noch vieles zu leisten. Den Archivaren sind neben einer für sie nachvollziehbaren Darstellung der Gesetzessystematik Kriterien zu liefern, anhand derer sie die komplizierte Güterabwägung vornehmen können, die die Gesetze ihnen abverlangen.

1. Die Reihenfolge der Prüfungsschritte

Ich möchte hier einmal beispielhaft, jedoch notwendig kursorisch, die Prüfungsschritte, die der Archivar zu gehen hat, durchlaufen, um den Abwägungs- und Handlungsspielraum zu dokumentieren. Unter den verschiedenen Gesetzen nehme ich - willkürlich - das des Landes Nordrhein-Westfalen heraus.

Da ich mich hier insbesondere mit den Problemen beschäftige, die die Archivgesetzgebung für die Erforschung des Nationalsozialismus mit sich bringt, kann ich Fragen, die sich im Zusammenhang mit der allgemeinen dreißigjährigen Sperrfrist des § 7 Abs. 2 des Archivgesetzes Nordrhein-Westfalen (ArchivG NW) stellen, beiseite lassen. Allenfalls Akten staatsanwaltlicher Ermittlungsverfahren wegen NS-Verbrechen könnten noch hierunter fallen.

Außer Betracht sollen auch diejenigen Unterlagen bleiben, die "einem Berufs- oder besonderen Amtsgeheimnis oder besonderen Rechtsvorschriften über Geheimhaltung" unterliegen (§ 7 Abs. 2 Satz 2 ArchivG NW).

Im Zentrum der Überlegungen soll "personenbezogenes Archivgut" stehen, bzw., wie es in § 7 Abs. 2 Satz 3 ArchivG NW heißt, Archivgut, das "sich nach seiner Zweckbestimmung oder nach seinem wesentlichen Inhalt auf eine natürliche Person bezieht".

Der Archivar, der über einen Benutzungsantrag zu entscheiden hat, steht damit zunächst vor dem bereits oben erörterten Abgrenzungsproblem. Aus der Systematik des ArchivG NW ergibt sich dabei folgendes:

§ 7 Abs. 5 gebietet grundsätzlich:

"Die Nutzung ist einzuschränken oder zu versagen, wenn

[...]
b) Grund zu der Annahme besteht, daß schutzwürdige Belange einer Person beeinträchtigt werden, [...]."

Damit ist gesagt: Ungeachtet der Frage, ob eine Person, deren Name im Archivgut erscheint oder die auf andere Weise durch dessen Vorlage an den Benutzer betroffen sein könnte, noch lebt oder wann sie verstorben ist oder geboren wurde, gebietet das Gesetz grundsätzlich die Wahrung ihrer schutzwürdigen Belange.

Lediglich in den Fällen, in denen sich das Archivgut *nach seiner Zweckbestimmung oder nach seinem wesentlichen Inhalt* auf eine natürliche Person bezieht, darf die Vorlage erst nach Ablauf der in § 7 Abs. 2 Satz 3 ArchivG NW enthaltenen Sperrfristen erfolgen.

Diese Differenzierung zwischen allgemein personenbezogenen und ihrer Zweckbestimmung bzw. ihrem wesentlichen Inhalt nach personenbezogenen Akten rechtfertigt es aus der Systematik des Gesetzes, die Sperrfristen des § 7 Abs. 2 Satz 3 nur auf diejenigen Archivalien anzuwenden, die sich insgesamt ihrer Zweckbestimmung bzw. ihrem wesentlichen Inhalt nach auf natürliche Personen beziehen.

Der Archivar kann also unter den Akten, auf die sich der Benutzungsantrag bezieht, Personalakten und andere im engeren Sinne personenbezogene ausscheiden und insoweit den Ablauf der Fristen prüfen.

Für alle übrigen Akten kann er nach Durchsicht entscheiden, ob "Grund zu der Annahme besteht, daß schutzwürdige Belange einer Person beeinträchtigt werden".

"Schutzwürdige Belange" sind ein unbestimmter Rechtsbegriff. Es ist Sache des Archivars, ihn in seiner Einzelfallentscheidung auszufüllen. Simitis, der hessische Datenschutzbeauftragte, hat hierzu im Zusammenhang mit der Erforschung des Euthanasieprogrammes der Nationalsozialisten aufgeführt:

> "Die Aufklärung des historischen Geschehens Euthanasie kann die Menschenwürde ihrer Opfer nicht beeinträchtigen; sie verhindert vielmehr kollektive Verdrängungen und stellt durch die Auseinandersetzung mit der nationalsozialistischen Vergangenheit Achtung vor dem psychisch Kranken bzw. dem als solchen etikettierten Menschen erst her."[18]

Diese Überlegungen sollen als beispielhaft für die Begründung einer - zumindest vertretbaren - Auslegung des Begriffes der "schutzwürdigen Belange" angeführt werden. Ich bin der Auffassung, daß unter dem Gesichtspunkt der Verhinderung kollektiver Verdrängungen der Begriff der "schutzwürdigen Belange" von Personen, die als aktiv handelnde, gleich an

---

[18] Simitis, zit. n. Broszat, Datenschutz und zeitgeschichtliche Forschung, Vierteljahreshefte für Zeitgeschichte 1989, S. 545 ff. (553).

welcher Stelle, im System der nationalsozialistischen Herrschaft tätig waren, äußerst eng auszulegen ist.

Es wäre Aufgabe der noch in Entwicklung befindlichen Disziplin des Archivrechts und der von ihr zu leistenden Kommentierung der Archivgesetze, hier Fallgruppen herauszuarbeiten, an denen sich der Archivar in seinen Entscheidungen orientieren könnte.

Kommt er zum Ergebnis, daß "Grund zu der Annahme besteht, daß schutzwürdige Belange einer Person beeinträchtigt werden", zwingt ihn dies noch nicht, die Benutzung zu versagen. Möglich ist auch die Einschränkung der Benutzung. Ferner kann die Benutzung an "Bedingungen und Auflagen" gebunden werden. Das Gesetz überläßt es dem Archivar, wie er die Benutzung einschränkt und welche Bedingungen und Auflagen er für erforderlich hält. In Betracht kommen nach meiner Auffassung:

- teilweise Vorlage von Akten unter Ausschluß derer, deren Vorlage schutzwürdige Belange verletzt;

- teilweise oder vollständige Anonymisierung einzelner Archivalien;

- Auflage, die aus den vorgelegten Archivalien ersichtlichen Personalien hinsichtlich bestimmter Personen oder Vorgänge oder auch insgesamt nur anonymisiert zu publizieren.

Soweit sich unter denjenigen Archivalien, die der Archivar als personenbezogenes Archivgut ausgesondert hat, solche befinden, bei denen die Sperrfristen entweder noch nicht abgelaufen sind oder sich der Beginn der Fristen nicht feststellen läßt, hat der Archivar die Möglichkeit der Verkürzung der Sperrfristen nach § 7 Abs. 4 ArchivG NW.

Der Gesetzeswortlaut ist an dieser Stelle widersprüchlich. Zunächst ist die Rede von der möglichen "Verkürzung" der Sperrfristen. "Verkürzung" bedeutet grundsätzlich, daß in denjenigen Fällen, in denen bekannt ist, daß der Betroffene noch am Leben ist, eine Vorlage unzulässig wäre, wenn er nicht zustimmt. Die Sperrfristen beginnen nämlich grundsätzlich mit dem Tod des Betroffenen. Nur wo dessen Datum nicht festgestellt werden kann, ist Anknüpfungszeitpunkt der Geburtstag. "Verkürzung" bedeutet aber, daß die kürzeste Frist bei Null, also (zumindest) am Todestag liegt. Andererseits soll die "Verkürzung" der Sperrfristen u. a. - nach § 7 Abs. 4 lit. a) - dann möglich sein, wenn "die Betroffenen, im Falle ihres Todes deren Rechtsnachfolger, in die Nutzung eingewilligt haben [...]". Danach ist offenbar auch an eine Verkürzung der Sperrfrist unter Null, mit anderen Worten: an ein Absehen von der Sperrfrist gedacht. Wie sollte sonst der noch lebende Betroffene der "Verkürzung" der Sperrfristen zustimmen können?

Dann kann aber der Archivar auch in den Fällen, in denen der Betroffene noch lebt und nicht zustimmt oder in denen sich weder Geburts- noch Todesdatum ermitteln lassen oder wenn die "Rechtsnachfolger" (ein in diesem Zusammenhang problematischer Begriff) der Vorlage der Archivalien nicht zustimmen oder nicht erreichbar sind, oder wenn gar nicht erst der Versuch unternommen wird, ihre Einwilligung (oder die des Betroffenen) einzuholen (denn eine Priorität der Einwilligung sieht das Gesetz nicht vor) das Archivgut zur Nutzung freigeben, wenn

a)   das Archivgut zu benannten wissenschaftlichen Zwecken benutzt wird und

b)   durch geeignete Maßnahmen sichergestellt ist, daß

c)   schutzwürdige Belange Betroffener nicht beeinträchtigt werden.

Zu a) verweise ich auf die Ausführungen oben und in der Fußnote 7 hinsichtlich des Wissenschaftsbegriffs des Bundesverfassungsgerichts, der sehr weitreichend ist.

Zu c) verweise ich auf das oben Ausgeführte zur Schutzwürdigkeit Dritter, die sich auf den Betroffenen ebenso anwenden lassen. Kommt der Archivar hier zu dem Ergebnis, schutzwürdige Belange des Betroffenen stünden einer unbeschränkten Vorlage des Archivguts entgegen, so hat er über geeignete Maßnahmen des Interessenausgleichs nachzudenken:

Insoweit und zu b) verweise ich auf das zu Einschränkungen, Bedingungen und Auflagen nach § 7 Abs. 5 ArchivG NW Ausgeführte. Das gleiche Instrumentarium von Maßnahmen steht dem Archivar zur Verfügung, der über die "Verkürzung" der Sperrfristen, d. h. also auch über die Vorlage von Archivalien *ungeachtet* des Ablaufes von Sperrfristen zu entscheiden hat.

Diese Ausführungen sollen zunächst zeigen: Das ArchivG NW (und ähnlich die anderen Regelungswerke) geben dem liberalen Archivar einige Handlungsmöglichkeiten. Dieses Instrumentarium zu entwickeln und zu verfeinern bleibt Aufgabe des Archivrechts und der - ich wiederhole es - längst überfälligen Kommentierung der Archivgesetze.

2. Haftungsrisiken?

Meine Ausführungen aus der Perspektive des Archivars wären unvollständig, würde nicht noch ein wichtiger Aspekt wenigstens angesprochen, der viele Archivarinnen und Archivare beschäftigt: derjenige der Haftung für die unzulässige Vorlage von Archivalien.

Haftungsrisiken ergeben sich sowohl aus straf- als auch aus zivilrechtlicher Sicht (disziplinarrechtliche Konsequenzen will ich hier nicht erörtern).

a. Strafrechtliche Beurteilung

§ 203 Abs. 2 des Strafgesetzbuches bedroht denjenigen, der als Amtsträger oder als für den öffentlichen Dienst besonders Verpflichteter unbefugt ein fremdes Geheimnis, namentlich ein zum persönlichen Lebensbereich gehörendes Geheimnis, offenbart, das ihm in dieser Eigenschaft anvertraut oder sonst bekannt geworden ist.

Erforderlich ist zunächst die Offenbarung eines Geheimnisses.

> "Geheimnis ist eine Tatsache, die nur einem einzelnen oder einem beschränkten Personenkreis bekannt ist und an deren Geheimhaltung der Betroffene ein schutzwürdiges Interesse hat."[19]

Bereits im Rahmen der Prüfung der tatbestandlichen Voraussetzungen des strafbaren Geheimnisverrates ist also die oben diskutierte Güterabwägung ("schutzwürdig") vorzunehmen. Es muß sich objektiv und subjektiv um ein Geheimnis handeln. Ein (wichtiger) Anhaltspunkt ist der (mutmaßliche) Geheimhaltungswille des Betroffenen. Das Interesse des Betroffenen an der Geheimhaltung muß "unter Würdigung von Lage und Standpunkt des Betroffenen verständlich sein"[20].

---

[19] Dreher-Tröndle, StGB, 45. Aufl., München 1991, Anm. 2 zu § 203.

[20] Dreher-Tröndle, a.a.O., Anm. 5.

Bei dem Geheimnis muß es sich um eine personenbezogene Tatsache handeln[21]. Ihm gleichgestellt sind nach § 203 Abs. 2 Satz 2 Einzelangaben über persönliche oder sachliche Verhältnisse eines anderen, die für Aufgaben der öffentlichen Verwaltung erfaßt worden sind.

Tathandlung ist das "Offenbaren", d. h. jedes Mitteilen eines zur Zeit der Tat noch bestehenden Geheimnisses an einen Dritten. Darunter würde zweifellos auch die Vorlage einer Akte fallen, die geschützte bzw. gesperrte Informationen enthält.

Als Täter kommen Amtsträger oder für den öffentlichen Dienst besonders Verpflichtete in Betracht. Bei den meisten Archivaren wird es sich um Amtsträger handeln[22].

Erforderlich ist ferner, daß der Täter vorsätzlich handelt. Er muß zumindest den Verrat eines fremden Geheimnisses durch sein Handeln billigend in Kauf nehmen.

Umstritten sind die rechtlichen Folgen eines Irrtums über die Befugnis zur Offenbarung. Auf die Praxis des Archivars bezogen: Wie ist derjenige zu bestrafen, der irrtümlich meint, eine Akte vorlegen zu dürfen, weil er davon ausgeht, der Betroffene sei nicht schutzwürdig oder weil er ermessensfehlerhaft die

---

[21] Rogall NStZ 1983, 5.

[22] Zum Begriff des für den öffentlichen Dienst besonders Verpflichteten: Dreher-Tröndle a.a.O., Anm. 22.

Sperrfristen für personenbezogenes Archivgut verkürzt hat? Hier würden sich die Ausführungen in juristische Feinheiten verlieren, wollten sie den Streitstand referieren[23].

Es soll nur soviel gesagt werden: Derjenige Archivar, der gewissenhaft die Voraussetzungen für das schutzwürdige Interesse der Betroffenen oder Dritter prüft und ggf. ebenso das ihm eingeräumte Ermessen zur Verkürzung der Sperrfristen betätigt, wird sich - im Falle der objektiv rechtswidrigen Vorlage geschützter Unterlagen - zumindest auf einen Verbotsirrtum gemäß § 17 StGB berufen können, der, wenn er nicht vermeidbar war, zur Straflosigkeit führt. Nach anderer Auffassung liegt ein sog. Tatbestandsirrtum vor, der hier zum Ausschluß der Bestrafung führt.

Ausdrücklich bestimmt des Gesetz in § 203 Abs. 4, daß der Geheimnisschutz über den Tod des Betroffenen hinausgeht.

Die Tat nach § 203 StGB wird allerdings nur verfolgt, wenn der Betroffene einen Strafantrag stellt (§ 205 StGB; mit Ausnahme einer Tat nach § 203 Abs. 5, Handeln gegen Entgelt oder in der Absicht, einen anderen zu schädigen). Der Antrag muß gemäß § 77b StGB innerhalb von drei Monaten gestellt werden.

---

[23] Vgl. dazu Dreher-Tröndle a.a.O., Anm. 34 zu § 203 StGB.

b. Zivilrechtliche Problematik

Eine rechtswidrige und schuldhafte Verletzung von Persönlichkeitsrechten kann auch zivilrechtliche Konsequenzen auslösen und Schadensersatz- oder Unterlassungsansprüche nach sich ziehen. Als Schadensersatz kommt insbesondere die Leistung von Schmerzensgeld in Betracht, jedoch grundsätzlich nur dort, wo von der unzulässigen Aktenvorlage eine lebende Person betroffen ist[24].

Daneben kann ein Schadensersatzanspruch auch aus der Verletzung eines Schutzgesetzes (etwa § 203 StGB) abgeleitet werden - und zwar hier möglicherweise auch zugunsten der Angehörigen des Verstorbenen (vgl. § 203 Abs. 4 StGB).

Soweit die Verletzungshandlung durch einen Amtsträger in Ausübung eines ihm anvertrauten öffentlichen Amtes begangen wird, haftet gegenüber dem Geschädigten der Staat oder die Körperschaft, in deren Diensten er steht (Art. 34 GG i.V.m. § 839 BGB). Der Dienstherr kann in einem solchen Fall gegenüber dem beamteten Archivar nur dann Rückgriff nehmen, wenn er vorsätzlich oder grob fahrlässig handelte (Art. 34 Satz 2 GG).

Beamte im haftungsrechtlichen Sinne sind übrigens auch die Amtsträger der Kirchen. Die Kirchen sind Körperschaften öffentlichen Rechts und als solche Träger öffentlicher Gewalt,

---

[24] Vgl. BGH NJW 1974, 1371.

ihre Amtsträger üben ein öffentliches Amt i.S.d. Art. 34 GG / § 839 BGB aus[25].

Die Unterschiede in der Reichweite der Haftung aus § 839 BGB (Haftung bei Amtspflichtverletzung) und aus § 823 BGB (Haftung Privater auf Schadensersatz) können hier nicht vertieft werden. Sie führen zu unterschiedlichen Konsequenzen hinsichtlich der haftungsrechtlichen Situation eines beamteten Archivars und des Archivars, der etwa bei einem als Verein oder als eine andere juristische Person des Privatrechts organisierten Archiv beschäftigt ist.

Unklarheit herrscht vielfach darüber, was als Verletzungshandlung in Betracht kommt:

Bedeutet bereits die Vorlage von Akten, die schutzwürdige Geheimnisse enthalten, objektiv eine Verletzung des allgemeinen Persönlichkeitsrechts des Betroffenen? Oder ist Verletzungshandlung erst die Veröffentlichung durch den Benutzer?

Grundsätzlich bedeutet bereits die Offenbarung des geschützten Geheimnisses an einen einzigen Dritten einen Eingriff in das Persönlichkeitsrecht des Betroffenen. Allerdings kann die Frage, ob sicherzustellen oder aus in der Person des Benutzers liegenden Gründen gewährleistet ist, daß der personenbezogene Inhalt der Akte nicht oder nur anonymisiert an eine weitere

---

[25] Münchener Kommentar-Papier, 2. Aufl. 1986, Anm. 122 zu § 839 BGB.

Archivgesetze und Erforschung des Nationalsozialismus 259

Öffentlichkeit dringt, bei der Abwägung der schutzwürdigen Interessen des Betroffenen mit denen des Benutzers eine ausschlaggebende Rolle spielen. Es sind durchaus Konstellationen denkbar, in denen die Vorlage der Akten an einen Benutzer, der sich verpflichtet, ihren Inhalt für sich zu behalten, noch rechtmäßig ist, während die Offenbarung des Akteninhalts ohne diese Auflage rechtswidrig wäre.

Dabei ist auch von Bedeutung, inwieweit der Ermessensfehlgebrauch durch den beamteten Archivar, der die ihm gesetzlich vorgegebenen Sperrfristen verkürzt hat, zu Schadensersatzansprüchen gegen seinen Dienstherren bzw. im Rückgriff gegen ihn selbst führen kann. Die ältere Auffassung der Rechtsprechung wollte Amtshaftungsansprüche nur da zulassen, wo das Verhalten des Beamten in so hohem Maße fehlsam war, "daß es mit den an eine ordnungsgemäße Verwaltung zu stellenden Anforderungen schlechterdings nicht mehr vereinbart werden könne"[26]. Diese Auffassung hat die jüngere Rechtsprechung aufgegeben. Sie geht von einer rechtswidrigen, objektiv Amtshaftungsansprüche auslösenden Ermessensentscheidung aus, wenn entweder die Grenzen des Ermessens überschritten wurden oder von dem Ermessen in einer nicht dem Gesetz entsprechenden Weise Gebrauch gemacht wurde. Auch die Ermessensunterschreitung stellt nach dieser Ansicht einen Ermessensfehler dar[27].

---

[26] Münchener Kommentar-Papier, 2. Aufl. a.a.O., Anm. 169 zu § 839 BGB.

[27] Münchener Kommentar-Papier, 2. Aufl. a.a.O..

Kann also die ermessensfehlerhafte Verkürzung der Sperrfrist Amtshaftungsansprüche auslösen, fallen sie auf den Archivar doch nur dann zurück, wenn er vorsätzlich oder grob fahrlässig gehandelt hat.

IV. Zusammenfassung und Schluß

Die Ausführungen haben gezeigt, daß eine Fülle von Einzelfragen, Auslegungs- und Abwägungsproblemen im Zusammenhang mit der Benutzung personenbezogenen Archivgutes auftreten. Sie konnten hier nur teilweise angeschnitten und, wo es geschah, nur wenig vertieft werden. Man kann heute davon ausgehen, daß das Interesse der Öffentlichkeit an Untersuchung und Darstellung der Erscheinungen nationalsozialistischer Herrschaft von den meisten Archivaren, die mit dafür einschlägigem Archivgut befaßt sind, bereitwillig, von einigen sogar engagiert bedient wird. Dies geschieht häufig in Fortführung einer liberalen Praxis, die sich bereits vor Erlaß der Archivgesetze entwickelt hat und unter ihrer Geltung fortgesetzt wurde. Ich bin auch der Auffassung, daß die Archivgesetze eine solche Praxis erlauben - allerdings lassen sie sich auch zur Rechtfertigung einer restriktiven Handhabung gebrauchen. Dem Benutzer haben sie nicht viel gebracht. Für den Archivar, der sich bemüht, das Forschungsinteresse der Benutzer großzügig zu fördern, öffnen unbestimmte Rechtsbegriffe - "schutzwürdige Belange", "öffentliches Interesse" - und Ermessensvorschriften Möglichkeiten, in sorgfältig begründeten Entscheidungen auch persönlichkeitsrechtlich sensibles Material zu präsentieren. Demjenigen, der die Systematik der Gesetze und die Auslegungsmöglichkeiten kennt, können aus einer solchen Praxis weder straf- noch zivilrechtliche Sanktionen drohen. Voraussetzung ist allerdings die Kenntnis der Rechtslage. Diejenigen also, die weitreichende Forschungsfreiheit in der Praxis wünschen, sollten an der rechtlichen Durchdringung dieses Problemfeldes und seiner systematischen Aufarbeitung interessiert sein. So verstanden und den Archivaren nahegebracht könnte die Disziplin des "Archivrechts" ein wichtiger und hilfreicher Garant der Freiheit der Forschung auf dem Gebiet der Zeitgeschichte werden. Der unwissende Archivar ist der ängstliche und damit vielfach auch der restriktive Archivar.

BERTRAM RAUM

Neuere Anforderungen des Datenschutzes an die Archivgesetzgebung am Beispiel der Stasi-Akten

I. Einleitung

Mit der Vollendung der Deutschen Einheit am 3. Oktober 1990 hat die Bundesrepublik Deutschland nicht nur die auf dem Staatsgebiet der ehemaligen Deutschen Demokratischen Republik neugegründeten fünf Bundesländer, bzw. mit dem Zusammenschluß West- und Ostberlins einen weiteren Stadtstaat, hinzugewonnen, sondern auch ein Erbe angetreten, das die Verantwortlichen vor sehr schwierige Aufgaben stellt und wohl noch manche Probleme bereiten wird: die Unterlagen des früheren Ministeriums für Staatssicherheit der DDR (MfS) - kurz: die Stasi-Akten.

Nach Angaben staatlicher Stellen der früheren DDR wurden in den Stasi-Akten Informationen über etwa 6 Millionen Bürger der früheren DDR und über ca. 2 Millionen Bürger aus der früheren Bundesrepublik gesammelt[1]. Aber nicht nur diese 8

---

[1] Erläuterungen zu den Anlagen zum Vertrag zwischen der Bundesrepublik Deutschland und der Deutschen Demokratischen Republik über die Herstellung der Einheit Deutschlands vom 31. August 1990 - Einigungsvertrag -, BTag-Drs. 11/7817 = BRat-Drs. 605/90; auf eine entsprechende Anfrage des Abgeordneten Dr. Ahrens (SPD) hat die Bundesregierung mitgeteilt, daß die Stasi über mehr als 2,4 Millionen Bürger der alten Bundesrepublik Dossiers angelegt hatte (BTag-Drs. 11/8049).

Millionen Zielpersonen sind betroffen. Die Stasi-Akten enthalten darüberhinaus noch Informationen über deren Ehegatten, Kinder, Verwandte, Bekannte und Freunde. Gesammelt wurden Daten aus allen Lebensbereichen der betroffenen Personen. Es wurden teilweise bis zu 80.000 personenbezogene Informationen (Lebensläufe, Kontoverfügungen, Tagesabläufe etc.) über die Zielperson in den Akten der Stasi gesammelt[2]. Allerdings enthalten die Akten des MfS auch Angaben zu den ca. 100.000 Mitarbeitern mit einem festem Gehalt, die die Staatssicherheit beschäftigte, und über etwa 1,6 bis 2 Millionen ehemalige DDR-Bürger, die irgendwann einmal ohne Bezahlung Informationen über ihre Mitbürger an die Stasi geliefert haben[3].

Außerdem stellt sich die Frage, was mit den Unterlagen der früheren Staatspartei SED/PDS, der Blockparteien und der Massenorganisationen (FDGB, FdJ usw.) geschehen soll, die zum Teil ebenfalls staatliche Aufgaben wahrgenommen haben. Sollten diese Akten nicht auch in ein staatliches Archiv - sei es nun das Bundesarchiv oder ein Staatsarchiv der Länder - aufgenommen werden? Da das Problem einen eigenen Vortrag rechtfertigen würde, soll an dieser Stelle nur darauf hingewiesen werden, daß Abgeordnete der Regierungskoalition einen Gesetzentwurf zur Änderung des Bundesarchivgesetzes

---

[2] So der letzte Innenminister der DDR Diestel, zitiert nach Stoltenberg, ZRP 1990, S. 460.

[3] DIE ZEIT, Nr. 8 vom 15. Februar 1991, S. 9.

in den Bundestag eingebracht haben[4]. Danach sollen die Unterlagen der SED sowie der anderen Parteien und Massenorganisationen der DDR, soweit sie die Wahrnehmung staatlicher Aufgaben betreffen, dem Bundesarchiv übergeben werden. Bei einer Anhörung des Innenausschusses des Deutschen Bundestages am 28. August 1991 zeigte sich, daß eine breite Basis unter den politischen Parteien und Gruppen sowie bei den dort geladenen Fachleuten für eine Ergänzung des Bundesarchivgesetzes um einen § 2 a bestand. Aufgrund dieser Vorschrift soll im Bundesarchiv eine unselbständige Stiftung des öffentlichen Rechts unter dem Namen "Stiftung Archiv der Parteien und Massenorganisationen der DDR" mit Sitz in Potsdam errichtet werden.

Bevor die Bedeutung des Problems der Behandlung der Stasi-Unterlagen für das allgemeine Archivwesen und insbesondere die Archivgesetzgebung eingegangen werden soll, möchte ich den Blick auf die derzeitige, durch den Einigungsvertrag vorgegebene Rechtslage lenken.

II. Die Regelungen des Einigungsvertrages

Den Kritikern sei zugestanden, daß die Regelungen in Art. 8 in Verbindung mit Anlage I Kapitel II Sachgebiet B Abschnitt

---

[4] BT-Drs. 12/288 vom 20. März 1991.

Archivgesetzgebung und Stasi-Akten

II Nr. 2 b) des Einigungsvertrages[5] sowie in Art. 1 der Vereinbarung zur Durchführung und Auslegung des Einigungsvertrages vom 18. September 1990[6] (im folgenden: Ergänzungsvereinbarung) dem Problem nur sehr unvollkommen gerecht werden und einen Kompromiß darstellen, der die Deutsche Einheit in der zu Verfügung stehenden Zeit ermöglichen sollte. Um es auf einen Nenner zu bringen: Die Regelungen sehen vor, daß das gesamtdeutsche Parlament eine Lösung des Problems findet.

Die anstelle der Bestimmungen des Bundesarchivgesetzes vom 6. Januar 1988[7] - BArchG - geltenden Vorschriften (im folgenden: Sondervorschriften) sollen dem gesamtdeutschen Bundestag die Möglichkeit einräumen, "ohne unangemessenen Zeitdruck die komplexe Materie zu regeln"[8]. Dies ergibt sich

---

[5] Vertrag zwischen der Bundesrepublik und der Deutschen Demokratischen Republik über die Herstellung der Deutschen Einheit - Einigungsvertrag - vom 31. August 1990, BGBl. II 1990, S. 885, insbesondere S. 912 f..

[6] Vereinbarung zwischen der Bundesrepublik Deutschland und der Deutschen Demokratischen Republik zur Durchführung und Auslegung des am 31. August 1990 in Berlin unterzeichneten Vertrages zwischen der Bundesrepublik Deutschland und der Deutschen Demokratischen Republik über die Herstellung der Einheit Deutschlands - Einigungsvertrag - , BGBl. II 1990, S. 1239.

[7] BGBl. I 1988, S. 62.

[8] Erl. zu Anlage Kap. II Sachgeb. B Abschn. II Nr. 2 b), BTag-Drs. 11/7817 S. 3.

schon aus der Präambel der Sondervorschriften des Einigungsvertrages. Dort heißt es wörtlich: "Die Aufbewahrung, Nutzung und Sicherung dieser Unterlagen bedarf wegen der damit verbundenen erheblichen Eingriffe in Grundrechtspositionen einer umfassenden gesetzlichen Regelung durch den gesamtdeutschen Gesetzgeber."

Vom gesamtdeutschen Gesetzgeber wird erwartet, daß er "die Voraussetzungen schafft, daß die politische, historische und juristische Aufarbeitung der Tätigkeit des ehemaligen Ministeriums für Staatssicherheit/Amtes für Nationale Sicherheit gewährleistet bleibt" (Art. 1 Nr. 2 der Ergänzungsvereinbarung). Die den Einigungsvertrag schließenden Parteien haben außerdem in der Ergänzungsvereinbarung ihre Erwartung geäußert, "daß ein angemessener Ausgleich zwischen
- der politischen, historischen und juristischen Aufarbeitung,
- der Sicherung der individuellen Rechte der Betroffenen und
- dem gebotenen Schutz des einzelnen vor unbefugter Verwendung seiner persönlicher Daten

geschaffen wird" (Art. 1 Nr. 3 der Ergänzungsvereinbarung).

Hierbei sollen nach dem Wortlaut des Einigungsvertrages und der Ergänzungsvereinbarung die Grundsätze des noch von der Volkskammer der DDR verabschiedeten "Gesetz zur Sicherung und Nutzung der personenbezogenen Daten des ehemaligen Ministeriums für Staatssicherheit/Amtes für Nationale Sicherheit" vom 24. August 1990[9] - Stasi-Akten-Gesetz/DDR - umfassend berücksichtigt werden, das mit dem Einigungsvertrag *nicht* übergeleitet wurde und an das man sich - wie es scheint - nicht allzu eng anlehnen will. Unter Hinweis auf die Maßgabe im Einigungsvertrag sollen lediglich die Grundsätze des Stasi-Akten-Gesetzes/DDR beachtet werden.

Da die Regelungen über die Stasi-Akten im Einigungsvertrag nur vorläufig sind, begrenzt § 2 der Sondervorschriften die Nutzung und Übermittlung personenbezogener Daten aus den Akten der Stasi, "soweit dies unerläßlich und nicht bis zu einer abschließenden gesetzlichen Regelung unaufschiebbar ist:

1. für Zwecke der Wiedergutmachung und der Rehabilitierung von Betroffenen,
2. zur Feststellung einer offiziellen oder inoffiziellen Tätigkeit für das ehemalige Ministerium für Staatssicherheit/Amt für Nationale Sicherheit der Deutschen Demokratischen Republik und zwar
2. a) für die Überprüfung von Abgeordneten und Kandidaten für parlamentarische Mandate mit Zustimmung der Betroffenen,
   b) für die Weiterverwendung von Personen im öffentlichen Dienst (Anlage I Kapitel XIX Sachgebiet A Abschnitt III Nr. 1) mit deren Kenntnis und

---

[9] DDR-GBl. 1990, S. 1419; zu den verfassungsrechtlichen Bedenken gegen die Übernahme dieses Gesetzes, vgl. Stoltenberg, ZRP 1990, S. 461 ff..

c) für die Einstellung von Personen in den öffentlichen Dienst und für Sicherheitsüberprüfungen mit Zustimmung der Betroffenen,
3. zur Verfolgung von Straftaten im Zusammenhang mit der Tätigkeit des ehemaligen Ministeriums für Staatssicherheit/Amtes für Nationale Sicherheit der Deutschen Demokratischen Republik und
4. zur Aufklärung und Verfolgung der in Art. 1 § 2 Abs. 1 des Gesetzes zur Beschränkung des Brief-, Post- und Fernmeldegeheimnisses (Gesetz zu Art. 10 des Grundgesetzes) genannten Straftaten durch Strafverfolgungsbehörden und andere Behörden im Rahmen ihrer gesetzlichen Aufgaben."

Im Einigungsvertrag ist die Nutzung der Stasi-Archive durch die Betroffenen selbst, z. B. zur Geltungmachung ihres Rechtes auf Auskunft, grundsätzlich nicht vorgesehen. Lediglich zum Zwecke der Wiedergutmachung und der Rehabilitierung nach § 2 Abs. 1 Nr. 1 sowie zur Abwehr einer gegenwärtigen oder drohenden Verletzung ihres Persönlichkeitsrechts, soweit dies zur Verfolgung der Rechte der Betroffenen unerläßlich und unaufschiebbar ist, können Betroffene Auskunft aus den Stasi-Akten erhalten (§ 3 der Sondervorschriften). Es ist dem am 2. Dezember 1990 gewählten gesamtdeutschen Gesetzgeber vorbehalten, die weitere Nutzung der Stasi-Archive für Betroffene zu ermöglichen.

Durch § 1 Abs. 1 der Sondervorschriften wurde das Amt des Sonderbeauftragten der Bundesregierung für die personen-

Archivgesetzgebung und Stasi-Akten 269

bezogenen Unterlagen des ehemaligen Staatssicherheitsdienstes geschaffen. Seine Aufgabe ist es, die Unterlagen des Stasi, die personenbezogene Daten enthalten, bis zu einer endgültigen gesetzlichen Regelung in sichere Verwahrung zu nehmen und gegen unbefugten Zugriff zu sichern. Bis dahin liegt seine Hauptaufgabe hauptsächlich in der Überprüfung von Abgeordneten und Kandidaten für parlamentarische Mandate und von Personen, deren Weiterverwendung im oder Einstellung in den öffentlichen Dienst beabsichtigt ist (§ 2 Abs.1 Nr. 2 der Sondervorschriften). Diese Aufgabe wird dadurch erschwert, daß im Februar 1990 die Bürgerrechtler vom "Runden Tisch" aus Angst vor Racheakten und Unruhen den letzten Stasi-Obersten gestatteten, einen Film mit den Namen aller ihrer inoffiziellen Mitarbeiter (IM) zu vernichten[10]. Außerdem sind nur ca. ein Drittel des Aktenbestandes relativ leicht zugänglich. Die meisten Unterlagen liegen unsortiert in den Archiven, zum Teil in Säcken, Kartons oder Tüten[11]. Für die Aufarbeitung des Materials bedarf es nicht nur einige Zeit, sondern vor allem der Mitarbeit erfahrener Archivare.

III. Die besondere Bedeutung der Stasi-Unterlagen

Bereits die Ereignisse seit der Öffnung der Berliner Mauer am 9. November 1989 sowie die Besetzungen der Stasi-Zentralen

---

[10] DIE ZEIT, Nr. 8 vom 15. Februar 1991, S. 9.

[11] DER SPIEGEL, Heft Nr. 10 vom 4. März 1991, S. 44.

in Berlin, Leipzig und anderen Städten der damaligen DDR und die monatelange Diskussion um den Verbleib der Stasi-Akten im vergangenen Sommer haben gezeigt, wieviel Emotionen das Problem der Stasi-Akten freisetzt. Der letzte Innenminister der DDR, Diestel, plädierte für die Vernichtung aller Stasi-Akten. Das Nachrichtenmagazin DER SPIEGEL veröffentlichte genau einen Monat vor dem Tag der Wiedervereinigung[12], daß die Bundesregierung beabsichtige, die ca. 168 km[13] Regale füllenden Stasi-Akten "dem Koblenzer Bundesarchiv auszuliefern". Auch in anderen westdeutschen Tageszeitungen wurde der Eindruck erweckt, die Stasi-Akten sollten nach Koblenz transportiert werden. Wo man die Unterlagen in Koblenz hätte lagern sollen, wurde - wohl aus guten Gründen - weder vom SPIEGEL noch von anderer Seite berichtet. Die Meldungen führten zum Beschluß der Volkskammer vom 30. August 1990, den Einigungsvertrag scheitern zu lassen, falls die Bundesregierung beabsichtige, die Stasi-Akten ins Bundesarchiv nach Koblenz zu verlagern. In der Tat würde die zentrale Lagerung der Stasi-Akten erhebliche organisatorische Vorteile für die Aufarbeitung der Unterlagen bringen. Auf eine entsprechende Frage des Abgeordneten Dr. Ahrens erklärte die Bundesregierung am 28. September 1990, die Stasi-Unterlagen würden an 21 verschiedenen Stellen auf

---

[12] DER SPIEGEL, Heft Nr. 36 vom 3. September 1990, S. 28 ff..

[13] Bis zum Herbst 1991 sind weitere Aktenbestände aufgetaucht, die zum Teil auch aus privater Hand stammen und die die Regale auf über 200 km Länge haben anwachsen lassen.

dem Gebiet der damaligen DDR einschließlich Ost-Berlins lagern[14]. Daran hat sich nichts geändert.

Auf den ersten Blick sprechen viele, auch datenschutzrechtliche Gründe für die sofortige Löschung der verfassungswidrig erhobenen personenbezogenen Daten. Auf der anderen Seite gibt es herausragende Interessen der Allgemeinheit an der Aufbewahrung der Stasi-Akten, etwa zur Strafverfolgung und/oder für die zivil- bzw. strafrechtliche Rehabilitierung Betroffener, die nicht nur im Interesse des Betroffenen, sondern auch zur Herstellung des Rechtsfriedens unerläßlich ist. In der Tat darf es nicht angehen, daß etwa Menschenrechtsverletzungen des SED-Regimes ungesühnt bleiben, nur weil die Unterlagen, die die Täter überführen können, vernichtet wurden. Auch könnten gerade durch eine Löschung von Daten schutzwürdige Belange Betroffener beeinträchtigt werden, da Wiedergutmachungs- und Rehabilitierungsansprüche dadurch erschwert, wenn nicht sogar vereitelt würden. Dies insbesondere deshalb, weil die Beantwortung der Frage, ob und gegen wen er welche Ansprüche gelten machen kann, erheblich schwieriger sein dürfte. Außerdem darf innerhalb dieses Vortrages nicht unerwähnt bleiben, daß gerade die Unterlagen des MfS einen nicht unwesentlichen Beitrag zur Aufarbeitung der (gesamt)deutschen Geschichte leisten können. Dies gilt nicht nur für die Aufarbeitung der neueren Geschichte der Bundesrepublik Deutschland und der Deutschen Demokratischen Republik. Nicht vergessen werden darf nämlich, daß das

---

[14] BT-Drs. 11/8049 S. 2.

MfS zum Teil bisher unbekannte Vorgänge aus der Zeit des Dritten Reiches ausgewertet und genutzt hat[15]. Zumindest eines ist klar: Angesichts der komplizierten Interessenlage verbieten sich einfache Lösungen[16].

Bei der Auswertung und Beurteilung der Stasi-Akten darf jedoch nicht unberücksichtigt bleiben, daß die Unterlagen von einem Geheimdienst angelegt wurden, d. h. der Inhalt ist oft verschlüsselt, falsifiziert oder - wie vielfach behauptet wird - einfach erfunden. Der Aussagewert der Stasi-Akten ist deshalb zum Teil durchaus zweifelhaft[17]. Das gilt auch für die Stasi-Akten, die bei der Besetzung der Stasi-Zentralen in der ehemaligen DDR verschwunden sind, und in den letzten Monaten zum Teil in der Presse veröffentlicht wurden. In Folge dieser

---

[15] Vgl. hierzu den etwas reißerisch aufgemachten und nicht in allen Punkten zutreffenden Artikel in "DER SPIEGEL" Heft 21 vom 20. Mai 1991, S. 50 ff., sowie den Bericht in "die tageszeitung" vom 23. April 1991, S.13 jeweils zum vom MfS genutzten und nunmehr dem Bundesarchiv unterstehenden Archiv in Berlin, Freienwalderstraße, in dem nahezu ausschließlich Unterlagen aus der Zeit von 1933 bis 1945 lagern.

[16] So auch Stoltenberg, ZRP 1990, S. 461.

[17] In einem Interview mit der Tageszeitung "die tageszeitung" vom 14. August 1991 hat der Sonderbeauftragte Joachim Gauck allerdings erklärt: "Für die Fälschungsthese haben wir bei der Auswertung des Materials in keinem Fall Anhaltspunkte gefunden. Eine Akte, die zielgerichtet gefälscht wurde, ist uns noch nicht untergekommen."

Veröffentlichungen wurden Personen - teilweise zu Recht, teilweise zu Unrecht - als Stasi-Mitarbeiter verdächtigt.

Im Vorgriff auf die gesetzliche Regelung hat der Sonderbeauftragte für die Stasi-Akten am 12. Dezember 1990 eine "Vorläufige Benutzerordnung"[18] erlassen und damit die Forderung aus Art. 1 Nr. 7 der Ergänzungsvereinbarung erfüllt. Die "Vorläufige Benutzerordnung" soll bis zum Erlaß des Stasi-Akten-Gesetzes gelten und hält sich in dem vom Einigungsvertrag vorgegebenen Rahmen. Da § 1 Abs. 4 Satz 2 der Sondervorschriften im Einigungsvertrag bei wichtigen Angelegenheiten die Pflicht zur Anhörung des Bundesbeauftragten für den Datenschutz vorsieht und die Erarbeitung der Benutzerordnung eine solche wichtige Angelegenheit war, stand der Sonderbeauftragte bei der Erarbeitung der "Vorläufigen Benutzerordnung" in einem ständigen Dialog mit dem Bundesbeauftragten für den Datenschutz, der für die datenschutzrechtlichen Belange bei der Nutzung der Stasi-Akten ein eigenes Referat eingerichtet hat.

Dem Gesetzgeber ist zwar für den Erlaß eines die weitere Behandlung der Stasi-Akten regelnden Gesetzes keine Frist gesetzt worden, allerdings ist Art. 1 Nr. 9 der Ergänzungsvereinbarung zu entnehmen, daß unverzüglich nach dem 3. Oktober 1990 mit der Gesetzgebungsarbeit begonnen werden

---

[18] Vorläufige Ordnung für die Nutzung personenbezogener Unterlagen des ehemaligen Ministeriums für Staatssicherheit/Amt für nationale Sicherheit (Vorläufige Benutzerordnung) vom 12. Dezember 1990, abgedruckt in: Datenschutzberater Heft 4/91 S. 17 ff..

sollte. Der Bundesminister des Innern hat deshalb für die Behandlung der Stasi-Akten ebenfalls ein eigenes Referat geschaffen, zu dessen Aufgabe es u. a. gehört, an der Vorbereitung eines entsprechenden Gesetzentwurfs mitzuwirken. Bei der Erarbeitung dieses Gesetzes und bei den Beratungen im Deutschen Bundestag wird zu berücksichtigen sein, daß für die Behandlung der Stasi-Akten weder das geltende Datenschutzrecht noch das geltende Archivrecht befriedigende Lösungen bereithalten. Gleichwohl bieten das Datenschutz- als auch das Archivrecht wichtige Lösungsansätze bei den auftauchenden Fragen an. Ziel eines Stasi-Akten-Gesetzes sollte es sein, dem Einzelnen Zugang zu seinen in den Akten der Stasi gespeicherten personenbezogenen Daten zu geben und ihn gleichzeitig vor der Beeinträchtigung seines Persönlichkeitsrechtes beim Umgang mit diesen Daten zu schützen. Daneben muß das Gesetz dafür sorgen, daß den Strafverfolgungsbehörden und anderen Stellen die zur Erfüllung ihrer Aufgaben erforderlichen Informationen zur Verfügung gestellt werden. Auch die historische, politische und juristische Aufarbeitung der Tätigkeit des früheren Staatssicherheitsdienstes muß durch das Gesetz gewährleistet sein. Ob das Bundesamt für den Verfassungsschutz Zugang zu den Stasi-Akten erhält, begegnet - jedenfalls soweit Einblick in Unterlagen begehrt wird, die Angaben über Täter und Begünstigte enthalten - keinen datenschutzrechtlichen Bedenken. Diese Frage ist vielmehr politisch zu entscheiden. Aus Sicht des Datenschutzes ist allerdings eine dem Gebot der Normenklarheit entsprechende gesetzliche Regelung im beabsichtigten Stasi-Unterlagen-Gesetz zu fordern.

IV. Forschung und Stasi-Akten

Für den Archivar ist auffällig, daß bei den Sondervorschriften im Einigungsvertrag ein wichtiger Nutzungsgrund eines normalen Archivs fehlt, nämlich die Nutzung zu wissenschaftlichen Zwecken. Die Bundesregierung ging beim Abschluß des Einigungsvertrages davon aus, daß dem gesamtdeutschen Gesetzgeber möglichst wenig vorgegriffen werden sollte und die Beschränkung im Hinblick auf die Vorläufigkeit der Regelung gerechtfertigt ist[19]. Da sich die Vorläufige Benutzerordnung des Sonderbeauftragten vom 12. Dezember 1990 im engen Rahmen der Sondervorschriften im Einigungsvertrag zu halten hatte, enthält sie daher auch keine Regelung über die wissenschaftliche Aufarbeitung der Stasi-Unterlagen[20], so daß eine wissenschaftliche Aufarbeitung der Tätigkeit des MfS zur Zeit noch nicht möglich ist. Eine Forschungsklausel wird aber im zukünftigen Stasi-Unterlagen-Gesetz enthalten sein.

Das Stasi-Akten-Gesetz/DDR enthielt in § 10 eine Vorschrift über die Nutzung für wissenschaftliche Zwecke. Da diese Regelung datenschutzrechtlich durchaus zu begrüßen war und wesentliche Forderungen des Bundesbeauftragten für den Datenschutz berücksichtigte, sollte diese Vorschrift zum Ausgangspunkt der Überlegungen für die Forschungsklausel im

---

[19] Erl. zu Anlage I Kap. II Sachgeb. B Abschn. II Nr. 2 b), BTag-Drs. 11/7817 S. 3.

[20] Dies überzieht Weberling, DVBl. 1991, S. 681.

Stasi-Akten-Gesetz gemacht werden. Auch die Forschungsregelungen im neuen Bundesdatenschutzgesetz (BDSG)[21] sollten ebenso wie die Forschungsklauseln in den Datenschutzgesetzen der Länder bei den Überlegungen eine Rolle spielen. So wird von seiten des Datenschutzes gefordert werden, daß soweit überhaupt für die wissenschaftliche Erforschung der Stasi-Tätigkeit nicht-öffentliche Stellen in Betracht kommen können, sich diese der Kontrolle eines unabhängigen Datenschutzbeauftragten - sei es des Bundesbeauftragten oder eines Landesbeauftragten für den Datenschutz - unterwerfen müssen[22].

Ferner wird davon ausgegangen werden müssen, daß die Unterlagen gesperrt sind[23] und daher auch für Forschungszwecke nur ausnahmsweise zur Verfügung stehen werden. Allerdings sind Schutzfristen im Sinne von § 5 BArchG entbehrlich. Das hat seinen Grund darin, daß die Stasi-Akten - anders als normale Archivalien - noch einer ganzen Reihe von Ver-

---

[21] Art. 1 des Gesetzes zur Fortentwicklung der Datenverarbeitung und des Datenschutzgesetzes vom 20. Dezember 1990, BGBl. I 1990, S. 2954; nach Art. 6 tritt das Gesetz am 1. Juni 1991 in Kraft; bedeutsam sind in diesem Zusammenhang die Regelungen in § 4 Abs. 3, § 14 Abs. 2 Nr. 9 und § 40 BDSG n. F..

[22] Eine solche Unterwerfungsklausel ist bereits in den Forschungsklauseln der Datenschutzgesetze der Länder Berlin (§ 30 Abs. 4), Bremen (§ 16 a Abs. 4), Hamburg (§ 27 Abs. 6), Hessen (§ 33 Abs. 4) und Nordrhein-Westfalen (§ 28 Abs. 4).

[23] Vgl. § 2 Abs. 1 Satz 1 der Sondervorschriften und § 14 Abs. 1 Benutzerordnung des Sonderbeauftragten.

waltungszwecken dienen müssen, angefangen von der Feststellung einer offiziellen oder inoffiziellen Tätigkeit für die Stasi, über die Aufklärung und Verfolgung von Straftaten bis hin zur Rehabilitierung der von der Stasi Verfolgten. Man wird eben der Tatsache Rechnung tragen müssen, daß es sich beim Stasi-Unterlagen-Gesetz um ein "Sonder-Archiv-Gesetz" handeln wird, auf das die Regeln "normaler" Archivgesetzgebung nur bedingt anwendbar sind.

V. Verhältnis Datenschutz und Forschung

Gerade in diesem Zusammenhang bieten sich einige grundsätzliche Bemerkungen zum Thema "Forschung und Datenschutz" an.

Das Verhältnis zwischen Datenschutz und der Forschung, dem Hauptnutzer der Archive des Bundes und der Länder, kann nicht als ungetrübt bezeichnet werden. So lautet die Überschrift eines Sonderdruckes der "Mitteilungen des Hochschulverbandes" aus dem Jahr 1986: "Übertriebener Datenschutz behindert historische Forschung". Der Artikel bezog sich auf einen Beschluß des Landgerichts Frankenthal[24], das die Übermittlung personenbezogener Daten aus Personenstandsbüchern an einen Universitätsprofessor für rechtswidrig erklärt hatte. Ähnlich klingt es, wenn die Sprache auf Beschränkungen der

---

[24] Landgericht Frankenthal, Beschluß vom 30. Januar - 1 T 2/85, NJW 1985, S. 2539.

Nutzung von Archiven aus Gründen des Datenschutzes kommt. Insbesondere Historiker weisen auf die ihrer Ansicht nach bestehende Gefahr hin, daß der Datenschutz mit dem Interesse an historischer Forschung in Konflikt gerät und die historische Forschung ernstlich beeinträchtigen könnte[25]. Gerade von wissenschaftlicher Seite wird dabei auf die Aufgabe des Archivs verwiesen, nämlich "das Archivgut [...] auf Dauer zu sichern, nutzbar zu machen und wissenschaftlich zu verwerten" (§ 1 BArchG). Morsey hat in seinem Referat "Einschränkung historischer Forschung durch Datenschutz?"[26] die Frage, wenn auch mit Einschränkungen bejaht und den wachsenden Widerstand gegen den Datenschutz in Politik, Wissenschaft und Verwaltung ausdrücklich begrüßt. Dabei hatte Steinmüller[27] bereits in seinem Referat "Datenschutz und Archivwesen" zum 53. Deutschen Archivtag mit Recht darauf hingewiesen, daß es nicht darum geht, unter dem Hinweis auf Datenschutz Forschungsarbeiten oder Verwaltungsfunktionen, wie etwa die Tätigkeit des Archivars, zu behindern. Vielmehr sei der "Datenschutz schlicht die notwendig gewordene Kehrseite der Datenverarbeitung: Wer die Vorteile der Technologien nutzen will muß - wo viel Licht, da viel Schatten - auch gele-

---

[25] Erklärung des Verbandes der Historiker Deutschland zu Fragen des Datenschutzes und der Archivgesetzgebung vom 15. April 1989, abgedruckt in: Der Archivar 42 (1989), Sp. 658 ff..

[26] Abgedruckt in: Bästlein u. a., Datenschutz und Forschungsfreiheit, 1986, S. 61 ff..

[27] Der Archivar 33 (1980), Sp. 176.

Archivgesetzgebung und Stasi-Akten 279

gentliche Nachteile im Interesse des Gesamten in Kauf nehmen".

Der Bundesbeauftragte für den Datenschutz hat bereits in seinem 2. Tätigkeitsbericht darauf hingewiesen, daß das Bundesarchiv in Koblenz zu den Stellen mit besonders umfangreichen Sammlungen personenbezogener Daten gehört[28]. Das gilt auch für andere staatliche und private Archive, besonders für das Sonderarchiv für die Stasi-Akten. In der Tat sind die meisten Restriktionen bei der Benutzung der Archive datenschutzrechtlicher Natur. Polley[29] schrieb hinsichtlich des Bundesarchivgesetzes: "Die Archivgesetzgebung von Bund und Ländern ist in zeitlicher und inhaltlicher Hinsicht eine Fortsetzung und Modifizierung der Datenschutzgesetzgebung der siebziger Jahre". Dem kann man nur zustimmen. Auf die Notwendigkeit einer gesetzlichen Regelung der Materie haben sowohl der Bundesbeauftragte für den Datenschutz als auch die Datenschutzbeauftragten der Länder bereits früh hingewiesen[30].

---

[28] 2. Tätigkeitsbericht des Bundesbeauftragten für den Datenschutz S. 14.

[29] Polley, NJW 1988, S. 2026; vgl. auch amtl. Begründung zum BArchG, BT-Drs. 10/3072 und 11/498 jeweils S. 7.

[30] Vgl. den 2. (S. 14 f.) und 4. (S. 50 f.) Tätigkeitsbericht des Bundesbeauftragten sowie die Empfehlungen der Konferenz der Datenschutzbeauftragten der Länder und des Bundes zur Sicherstellung des Datenschutzes im Archivwesen vom 27. April 1982, abgedruckt in: Der Archivar 36 (1983), Sp. 65 ff.; 9. Tätigkeits-

Auch die Archivare selbst haben sowohl die Notwendigkeit als auch die Vorteile von Archivgesetzen eingesehen. Bisher wurden die Archive nämlich lediglich als verlängerte Registratur der Verwaltung angesehen. Rein gesetzestechnisch standen die Archive des Bundes und der Länder zur "Disposition" ihrer vorgesetzten Ministerien und waren weder als "Gedächtnisse der Nation" noch als Forschungseinrichtungen anerkannt[31]. So wurde das Bundesarchiv lediglich durch einen Errichtungsbeschluß der Bundesregierung vom 24. März 1950[32] eingerichtet. Erst mit dem Bundesarchivgesetz wurde das Bundesarchiv als selbständige gesetzliche Einrichtung mit einem kulturellen Auftrag auch mit Rechten gegenüber der Unterlagen abgebenden Stelle ausgestattet, die u. a. auch die Abgabe solcher Unterlagen gewährleisten soll, die einem besonderen Daten- und Persönlichkeitsschutz unterliegen.

Die Gesetzesform war und ist aber vor allem deshalb erforderlich, weil Archivschutz ohne die Einschränkung von Grundrechten, namentlich des Eigentumsrechtes aus Art. 14 GG, besonders aber des Persönlichkeitsrechtes und des dazugehörigen Rechtes auf informationelle Selbstbestimmung aus

---

bericht des LfD NW S. 35; 7. Tätigkeitsbericht des Bayer. LfD S. 58 f.; Geiger, Das Spannungsverhältnis zwischen Persönlichkeitsschutz und Wissenschaftsfreiheit in der Sicht des Datenschutzbeauftragten, in: Bästlein u. a., Datenschutz und Forschungsfreiheit, 1986, S. 58.

[31] Oldenhage, Der Archivar 33 (1980), Sp. 165.

[32] Abgedruckt in: Der Archivar 7 (1954), Sp. 29 ff..

Art. 2 Abs. 1 GG nicht möglich ist[33]. Das gilt im besonderen Maße für die insgesamt mehr als acht Millionen Betroffenen aus Ost- und Westdeutschland, deren personenbezogene Daten in den Stasi-Akten gesammelt wurden und nunmehr in den Stasi-Archiven gespeichert sind.

Aber auch von der anderen Seite, von der Seite des Archivbenutzers sind Grundrechte betroffen, nämlich das vom Bundesverfassungsgericht[34] als eigenes Grundrecht bezeichnete Recht auf Informationsfreiheit (Art. 5 Abs. 1 GG) und für den wissenschaftlichen Benutzer das Recht auf Wissenschaftsfreiheit und freie Forschung (Art. 5 Abs. 3 GG). Nicht zu verkennen ist, daß die Archivare insbesondere bei der Schaffung des Bundesarchivgesetzes Befürchtungen hegten, der Datenschutz könne zu Lasten der wissenschaftlichen Forschung die Oberhand gewinnen[35]. Man macht es sich aber zu einfach, wenn man vom Grundsatz ausgeht, jegliche Forschung sei im öffentlichen Interesse. Daß dem nicht so ist, zeigt bereits der oben zitierte Beschluß des Landgerichts Frankenthal. Vielmehr muß vom Archiv gegebenenfalls eine Entscheidung darüber getroffen werden, ob das öffentliche Interesse an dem Forschungsvorhaben, für das eine Archivalie eingesehen werden soll und das eventuell sensible personenbezogene Daten enthält, das Recht auf informationelle Selbstbestimmung eines

---

[33] So auch Oldenhage, Der Archivar 33 (1980), Sp. 166.

[34] BVerfGE Bd. 27, S. 81, 108 f..

[35] Oldenhage, Der Archivar 33 (1980), Sp. 168.

Betroffenen überwiegt. Es handelt sich dabei um eine Ermessensentscheidung des Archivs[36], die wie alle Verwaltungsentscheidungen in vollem Umfang (verwaltungs)gerichtlich überprüfbar ist.

Dies macht deutlich, daß Wissenschafts- und Forschungsfreiheit und Datenschutz zwar keine Gegensätze sind, daß zwischen ihnen aber ein Spannungsverhältnis besteht. Geiger[37] hat mit Recht darauf hingewiesen, daß sich zwar der Datenschutzbeauftragte diesem Konflikt zu stellen hat, nicht aber das von der Verfassung vorgegebene Spannungsverhältnis zwischen Forschung und Datenschutz auflösen kann. Gleiches wird auch für die künftige wissenschaftliche Arbeit mit den Stasi-Akten gelten. Insoweit unterscheidet sich die Behandlung der Unterlagen des Sonderarchivs "Stasi-Akten" nicht von der Behandlung "normalen" Archivgutes, wie es sich im Bundesarchiv oder in den Archiven der Länder und Gemeinden befindet.

VI. Ausblick

Welchen Einfluß wird nun die Behandlung der Stasi-Akten angesichts der aufgezeigten Probleme auf die weitere Ar-

---

[36] So auch Gallwas, Informatik und Recht 1986, S. 153.

[37] Geiger in: Bästlein u. a., Datenschutz und Forschungsfreiheit, 1986, S. 54; Geiger ist nunmehr Leitender Beamter beim Sonderbeauftragten der Bundesregierung für die Stasi-Akten.

Archivgesetzgebung und Stasi-Akten 283

chivgesetzgebung haben? Angesichts der Tatsache, daß das Bundesarchivgesetz erst am 3. Dezember 1987 vom Bundestag verabschiedet und am 6. Januar 1988 vom Bundespräsidenten ausgefertigt wurde, und ebenfalls unter Berücksichtigung dessen, daß nicht alle datenschutzrechtlichen Wünsche des Bundesbeauftragten für den Datenschutz bei der Schaffung dieses Gesetzes berücksichtigt wurden, muß festgehalten werden, daß es sich bei den Stasi-Akten um besonderes Archivgut handelt. Dies ergibt sich bereits aus der Tatsache, daß der Stasi über eine in die Millionen gehende Anzahl von Personen Daten erhoben und gesammelt hat und diese Personen zum größten Teil noch leben. Außerdem darf nicht vergessen werden, daß dieses Sonderarchivgut noch einer Reihe von Verwaltungszwecken dient. Auch sind die in den Stasi-Akten gesammelten personenbezogenen Daten nicht auf rechtsstaatlich einwandfreiem Wege erworben worden. Dies alles unterscheidet die Stasi-Akten grundsätzlich von "normalen" Archivalien. Für die "normale" Archivalien ergeben sich deshalb keine neuen Anforderungen des Datenschutzes.

VII. Die Forschungsregelungen in den Entwürfen zu einem Stasi-Unterlagen-Gesetz

Erst lange nach Abschluß des obigen Vortrages liegen nun Entwürfe zu einem Stasi-Unterlagen-Gesetz vor. Nach Durchsicht der Entwürfe ergibt sich, daß vieles von dem oben Gesagten Makulatur geworden ist. Gleichwohl habe ich mich dazu entschlossen, den Vortrag nicht im Gesamten umzuarbeiten, sondern lediglich um Aktuelles zu ergänzen.

Nachdem zunächst am 7. Juni 1991 die Abgeordnete Ingrid Köppe und die Gruppe BÜNDNIS 90/DIE GRÜNEN einen "Entwurf eines Gesetzes über die Sicherung und Nutzung der Daten und Unterlagen des Ministeriums für Staatssicherheit der Deutschen Demokratischen Republik"[38] (im folgenden: Alternativentwurf) in den Deutschen Bundestag eingebracht hatten, legten die Fraktionen von CDU/CSU, SPD und F.D.P. einen Monat später den "Entwurf eines Gesetzes über die Unterlagen des Staatssicherheitsdienstes der ehemaligen Deutschen Demokratischen Republik (Stasi-Unterlagen-Gesetz - StUG)"[39] vor. Diesen Entwurf brachte die Bundesregierung nahezu inhaltsgleich am 29. August[40] (im folgenden: Regierungsentwurf) ebenfalls in den Deutschen Bundestag ein. Er wird bis auf wenige Veränderungen, die der Entwurf in den Beratungen der Ausschüsse des Deutschen Bundestages noch erfahren wird, Gesetz werden. Beabsichtigt ist, daß das Stasi-Unterlagen-Gesetz zum 1. Januar 1992 in Kraft treten soll.

Die Gesetzesentwürfe haben eine Reihe von Gemeinsamkeiten. So gehen die Entwürfe von dem Begriff "Unterlagen" aus, der

---

[38] BT-Drs. 12/692.

[39] Vom 12. Juni 1991, BT-Drs. 12/723.

[40] BT-Drs. 12/1093.

erheblich weiter ist als der Begriff Akte[41]. Auch sehen alle Entwürfe u. a. Bestimmungen vor, die die wissenschaftliche Auswertung der Stasi-Unterlagen regeln[42], wobei der Alternativentwurf in seinem § 16 Abs. 1 ausdrücklich bestimmt: "Die Nutzung von Daten und Unterlagen des MfS ist grundsätzlich im Allgemeininteresse geboten und daher zu fördern." Sowohl der Alternativentwurf als auch der Regierungsentwurf haben sich an datenschutzrechtlichen Eckpunkten orientiert. Dazu gehören zum Beispiel die schutzwürdigen Belange der Betroffenen[43]. Allerdings sieht der Regierungsentwurf in seinem § 25 zunächst vor, daß der Bundesbeauftragte für die Stasi-Unterlagen die Unterlagen zur eigenen Aufarbeitung der Tätigkeit des MfS durch Auswertung der Struktur, Methoden und Wirkungsweise des Stasi verwenden darf. Dies soll insbesondere durch die Einrichtung und Unterhaltung von Dokumentations- und Ausstellungszentren geschehen. Alle Gesetzentwürfe sehen darüberhinaus auch die wissenschaftliche

---

[41] Zur Begriffsbestimmung siehe § 4 Abs. 1 des Regierungsentwurfes, BT-Drs. 12/1093 S. 6.

[42] Vgl. die in der Anlage abgedruckten Bestimmungen. Im folgenden wird auf den gemeinsamen Entwurf der Fraktionen von CDU/CSU, SPD und und FDP nicht mehr eingegangen, sondern nur noch auf den Entwurf der Bundesregierung.

[43] § 4 Abs. 3 Satz 1 des Regierungsentwurfes definiert den Begriff wie folgt: "Betroffene sind Personen, zu denen der Staatssicherheitsdienst aufgrund zielgerichteter Ausspähung einschließlich heimlicher Informationserhebung Informationen gesammelt hat.", BT-Drs. 12/1093, S. 6; die Begriffsbestimmung in § 2 Abs. 4 des Alternativentwurfes kommt dieser Definition ebenfalls sehr nahe.

Aufarbeitung des MfS-Tätigkeit durch externe öffentliche und nicht-öffentliche Forschungsstellen vor.

Ohne Einschränkung wird die wissenschaftliche Auswertung bei Unterlagen möglich sein, die keine personenbezogenen Daten enthalten. Dies ist vor allem Schriftgut, das zur Regelung des Dienstes innerhalb des MfS entstand und weitgehend aus Befehlen, Weisungen, Protokollen dienstlicher Veranstaltungen, Lageeinschätzungen und Selbstdarstellungen des MfS besteht[44]. Auch Duplikate von Unterlagen, in denen personenbezogene Daten anonymisiert wurden, werden der Forschung ohne Einschränkung zur Verfügung stehen.

Unterlagen mit personenbezogenen Daten von Personen der Zeitgeschichte und Inhabern politischer Funktionen oder Amtsträgern in Ausübung ihres Amtes werden weitgehend wissenschaftlich aufgearbeitet werden können. Allerdings dürfte die Formulierung in § 26 Abs. 1 Nr. 3 a) des Regierungsentwurfes noch überarbeitet werden. Schmidt[45] macht mit Recht darauf aufmerksam, daß es nicht angehen kann, Personen der Zeitgeschichte (Politiker, Spitzensportler, Künstler, aber auch hohe kirchliche Amts- und Würdenträger) aus Gründen der Forschung dem Schutz ihres Persönlichkeitsrechtes völlig zu entblößen. So wurden gerade Personen der Zeitgeschichte auch in ihrem Privatleben von der Stasi aus-

---

[44] Zur Klassifisierung des Schriftgutes des MfS, vgl. Pröhl, Datenschutzberater Heft 11/90, S. 17 f..

[45] Schmidt, RDV 1991, S. 178.

geforscht und überwacht. Auf Anregung des Bundesrates[46] dürften deshalb diejenigen Unterlagen der uneingeschränkten wissenschaftlichen Aufarbeitung entzogen werden, soweit sie personenbezogene Daten von Personen der Zeitgeschichte als Betroffene enthalten. Außerdem sieht der Regierungsentwurf vor, daß der Bundesbeauftragte für die Stasi-Unterlagen im Benehmen mit dem nach § 31 des Regierungsentwurfes zu bildenden Beirat darüber entscheidet, ob der Forschungsstelle die Unterlagen zur Verfügung gestellt werden. Ein Rechtsanspruch auf die Zurverfügungstellung dieser Unterlagen für Zwecke der Forschung besteht daher nicht. Allerdings heißt das nicht, daß eine wissenschaftliche Auswertung von Unterlagen mit personenbezogenen Daten überhaupt nicht möglich sein wird. Aus der Begründung zum Regierungsentwurf geht hervor, daß Unterlagen über Betroffene und personenbezogene Daten Dritter grundsätzlich nur mit deren Einwilligung verwendet und veröffentlicht werden dürfen. Die Einwilligung des Betroffen ist in diesem Fall schriftlich von der Forschungsstelle nachzuweisen.

§ 27 des Regierungsentwurfes sieht zudem Verfahrensregelungen vor, nach denen die Einsichtnahme in die Unterlagen in der Regel in der Zentralstelle oder den Außenstellen des Bundesbeauftragten für die Stasi-Unterlagen erfolgen kann. An wissenschaftliche Stellen können danach auch Duplikate der Unterlagen herausgegeben werden (§ 27 Abs. 3). Die Dupli-

---

[46] Stellungnahme des Bundesrates zum Regierungsentwurf, BT-Drs. 12/1093, S. 30 ff., 38.

kate dürfen jedoch weder für andere Zwecke verwendet noch an andere Stellen weitergegeben werden. Die Veröffentlichungsregelung in § 26 Abs. 3 entspricht weitgehend der Regelung des § 40 Abs. 4 BDSG, geht allerdings über diese Regelung hinaus, soweit es sich um Personen der Zeitgeschichte und Inhaber von politischen Funktionen oder Amtsträger handelt. Auch im übrigen gelten die Regelungen des Bundesdatenschutzgesetzes subsidiär, etwa für die Pflicht, personenbezogene Daten zu anonymisieren, sobald dies nach dem Forschungszweck möglich ist (§ 40 Abs. 3 Satz 1 BDSG).

Anhang

I. Die Regelungen über die wissenschaftliche Aufarbeitung der Stasi-Unterlagen im Regierungsentwurf[47]:

"§ 25
Aufarbeitung der Tätigkeit des Staatssicherheitsdienstes durch den Bundesbeauftragten, Unterstützung der politischen Bildung

(1) Der Bundesbeauftragte darf die Unterlagen des Staatssicherheitsdienstes zur Aufarbeitung der Tätigkeit des Staatssicherheitsdienstes verwenden:
1. für die eigene Auswertung der Struktur, Methoden und Wirkungsweise des Staatssicherheitsdienstes zum Zwecke der Unterrichtung der Öffentlichkeit,
2. für die Einrichtung und Unterhaltung eines Dokumentations- und Ausstellungszentrums und
3. für die Bereitstellung von Unterlagen an öffentliche und nicht-öffentliche Einrichtungen der politischen Bildung.

(2) Für die Verwendung durch den Bundesbeauftragten gilt § 26 Abs. 3 entsprechend. Öffent-

---

[47] BT-Drs. 12/1093 S. 13 f.

lichen und nicht-öffentlichen Einrichtungen der politischen Bildung dürfen Duplikate von Unterlagen nur überlassen werden, soweit die darin enthaltenen personenbezogenen Daten unkenntlich gemacht worden sind, oder es sich um personenbezogene Daten handelt, die nach § 26 Abs. 3 veröffentlicht werden dürfen.

§ 26
Zugang zu den Unterlagen und Verwendung für Zwecke der wissenschaftlichen Forschung

(1) Folgende Unterlagen des Staatssicherheitsdienstes dürfen öffentlichen und nicht-öffentlichen Forschungsstellen für Zwecke der politischen, historischen und juristischen Aufarbeitung zugänglich gemacht und von ihnen verwendet werden:
1. Unterlagen, die keine personenbezogenen Daten enthalten,
2. Duplikate von Unterlagen, in denen die personenbezogenen Daten unkenntlich gemacht worden sind,
3. Unterlagen mit personenbezogenen Daten von:
    a) Personen der Zeitgeschichte, Inhabern politischer Funktionen oder

Amtsträgern in Ausübung ihres Amtes,

b) Mitarbeitern und Begünstigten des Staatssicherheitsdienstes, wenn das öffentliche Interesse an der Durchführung des Forschungsvorhabens das Interesse des Mitarbeiters oder Begünstigten an der Geheimhaltung seines Namens erheblich überwiegt und der Zweck der Forschung nicht auf andere Weise oder nur mit unverhältnismäßigem Aufwand erreicht werden kann,

4. Unterlagen mit personenbezogenen Daten von Betroffenen und Dritten, wenn die Forschungsstelle die schriftliche Einwilligung der Betroffenen oder Dritten, in denen die Forschungsstelle und das Forschungsvorhaben bezeichnet sind, vorlegt.

(2) In den Fällen des Absatzes 1 Nr. 3 entscheidet der Bundesbeauftragte im Benehmen mit dem Beirat, ob die Unterlagen der Forschungsstelle zur Verfügung gestellt werden.

(3) Die Forschungsstellen dürfen personenbezogene Daten nur veröffentlichen, wenn
1. die von der Veröffentlichung betroffene Person eingewilligt hat oder

2. dies für die Darstellung von Forschungsergebnissen über Ereignisse der Zeitgeschichte unerläßlich ist und es sich um Personen der Zeitgeschichte, Inhaber politischer Funktionen oder um Amtsträger in Ausübung ihres Amtes handelt.

§ 27
Verfahren

(1) Forschungsstellen können in der Zentralstelle oder in einer Außenstelle des Bundesbeauftragten Einsicht in die Unterlagen nehmen.

(2) Die Einsichtnahme kann wegen der Bedeutung oder des Erhaltungszustandes der Unterlagen auf die Einsichtnahme in Duplikate beschränkt werden.

(3) Soweit die Einsichtnahme in Unterlagen gestattet ist, können an die wissenschaftlichen Forschungsstellen auf ihr Verlangen Duplikate der Unterlagen herausgegeben werden.

(4) Duplikate, die nach Absatz 3 herausgegeben worden sind, dürfen von dem Empfänger weder für andere Zwecke verwendet noch an andere Stellen weitergegeben werden.

II. Die Forschungsklausel des Alternativentwurfs[48]:

§ 16
Nutzung zur wissenschaftlichen Aufarbeitung

(1) Die Nutzung von Daten und Unterlagen des MfS zur Aufarbeitung ist grundsätzlich im Allgemeininteresse geboten und daher zu fördern.

(2) Bei der Nutzung personenbezogener Daten sind die schutzwürdigen Belange der Betroffenen und die Privatsphäre der ehemaligen offiziellen und inoffiziellen Mitarbeiter zu wahren.

(3) Unterlagen, die keine personenbezogenen Daten enthalten (§ 2 Abs. 3), stehen der Aufarbeitung zur Verfügung. Die Nutzung ist Personen zu erlauben, die die Einhaltung der Benutzerordnung gewährleisten.

(4) Daten und Unterlagen mit personenbezogenen Angaben können ohne Einschränkung zum Zweck der Aufarbeitung genutzt werden, soweit es sich handelt um:
1. Informationen, deren Nutzung die betreffende Person schriftlich zugestimmt hat,

---
[48] BT-Drs. 12/692 S. 9

2. offenkundige Angaben etwa in Medienberichten,
3. Informationen über Personen der Zeitgeschichte, außer über deren Privatsphäre,
4. nicht die Privatsphäre betreffende Informationen über offizielle und inoffizielle Mitarbeiter des MfS oder über Personen, die anderweitig bewußt an der Herstellung der jeweiligen Unterlagen mitgewirkt haben,
5. Informationen, deren Bekanntgabe offensichtlich im Interesse der anderen Personen liegt oder bezüglich derer kein Grund zu der Annahme besteht, daß die anderen Personen eine Bekanntgabe an den Antragsteller ablehnen würden.

(5) Im übrigen ist zur wissenschaftlichen Aufarbeitung die Nutzung personenbezogener Daten und Unterlagen mit der Auflage zu gestatten,
1. diese Angaben nicht zu veröffentlichen oder nicht an andere Personen zu übermitteln,
2. diese Angaben nicht so zu verwenden, daß eine Identifizierung ermöglicht wird.

(6) Wer personenbezogene Daten nutzt, hat diese zu anonymisieren, sobald dies bei der

Aufarbeitung möglich ist. Bis dahin sind die Merkmale, mit denen Einzelangaben über persönliche und sachliche Verhältnisse einer bestimmten oder bestimmbaren Person zugeordnet werden können, gesondert zu speichern. Sie dürfen mit Einzelangaben nur zusammengeführt werden, soweit die Aufarbeitung dies erfordert.

(7) Personenbezogene Daten von Betroffenen dürfen nur veröffentlicht werden, soweit der Betroffene hierzu seine Einwilligung schriftlich erteilt hat.

ABKÜRZUNGSVERZEICHNIS (AUSWAHL)*

BayRS	Bayerische Rechtssammlung
BayVBl	Bayerische Verwaltungsblätter
BGHZ	Sammlung der Entscheidungen des Bundesgerichtshofs in Zivilsachen
BT	Bundestag
CR	Computer und Recht
DÖV	Die öffentliche Verwaltung
DVBl	Deutsches Verwaltungsblatt
ESVGH	Sammlung der Entscheidungen des hessischen und baden-württembergischen Verwaltungsgerichtshofes
GABl	Gemeinsames Amtsblatt
JMBl	Justizministerialblatt
JuS	Juristische Schulung

---

* Abkürzungen der Archivgesetze in der Einführung S. 9 - 13.

KMR	Kleinknecht/Müller/Reitberger, Kommentar zur Strafprozeßordnung
LT	Landtag
MABl	Ministerialamtsblatt
MDR	Monatsschrift für Deutsches Recht
NJW	Neue Juristische Wochenschrift
NVwZ	Neue Zeitschrift für Verwaltungsrecht
NStZ	Neue Zeitschrift für Strafrecht
RDV	Recht der Datenverarbeitung
SSW	Südschleswigscher Wählerverband
VersR	Zeitschrift für Versicherungsrecht
VerwArch	Verwaltungsarchiv
ZfBB	Zeitschrift für Bibliothekswesen und Bibliographie
ZRP	Zeitschrift für Rechtspolitik

INDEX DER GESETZE UND VORSCHRIFTEN

I. Archivgesetze und im engeren Sinne archivbezogene Vorschriften des Bundes und der Länder

1. Bund (einschließlich ehemalige DDR):

Bundesarchivgesetz:
9, 17, 21, 22, 23 (*§ 5 Abs. 2 und 3*), 30 (*§ 5 Abs. 8 Satz 1*) (*§ 5 Abs. 5 Satz 6*), 31 (*§ 5*), 32, 33, 33 (*§ 5 Abs. 2*), 34, 34 (*§ 5 Abs. 5 Satz 5*) (*§ 5 Abs. 2*), 35 (*§ 5 Abs. 5*) (*§ 5 Abs. 3 i.V.m. Abs. 5 Sätze 1 und 2*), 39 (*§ 2 Abs. 3 Satz 1*), 39, 42 (*§ 5 Abs. 5 Satz 4*) (*§ 5 Abs. 5*), 44, 45, 46, 49 (*§ 2 Abs. 8*), 54, 57, 60, 61 (*§ 2 Abs. 4*), 63, 65, 67 (*§ 2 Abs. 4*), 68 (*§ 2 Abs. 4 i.V.m. § 8*), 69 (*§ 2 Abs. 4 Nr. 1*) (*§ 2 Abs. 3*) (*§ 8*) (*§ 5 Abs. 3*), 69, 72 (*§ 2 Abs. 4 Nr. 1*) (*§ 10*) (*§ 2, § 5*), 73, 73 (*§ 2 Abs. 4*), 74 (*§ 2 Abs. 3*) (*§ 11*) (*§ 2 Abs. 4 Nr. 2*), 77 (*§ 11*) (*§ 2, § 5*), 78 (*§ 2 Abs. 1 und 3*), 78, 81 (*§ 11*), 81, 84 (*§ 10*) (*§ 8*), 86 (*§ 2 Abs. 1 Satz 2*), 87 (*§ 2 Abs. 7*) (*§ 4 Abs. 1*), 88 (*§ 2 Abs. 1 bis 6, 8 und 9*) (*§ 3*) (*§ 2 Abs. 7*), 101, 101 (*§ 2 Abs. 2*) (*§ 5 Abs. 8*), 105, 108 (*§ 2 Abs. 6 und 5*), 109 (*§ 3*), 116 (*§ 3*), 121, 123, 125, 128 (*§ 6*), 129 (*§ 2 Abs. 2*), 129, 132 (*§ 5 Abs. 8*) (*§ 4 Abs. 2*), 133 (*§ 4 Abs. 2*), 135 (*§ 4 Abs. 2*), 136 (*§ 4 Abs. 2*), 137 (*§ 5 Abs. 5 Satz 2*) (*§ 5 Abs. 6*) (*§ 4 Abs. 2*) (*§ 5 Abs. 1*), 138 (*§ 4 Abs. 2*), 139 (*§ 2 Abs. 1*), 140 (*§ 6*), 141 (*§ 5 Abs. 1*) (*§ 2 Abs. 1*), 142 (*§ 2 Abs. 8*),

143 (§ 3) (§ 2 Abs. 3) (§ 5 Abs. 1), 144 (§ 5 Abs. 1) (§ 2 Abs. 1) (§ 2 Abs. 8) (§ 5 Abs. 5 Satz 6), 145 (§ 2 Abs. 1) (§ 1) (§ 2 Abs. 9) (§ 7), 145, 146 (§ 5 Abs. 1 Satz 2), 147, 150, 151, 151 (§ 5 Abs. 2-5) (§ 5 Abs. 6 und 7), 157 (§ 4) (§ 5 Abs. 1), 160, 166 (§ 5 Abs. 1-4) (§ 5 Abs. 5 Satz 1-3 i.V.m. § 5 Abs. 1 Satz 1) (§ 5 Abs. 6 und 7), 167 (§ 5 Abs. 5 Satz 5), 167 (§ 5 Abs. 6 Nr. 2), 184 (§ 2 Abs. 8), 184 f., 193, 195, 196, 199, 200, 201, 203, 204, 205 (§ 5 Abs. 5 Satz 3), 206 (§ 5 Abs. 5 Satz 4), 207, 208, 221 f. (§ 8, § 10, § 11), 227, 228, 230 (§ 5 Abs. 1 Satz 1), 238 (§ 5 Abs. 2 Satz 1), 239 (§ 2 Abs. 4 Ziff. 1, § 5 Abs. 3) (§ 5 Abs. 6 Ziff. 2), 244, 263 f. (*Entwurf zur Ergänzung des BArchG um einen § 2a*), 265, 274, 276 (§ 5), 278 (§ 1), 279, 280, 281, 283

Benutzungsordnung für das Bundesarchiv vom 11. September 1969: 155 f.

Benutzungsordnung für das Bundesarchiv (Neuentwurf): 208

Benutzungsordnung für das Parlamentsarchiv des Deutschen Bundestages: 156 (*§ 2 Abs. 2*)

Beschluß der Bundesregierung vom 24. März 1950 über die Errichtung des Bundesarchivs: 280

Einigungsvertrag:
48 (*Art. 8*) (*Art. 9 Abs. 1*), 49 (*Anlage II zu Art. 9*), 50 (*Art. 9 Abs. 1*)

Einigungsvertrag, Anlage I Kapitel II Sachgebiet B Abschnitt II Nr. 2 lit. a) zu Artikel 8 (Änderung von § 2 Abs. 8 BArchG):
9, 49, 63

Einigungsvertrag, Anlage I Kapitel II Sachgebiet B Abschnitt II Nr. 2 lit. b) zu Artikel 8 (Sondervorschriften betreffend die Verwaltung der personenbezogenen Unterlagen des ehemaligen Staatssicherheitsdienstes der DDR):
10, 49, 262, 264 ff., 267, 267 f. (*§ 2*), 268 (*§ 3*), 268 f. (*§ 1 Abs. 1*), 269 (*§ 2 Abs. 1 Nr. 2*), 270, 273 (*§ 1 Abs. 4 Satz 2*), 275, 276 (*§ 2 Abs. 1 Satz 1*)

Entgeltordnungen für das Bundesarchiv vom 9. Juli 1969, 14. April 1976 und vom 24. Februar 1983: 156

Gesetz über die zentrale Archivierung von Unterlagen aus dem Bereich des Kriegsfolgenrechts: 130 (*§ 1 Abs. 1*)

Gesetz über die Errichtung einer Stiftung Bundeskanzler-Adenauer-Haus: 130 (*§ 2 Abs. 2*)

Gesetz zur Errichtung einer Stiftung "Preußischer Kulturbesitz" und zur Übertragung von Vermögenswerten des ehemaligen Landes Preußen auf die Stiftung: 130 (*§ 1, § 2 Abs. 1*)

Gesetz über die Errichtung einer Stiftung Reichspräsident-Friedrich-Ebert-Gedenkstätte: 130 (*§ 2 Abs. 2 Nr. 2*)

Richtlinien für die Abgabe von Verschlußsachen an das Geheimarchiv des Bundesarchivs vom 20. März 1991: 100

Stasi-Akten-Gesetz/DDR: 266 f., 275 f. (*§ 10*)

Stasi-Unterlagen-Gesetz/BRD (Entwürfe):
42 (*Fraktionsentwurf CDU/CSU, SPD und F.D.P.: § 4, § 26*), 273, 274, 275 f., 277, 283, 284 ff. (*Entwurf von Ingrid Köppe und der Gruppe BÜNDNIS 90/DIE GRÜNEN - sog. Alternativentwurf -*) (*Entwurf der Fraktionen von CDU/CSU, SPD und F.D.P.*) (*Regierungsentwurf*), 285 (*Regierungsentwurf: § 4 Abs. 1*) (*Alternativentwurf: § 16 Abs. 1*) (*Regierungsentwurf: § 4 Abs. 3 Satz 1*) (*Alternativentwurf: § 2 Abs. 4*) (*Regierungsentwurf: § 25*), 286 f. (*Regierungsentwurf: § 26 Abs. 1 Nr. 3 lit. a*) (*Regierungsentwurf: § 31*), 287 f. (*Regierungsentwurf: § 27*), 288 (*Regierungsentwurf: § 26 Abs. 3*), 289 ff. (*Regierungsentwurf: §§ 25-27*), 293 ff. (*Alternativentwurf: § 16*)

Vereinbarung zur Durchführung und Auslegung des Einigungsvertrages vom 18. September 1990:
265 (*Art. 1*), 266 (*Art. 1 Nr. 2*) (*Art. 1 Nr. 3*), 273 (*Art. 1 Nr. 7*), 273 f. (*Art. 1 Nr. 9*)

Verordnungen samt Durchführungsbestimmungen über das Archivwesen in der ehemaligen DDR von 1950 bis 1990: 50, 52, 53, 54, 55

Vorläufige Ordnung für die Nutzung personenbezogener Unterlagen des ehemaligen Ministeriums für Staatssicherheit/Amt für nationale Sicherheit (Vorläufige Benutzerordnung) vom 12. Dezember 1990: 273, 275, 276 (*§ 14 Abs. 1*)

2. Baden-Württemberg:

Landesarchivgesetz:
10, 17, 21, 22, 23 (*§ 6 Abs. 2*), 27, 29 (*§ 6 Abs. 7*) (*§ 9*), 31 (*§ 6, § 6a*), 32, 33, 33 (*§ 6 Abs. 2 Satz 3*) (*§ 6 Abs. 2*), 34, 34 (*§ 6 Abs. 4 Satz 1*), 39, 41 (*§ 6 Abs. 2 Satz 3*), 46, 63, 65, 69, 73, 78 (*§ 3 Abs. 1 Satz 5*), 91, 102 (*§ 3 Abs. 1*), 104, 105 f. (*§ 2 Abs. 5*), 107 (*§ 3 Abs. 1*), 108 (*§ 3 Abs. 1*), 108, 109 f. (*§ 3 Abs. 2*), 111, 111 f. (*§ 2 Abs. 3*), 117 (*§ 3 Abs. 2*) (*§ 2 Abs. 3*), 128 (*§§ 7-8*), 128 (*§ 6 Abs. 6*), 129 (*§ 10*), 131 f. (*§ 2 Abs. 3 Satz 2*), 132 (*§ 5 Abs. 1*), 139 (*§ 7*) (*§ 8*), 139 (*§ 10 Abs. 2*), 140 (*§ 3 Abs. 3 Satz 1, § 8*) (*§ 7 Abs. 1, § 8 Abs. 1 Satz 2, Abs. 2 i.V.m. § 6 Abs. 1*), 140 (*§ 6 Abs. 6 Satz 4*), 142 (*§ 3*) (*§ 2 Abs. 3 Satz 1*), 143 (*§ 6a Abs. 1*), 144 (*§ 6 Abs. 1*) (*§ 6 Abs. 6 Nr. 5*), 146 (*§ 8*), 146 f. (*§ 6 Abs. 1*), 150 (*§ 6 Abs. 1*), 151 (*§ 6 Abs. 6*), 152 (*§ 1 Abs. 2, § 2 Abs. 2, § 6 Abs. 6 Satz 3*), 160 (*§ 6 Abs. 5 Satz 1*), 171, 171 (*§ 6 Abs. 7*), 184, 185, 186, 187, 188 (*§ 5*), 189 (*§ 2 Abs. 2 Satz 2 2. Halbsatz*) (*§ 2 Abs. 3*), 190, 191, 191 (*§ 7 Abs. 1 Satz 1 2. Halbsatz*), 192, 192 (*§ 6, § 6a, § 7 Abs. 3, § 8*), 193, 194 (*§ 7 Abs. 3*), 195 (*§ 6 Abs. 1*) (*§ 6 Abs. 6*), 195, 196 (*§ 6 Abs. 1*)

(§ 3 Abs. 1 Sätze 3 und 4), 197, 198 (§ 2 Abs. 4), 199, 200, 201, 202, 203, 204, 205 f. (§ 6 Abs. 4 Satz 3), 206 (§ 6 Abs. 4 Satz 4), 207, 208, 209, 210 f. (§ 6 Abs. 6 Satz 4), 211, 215, 217 (§ 6 Abs. 7), 218 (§ 6 Abs. 7), 218, 219, 220, 224 (§ 6 Abs. 3), 227, 228, 230 (§ 6 Abs. 1), 232 (§ 6 Abs. 2 Satz 2), 237 (§ 6 Abs. 2 Satz 2), 237 f. (§ 6 Abs. 6 Ziff. 2)

Archivbenutzungsordnung:
11, 140, 155 (§ 3 Abs. 3 Nr. 3), 156, 158 (§ 2 Abs. 1), 159 (§ 1 Abs. 2) (§ 2 Abs. 3), 160 (§ 7 Satz 1), 164, 173 (§ 4 Abs. 2 und 3) (§ 3 Abs. 1 Nr. 1, Abs. 2 Nr. 3), 184, 185, 197, 209 f., 210 (§ 7), 211, 211 (§ 1 Abs. 1), 212, 212 (§ 1 Abs. 2), 213 (§ 2), 214 (§ 3) (§ 5) (§ 4), 215 (§ 6), 215, 216, 217, 218, 219, 220

Frühere Benutzungsordnung für die staatlichen Archive vom 12. Mai 1973:
156 (§ 9 Abs. 1), 196, 197 (§ 6 Abs. 1 Satz 1 lit. a), 209, 214, 217, 219

Gebührenverordnung für die Staatsarchive: 209

Satzungsmuster für eine Archivordnung der Kommunalarchive in Baden-Württemberg:
184, 185, 215, 215 (§ 3 Abs. 1), 216, 218, 219

3. Bayern:

Archivgesetz:
12, 28 (*Art. 8*), 29 (*Art. 5*) (*Art. 4 Abs. 5 Satz 3*), 31 (*Art. 10*), 33, 34 (*Art. 10 Abs. 3 Satz 1*), 37 (*Art. 10 Abs. 2 Ziff. 1*), 39, 44, 45 (*Art. 2 Abs. 3*), 63, 65, 69, 80, 80 (*Art. 8*), 84 (*Art. 2*), 86 (*Art. 6 Abs. 1 Satz 4*), 90 (*Art. 6 Abs. 1 Satz 3 Nr. 1*) (*Art. 11 Abs. 4*), 98 (*Art. 6 Abs. 2*), 102 (*Art. 6 Abs. 1*), 106 (*Art. 7 Abs. 3*) (*Art. 8*), 107 (*Art. 7 Abs. 2*), 108 (*Art. 6 Abs. 2*), 109 (*Art. 7 Abs. 1*) (*Art. 2 Abs. 2*), 112, 116 (*Art. 7 Abs. 1*) (*Art. 2 Abs. 2*), 128 (*Art. 13-14*) (*Art. 15*), 129 (*Art. 12 und 16*), 131 (*Art. 8*) (*Art. 7 Abs. 3*), 132 (*Art. 11 Abs. 1*), 139 (*Art. 13*) (*Art. 14*) (*Art. 16*) (*Art. 14 Abs. 1 Satz 2*), 140 (*Art. 15 Nr. 1*), 142 (*Art. 4 Abs. 2*) (*Art. 2 Abs. 1 Satz 2 und 3*), 144 (*Art. 4 Abs. 4*), 146 (*Art. 13 Abs. 3*), 147 (*Art. 3, 10 Abs. 3 Satz 1*), 150 (*Art. 10 Abs. 2*), 151 (*Art. 10 Abs. 2 Satz 3*), 160 (*Art. 10 Abs. 5*) (*Art. 10 Abs. 1*) (*Art. 10 Abs. 2 Satz 2*), 188, 193 (*Art. 10 Abs. 2*), 195, 196, 227, 228, 231 (*Art. 10 Abs. 2*)

Archivbenützungsordnung:
12, 29 (*§ 10*), 140, 144 (*§ 1 Abs. 3 Satz 1*), 151 (*§ 5 Abs. 2*), 155, 156, 158 (*§ 4, § 5*), 159 (*§ 5 Abs. 5 Satz 1, § 7 Abs. 1 Satz 2*) (*§ 4 Abs. 5*), 160 (*§ 1 Abs. 2*) (*§ 13 Nr. 1-3*), 171 (*§ 10*), 173 (*§ 7 Abs. 3-5*), 173 (*§ 5 Abs. 3 Nr. 3*)

Aufbewahrungsbestimmungen für Bücher und Belege:
113 f. (*Nr. 5.1*)

Aussonderungsbekanntmachung:
90 f. (*Ziff. 6.2*), 100, 102 (*Nr. 6.3*), 104 (*Nr. 6.5*), 112 f. (*Nr. 8.6*)

Gemeinsame Bekanntmachung der Bayerischen Staatsministerien der Justiz und für Unterricht und Kultus über die Aufbewahrung, Abgabe und Vernichtung von Notariatsakten vom 16. Mai 1972: 81

Verordnung über die Gliederung der Staatlichen Archive Bayerns: 152 f. (*§ 2 Abs. 1*)

4. Berlin:

Archivgesetz (Entwürfe): 227, 240 f. (*§ 28 Abs. 5*)

5. Bremen:

Archivgesetz:
13, 27, 31 (*§ 7*), 33, 33 (*§ 7 Abs. 2 Satz 3 Halbsatz 3*) (*§ 7 Abs. 2 Satz 2*), 34, 38 (*§ 1 Abs. 2*), 41 (*§ 7 Abs. 2 Satz 2*), 44, 63, 109 (*§ 2 Abs. 2*), 117 (*§ 2 Abs. 2*)

6. Hamburg:

Archivgesetz:
12, 28 (*§ 2 Abs. 3*, *§ 3 Abs. 6*, *§ 4 Abs. 5*, *§ 5 Abs. 7*), 29 (*§ 5 Abs. 11*), 31 (*§ 5*), 33, 33 (*§ 5 Abs. 2 Nr. 2 Satz 3*), 34, 34 (*§ 5 Abs. 2 Nr. 1*) (*§ 5 Abs. 3*), 39, 41 (*§ 5 Abs. 2 Nr. 2 Satz 1*), 42 (*§ 5 Abs. 2 Nr. 5*), 44, 45 (*§ 1 Abs. 1 Satz 1*), 63, 69, 86 (*§ 3 Abs. 2 Satz 2*), 89 (*§ 3 Abs. 2 Satz 1 und 2*), 102 (*§ 3 Abs. 1*), 103 f. (*§ 3 Abs. 1*), 106 (*§ 3 Abs. 6*) (*§ 2 Abs. 3 i.V.m. § 4 Abs. 5*), 107 (*§ 4 Abs. 5*), 108 (*§ 3 Abs. 4*), 109, 110 f. (*§ 2 Abs. 2*), 111 (*§ 2 Abs. 2*), 119 (*§ 2 Abs. 2*)

7. Hessen:

Archivgesetz:
12, 28 (*§ 9*), 29 (*§ 19 Abs. 1 Satz 1 Nr. 3*), 31 (*§ 15, § 16*), 33, 33 (*§ 15 Abs. 1 Satz 4*) (*§ 15 Abs. 1 Satz 5*) (*§ 15 Abs. 1 Satz 3*), 34, 35, 36 f. (*§ 4 Abs. 1*), 38 f. (*§ 7 Abs. 2*) (*§ 15 Abs. 4*), 39 (*§ 3*), 39, 40, 41 (*§ 15 Abs. 1 Satz 2*), 42 (*§ 15 Abs. 2 Satz 2*), 44, 45 (*§ 7 Abs. 4*), 63, 65, 69, 88 f. (*§ 10 Abs. 1 Satz 3*), 102 (*§ 10 Abs. 1*), 104, 106 (*§ 9*) (*§ 8*), 108 (*§ 10 Abs. 2, § 12*), 110 (*§ 1 Abs. 4*), 111, 118 (*§ 11 Abs. 1*) (*§ 1 Abs. 4*), 128 (*§ 6*), 128 f. (*§ 19*), 129 (*§ 2 Abs. 2, § 20*), 131 (*§ 9*), 132 (*§ 17 Abs. 1*), 136 (*§ 17 Abs. 1*), 139 (*§ 4*) (*§ 5*) (*§ 20*), 140 (*§ 14 i.V.m. § 1 Abs. 2 Satz 1, § 6*), 140 (*§ 19 Abs. 1 Nr. 2*), 142 (*§ 6*), 142 (*§ 1 Abs. 2 Satz 2*), 143 (*§ 3*), 144 (*§ 14 Satz 4*), 146 (*§ 4 Abs. 3, § 5*), 147 (*§ 14 Satz*

1), 150 (*§ 14*), 151 (*§ 16*), 153 (*§ 18 Abs.* 2), 160 f. (*§ 14 Satz 1 und 3*), 171 (*§ 19 Abs. 1 Nr. 3*), 188, 195, 227, 228, 231 (*§ 14*)

8. Niedersachsen:

Gesetz zur Änderung des Gesetzes zum Abschluß der Entnazifizierung im Lande Niedersachsen: 42 (*Art. I*)

Runderlaß dazu an die niedersächsischen Staatsarchive vom 15. März 1988: 42

9. Nordrhein-Westfalen:

Archivgesetz:
11, 17, 28 (*§ 2 Abs. 4, § 4 Abs. 6, § 5 Abs. 2, § 6 Abs. 1, § 7 Abs. 6*), 31 (*§ 7*), 32 (*§ 3 Abs. 1*), 33, 33 (*§ 7 Abs. 2*), 34, 34 (*§ 7 Abs. 2 Satz 2*), 39, 41 (*§ 7 Abs. 2*), 44, 63, 65, 67 (*§ 3 Abs. 1*), 69, 78 (*§ 3 Abs. 2 Nr. 2*), 89 (*§ 3 Abs. 2 Satz 1*) (*§ 4 Abs. 8*), 103 (*§ 3 Abs. 1*) (*§ 2 Abs. 4*), 104 (*§ 3 Abs. 1*), 106 (*§ 2 Abs. 4*), 107 (*§ 4 Abs. 6*), 108 (*§ 3 Abs. 3 und 4*), 109, 110 (*§ 2 Abs. 2*), 111, 111 (*§ 2 Abs. 2*), 118 (*§ 2 Abs. 2*), 128 (*§ 3 Abs. 6, §§ 10-11*), 129 (*§ 8*), 129 (*§ 9, § 13*), 131 (*§ 2 Abs. 4*), 132 (*§ 2 Abs. 2 Satz 3*), 132 (*§ 6*), 136 (*§ 6*) (*§ 6 Abs. 1 Satz 2*), 139 (*§ 10*) (*§ 3 Abs. 6*) (*§ 13 Abs. 1*), 140

(§ 10 Abs. 2 Satz 2) (§ 3 Abs. 6, § 10 Abs. 4 Satz 1 i.V.m. § 7, § 11 Satz 2 i.V.m. § 7) (§ 8), 142 (§ 3 Abs. 1) (§ 2 Abs. 1 Satz 2), 143 (§ 12 Abs. 1), 146 (§ 3 Abs. 6, § 10 Abs. 2), 150 (§ 7 Abs. 1), 151 (§ 7 Abs. 5), 160 (§ 5), 161 (§ 7 Abs. 1 Satz 2), 188 (§ 6), 195, 196, 227, 228, 230 f. (§ 7 Abs. 1), 233 (§ 7 Abs. 2 Satz 3), 246, 247 (§ 7 Abs. 2) (§ 7 Abs. 2 Satz 2) (§ 7 Abs. 2 Satz 3), 247 f. (§ 7 Abs. 5 lit. b), 248 (§ 7 Abs. 2 Satz 3), 249 ff. (§ 7 Abs. 5 lit. b), 251 ff. (§ 7 Abs. 4), 253 (§ 7 Abs. 5)

Archivbenutzungsordnung:
11, 29 (§ 11), 140, 155 (§ 6 Abs. 4 lit. c), 156, 158 (§ 5, § 6), 159 (§ 4 Abs. 1), 161 (§ 3 lit. a) (§ 9 Abs. 2 und 3), 171 (§ 11), 173 (§ 12, § 18), 173 (§ 6 Abs. 3 lit. a, Abs. 4 lit. c)

10. Rheinland-Pfalz:

Landesarchivgesetz:
12, 28 (§ 8 Abs. 2), 29 (§ 10) (§ 13), 31 (§ 3), 33, 33 (§ 3 Abs. 3 S. 2), 34, 34 (§ 3 Abs. 3 Satz 5), 35, 39, 63, 69, 86 (§ 7 Abs. 1 Satz 3), 89 f. (§ 7 Abs. 2) (§ 1 Abs. 4), 102 (§ 7 Abs. 1), 104 (§ 7 Abs. 1), 106 f. (§ 8 Abs. 2), 108 (§ 7 Abs. 3), 111 (§ 1 Abs. 1), 112 (§ 8 Abs. 1) (§ 1 Abs. 1), 118 f. (§ 8 Abs. 1), 119 (§ 1 Abs. 1), 128 (§ 2 Abs. 2 und Abs. 3), 129 (§ 9 Abs. 4 Satz 2) (§ 11, § 12), 132 (§ 8 Abs. 2), 132 (§ 4 Abs. 1), 136 (§ 4 Abs. 1), 139 (§ 2 Abs. 2) (§ 2 Abs. 3, § 7) (§ 12), 140 (§ 2 Abs. 2) (§ 2 Abs. 2 i.V.m. § 3, § 3 Abs. 1

i.V.m. *§ 1 Abs. 1*) (*§ 9 Abs. 4 Satz 2*), 142 (*§ 7 Abs. 1*) (*§ 1 Abs. 2*), 144 (*§ 3 Abs. 7*), 146 (*§ 2 Abs. 2 Satz 2*), 150 (*§ 3 Abs. 1*), 151 (*§ 3 Abs. 2*), 153 (*§ 5 Abs. 1 und 2*), 160 (*§ 3 Abs. 5*), 188, 195, 196, 201, 227, 228, 235, 242, 244

Benutzungsordnung für die Landesarchive vom 28. März 1979 i.d.F. vom 12. Dezember 1983: 235, 236 (*§ 5 Abs. 1 Nr. 3 lit. c*)

11. Sachsen:

Landesarchivgesetz (Entwurf): 60

12. Schleswig-Holstein:

Landesarchivgesetz (Entwurf):
17, 227, 233 (*§ 9 Abs. 2*), 233 f. (*§ 9 Abs. 3*)

Benutzungsordnung für das Landesarchiv Schleswig-Holstein vom 8. Juni 1982: 156 (*§ 10 Abs. 1*)

Bestimmungen über die Aussonderung, die Ablieferung und die Vernichtung des Schriftgutes in Rechtssachen der ordentlichen Gerichtsbarkeit vom 26. Juni 1983: 114 (*Nr. VI (7)*)

II. Sonstige Gesetze und Vorschriften

Abgabenordnung:
68 (*§ 30 Abs. 2, 3 und 4*), 69 (*§ 30 Abs. 4 Nr. 2*), 70

Aktiengesetz: 76 (*§ 404*)

Arbeitnehmerüberlassungsgesetz: 76 (*§ 14 Abs. 1*)

Arbeitsförderungsgesetz: 82 (*§ 7*)

Arbeitszeitordnung: 75 (*§ 27 Abs. 3*)

Atomgesetz: 75 (*§ 19 Abs. 1 Satz 3*)

Ausländerdateiverordnung: 94 (*§§ 6-8*)

Ausländergesetz: 94 (*§ 80 Abs. 2*)

Baden-Württembergisches Landesdatenschutzgesetz: 203, 223 (*§ 3 Abs. 7*)

Baden-Württembergisches Landesstatistikgesetz: 224 (*§ 15 Abs. 3*), 225 (*§ 15 Abs. 3*)

Bayerische Aufbewahrungsbestimmungen für Bücher und Belege:
113 f. (*Nr. 5.1*)

Bayerisches Beamtengesetz: 82 (*Art. 69*)

[Bayerische] Gemeinsame Bekanntmachung der Bayerischen Staatsministerien der Justiz und für Unterricht und Kultus über die Aufbewahrung, Abgabe und Vernichtung von Notariatsakten vom 16. Mai 1972: 81

Bayerisches Datenschutzgesetz:
91 (*Art. 9 Abs. 2*) (*Art. 11*) (*Art. 20 Abs. 4*) (*Art. 20 Abs. 3*), 97

Bayerische Disziplinarordnung: 95 (*Art. 109*)

Bayerisches Gesetz über den öffentlichen Gesundheitsdienst: 79 (*Art. 6*)

Bayerisches Gesetz über das Meldewesen: 83 (*Art. 12*)

Bayerisches Gesetz über das Meldewesen, Vollzugsbekanntmachung vom 28. April 1984: 84 (*Ziff. 12*)

Bayerisches Gesetz über die Rechtsverhältnisse der Mitglieder der Staatsregierung: 82 (*Art. 5*)

Bayerische Haushaltsordnung, Anlage 2 den Verwaltungsvorschriften zu Art. 71: 114

Bayerisches Krankenhausgesetz: 79 (*Art. 26*) (*Art. 26 Abs. 5*)

Bayerisches Polizeiaufgabengesetz:
96 f., 97 (*Art. 32 Abs. 3*) (*Art. 32 Abs. 4*) (*Art. 44 Abs. 3*) (*Art. 45 Abs. 2*), 97 f. (*Art. 45 Abs. 3*), 98 (*Art. 45 Abs. 4*) (*Art. 45 Abs. 2*)

Bayerisches Polizeiaufgabengesetz, Vollzugsbekanntmachung vom 12. April 1991: 97

Bayerisches Statistikgesetz:
76 (*Art. 17, 18*), 93 (*Art. 15 Abs. 3*)

Bayerisches Verfassungsschutzgesetz: 98 (*Art. 8 Abs. 3*)

[Bayerische] Verschlußsachenanweisung für die Behörden des Freistaates Bayern vom 5. Juli 1983: 100 (*§ 29, § 30*)

Bayerisches Verwaltungsverfahrensgesetz: 82 (*Art. 30*)

[Bayerische] Verordnung über die Behörden der Versorgungsverwaltung in Bayern vom 24. Juli 1991: 71 (*§ 1*)

Bayerische Wahlordnung für Landtagswahlen, Volksbegehren und Volksentscheide: 94 (*§ 89*)

Beamtenrechtsrahmengesetz: 82 (§ 39)

Beamtenversorgungsgesetz (Änderungsgesetz): 76, 82

Berliner Datenschutzgesetz: 276 (§ 30 Abs. 4)

Betriebsverfassungsgesetz: 76 (§ 120)

Bremisches Datenschutzgesetz: 276 (§ 16a Abs. 4)

Bürgerliches Gesetzbuch:
124 (§ 903), 157 (§ 810), 173 (§ 839), 173 f. (§ 823 Abs. 1), 174 (§ 249) (§ 251 Abs. 1), 175 (§ 830 Abs. 1 Satz 2) (§ 282), 178 (§ 839 Abs. 1), 179 (§ 839), 180 (§ 276, § 278), 257 f. (§ 839), 258 (§ 823), 259 (§ 839)

Bundesbeamtengesetz: 82 (§ 61)

Bundesdatenschutzgesetz-1977:
133 (§ 13) (§ 13 Abs. 1 Satz 3), 134 f. (§ 13 Abs. 3 Nr. 3), 135 (§ 13) (§ 13 Abs. 1 Satz 2) (§ 12), 136 (§ 13 Abs. 2) (§ 12 Abs. 2 Nr. 1) (§ 12 Abs. 2 Nr. 2, § 14 Abs. 2 Satz 2), 162 (§ 10 Abs. 1), 234

Bundesdatenschutzgesetz-1990:
50, 88 (§ 20 Abs. 8), 91, 95, 96 (§ 20) (§ 20 Abs. 8), 133 (§ 19) (§ 19 Abs. 1 Satz 4), 133 f. (§ 19 Abs. 1 Satz 1 Nr. 1), 134, 134 f. (§ 19 Abs. 4 Nr. 3), 135 (§ 19) (§ 19 Abs. 1 Satz 2), 162 (§ 15), 223 (§ 3 Abs. 7), 234, 274, 276 (§ 4 Abs. 3,

§ 14 Abs. 2 Nr. 9, § 40), 288 (§ 40 Abs. 4) (§ 40 Abs. 3 Satz 1)

Bundesdisziplinarordnung: 95 (§ 119)

Bundesministergesetz: 76 (§ 6), 82 (§ 6)

Bundesnotarordnung: 80 (§ 51 Abs. 5), 81

Bundesrechtsanwaltsordnung: 75 (§ 76, § 110, § 184), 99 (§ 36)

Bundesverfassungsschutzgesetz: 95 f. (§ 12), 96 (§ 27)

Bundeswahlordnung: 93 f. (§ 90)

Bundesstatistikgesetz: 76 (§ 16), 85, 93 (§ 12)

Bundeszentralregistergesetz:
75 (§ 42), 99 (§ 19, § 24, § 25, § 29 Abs. 2, § 45, § 46, § 48, § 49 und § 63)

Datenschutzgesetz Nordrhein-Westfalen: 276 (§ 28 Abs. 4)

Datenschutzgesetze der Länder: 91, 97, 134, 203, 223, 236, 276

Dienstanweisung für die Standesbeamten und ihre Aufsichtsbehörden: 85 (§ 31, § 38, § 43, § 46)

Einigungsvertrag: 48 (*Art. 8*) (*Art. 9 Abs. 1*), 49 (*Anlage II zu Art. 9*), 50 (*Art. 9 Abs. 1*) und s.o. I. 1. Bund

Europawahlordnung: 93 (*§ 83*)

Gemeindeordnungen der Länder: 129

Gemeinsame Bekanntmachung [betr. Notariatsakten]: s.o. [Bayerische] Gemeinsame Bekanntmachung

Genossenschaftsgesetz: 76 (*§ 151*)

Gerichtsverfassungsgesetz: 76 (*§ 174*)

Gesetz über den militärischen Abschirmdienst: 95 f. (*§ 7*), 96 (*§ 13*)

Gesetz zu Artikel 10 des Grundgesetzes: 268 (*Art. 1 § 2 Abs. 1*)

Gesetz zur Bekämpfung der Geschlechtskrankheiten: 75 (*§ 16*)

Gesetz über den Bundesnachrichtendienst: 95 f. (*§ 5*), 96 (*§ 11*)

Gesetz über die Deutsche Bundesbank: 73 (*§ 32*)

Gesetz über die Errichtung einer Stiftung Bundeskanzler-Adenauer-Haus: 130 (*§ 2 Abs. 2*)

Gesetz zur Errichtung einer Stiftung "Preußischer Kulturbesitz" und zur Übertragung von Vermögenswerten des ehemaligen Landes Preußen auf die Stiftung: 130 (*§ 1, § 2 Abs. 1*)

Gesetz zur Errichtung einer Stiftung Reichspräsident-Friedrich-Ebert-Gedenkstätte: 130 (*§ 2 Abs. 2 Nr. 2*)

Gesetz über Fernmeldeanlagen: 77 (*§ 10, § 11*)

Gesetz über die parlamentarische Kontrolle nachrichtendienstlicher Tätigkeit des Bundes: 77 (*§ 5*)

Gesetz über das Kreditwesen: 74 (*§ 9*), 239 (*§ 9*)

Gesetz über Personalausweise: 93 (*§ 2a Abs. 3*)

Gesetz über das Postwesen: 77 (*§ 5, § 6*)

Gesetz zur Regelung des Rechts der Allgemeinen Geschäftsbedingungen:
176, 176 (*§ 1, § 8, § 9*), 177 (*§ 11 Nr. 15 lit. a*)

Gesetz gegen den unlauteren Wettbewerb: 76 f. (*§ 17*)

Gewerbeordnung: 75 (*§ 139b Abs. 1*), 99 (*§ 152, § 153*)

Grundbuchordnung: 99 (*§ 53*)

Grundgesetz:
15 ff. (*Art. 2 Abs. 1 i.V.m. Art. 1 Abs. 1*) (*Art. 5 Abs. 1, Art. 5 Abs. 3*), 41 f. (*Art. 2 Abs. 1 i.V.m. Art. 1 Abs. 1*), 42 (*Art. 5 Abs. 3*), 48, 55, 64 (*Art. 2 Abs. 1 i.V.m. Art. 1 Abs. 1*), 87 (*Art. 10*), 121 (*Art. 2 Abs. 1 i.V.m. Art. 1 Abs. 1*), 124 (*Art. 14 Abs. 2*) (*Art. 5 Abs. 1 und Abs. 3*), 125 (*Art. 5 Abs. 3*), 126 (*Art. 140 i.V.m. Art. 137 Abs. 3*), 127 (*Art. 137 Abs. 5*), 161 f. (*Art. 35*), 169 (*Art. 14 Abs. 1 Satz 2*), 171 (*Art. 2 Abs. 1, Art. 20 Abs. 3*), 172 (*Art. 80 Abs. 1*), 173 (*Art. 34*), 178 (*Art. 34*), 179 (*Art. 34*), 181 (*Art. 34 Satz 3*), 194 (*Art. 2 Abs. 1 i.V.m. Art. 1 Abs. 1*), 217 (*Art. 14*), 229 f. (*Art. 5 Abs. 3*), 230 (*Art. 2 Abs. 1 i.V.m. Art. 1 Abs. 1*), 223 (*Art. 2 Abs. 1 i.V.m. Art. 1 Abs. 1*), 231 (*Art. 5 Abs. 3*), 237 (*Art. 2 Abs. 1 i.V.m. Art. 1 Abs. 1*), 242 (*Art. 5 Abs. 3*), 257 f. (*Art. 34*), 258 (*Art. 2 Abs. 1 i.V.m. Art. 1 Abs. 1*), 260 f. (*Art. 2 Abs. 1 i.V.m. Art. 1 Abs. 1*), 274 (*Art. 2 Abs. 1 i.V.m. Art. 1 Abs. 1*), 280 (*Art. 14*), 280 ff. (*Art. 2 Abs. 1 i.V.m. Art. 1 Abs. 1*), 281 f. (*Art. 5 Abs. 1*) (*Art. 5 Abs. 3*), 286 (*Art. 2 Abs. 1 i.V.m. Art. 1 Abs.1*)

Hamburgisches Datenschutzgesetz: 276 (*§ 27 Abs. 6*)

Handwerksordnung: 99 (*§ 13*)

Hessisches Datenschutzgesetz: 276 (*§ 33 Abs. 4*)

Hessisches Pressegesetz: 169 (*§ 9*)

Hochschulstatistikgesetz: 76 (*§ 15*)

Kriegsdienstverweigerungsgesetz: 94 f. (*§ 2 Abs. 6, § 23*)

Kunsturheberrechtsgesetz: 29 f.

Ladenschlußgesetz: 75 (*§ 22 Abs. 2*)

Ländereinführungsgesetz-DDR: 50, 55

Meldegesetze der Länder: 17, 83, 84

Melderechtsrahmengesetz: 16, 83 (*§ 3, § 5*) (*§ 10*) (*§ 10 Abs. 5*), 92 (*§ 10 Abs. 1*) (*§ 10 Abs. 5 Satz 2*)

Mutterschutzgesetz: 75 (*§ 20 Abs. 2*)

Nordrhein-Westfälisches Datenschutzgesetz: 276 (*§ 28 Abs. 4*)

Paßgesetz: 93 (*§ 21 Abs. 4*)

Patentgesetz: 77 (*§ 50 Abs. 4*)

Personenstandsgesetz: 84 (*§ 61 Abs. 1*)

Pressegesetze der Länder: 31, 169

Rheinland-Pfälzisches Landesdatenschutzgesetz: 236 (*§ 3 Abs. 1*)

Richtlinien für die Abgabe von Verschlußsachen an das Geheimarchiv des Bundesarchivs vom 20. März 1991: 100

Sächsische Verfassung (Gohrischer Entwurf): 56 (*Art. 11*)

Soldatengesetz: 76 (*§ 14*)

Sozialgesetzbuch (Erstes Buch):
70 (*§ 35*), 71 (*§§ 18-29, Art. II § 1*), 71, 72 (*§ 35 Abs. 2*)

Sozialgesetzbuch (Zehntes Buch):
72 (*§§ 67-77*) (*§ 71 Abs. 1 Satz 2*) (*§ 76 Abs. 2*) (*§ 84*), 73 (*§ 71 Abs. 2*), 84, 221, 222

Statistikanpassungsverordnung: 76

Statistikgesetze der Länder: 76, 85, 93, 224, 225

Steuerberatungsgesetz: 75 (*§ 83*)

Strafgesetzbuch:
61 (*§ 203*), 70 (*§ 203*), 71 (*§ 203*), 76 (*§ 93, § 203 Abs. 1 und 3, § 353b, § 353d*), 77 (*§ 203*), 78 (*§ 203*), 78 (*§ 203 Abs. 1 Nr. 4 und 4 lit. a*) (*§ 203 Abs. 1 Nr. 1*), 81 (*§ 203 Abs. 2*), 225 (*§ 203 Abs. 2, 4 und 5, § 204, § 205*) (*§ 353b Abs. 1*), 254 f. (*§ 203 Abs. 2*), 255 (*§ 203 Abs. 2 Satz 2*), 256 (*§ 17*) (*§ 203 Abs. 4*) (*§ 205*) (*§ 203 Abs. 5*) (*§ 77b*), 257 (*§ 203*) (*§ 203 Abs. 4*)

Strafprozeßordnung:
80 (*§ 97 Abs. 2 Satz 2*), 98 f. (*§ 163d Abs. 4*), 165 (*§ 96*) (*§ 152 Abs. 2*)

Straßenverkehrsgesetz:
76 (*§ 30, § 30a, §§ 35 ff.*), 98 (*§ 30a Abs. 3, § 35 Abs. 3 und 6, § 44*)

Straßenverkehrs-Zulassungs-Ordnung: 99 (*§ 13a*)

Umweltstatistikgesetz: 76 (*§ 14*)

Urheberrechtsgesetz: 29 f., 157 (*§ 25*), 218

Verfassung für den Freistaat Sachsen (Gohrischer Entwurf): 56 (*Art. 11*)

Verordnung [betr. Versorgungsverwaltung]: s.o. [Bayerische] Verordnung

Verpflichtungsgesetz:
225 (*§ 1 Abs. 2, 3 und 4 Nr. 2*), 226 (*§ 1 Abs. 2, 3 und 4 Nr. 2*)

Versammlungsgesetz: 96 f. (*§ 12a, § 19a*)

Verschlußsachenanweisung [Bayern]: s.o. [Bayerische] Verschlußsachenanweisung

Verschlußsachenanweisung des Bundes: 100

Verwaltungsgerichtsordnung:
149 (§ 40, § 42), 152 (§ 42 Abs. 1) (§§ 68 ff.) (§ 73 Abs. 1 Satz 1 Nr. 1) (§ 73 Abs. 1 Satz 2 Nr. 2), 153 (§ 73 Abs. 1 Satz 2 Nr. 3), 154 (§ 40), 181 (§ 40 Abs. 2 Satz 1), 243, 244 (§ 99, § 100), 245 (§ 114)

Verwaltungsverfahrensgesetz des Bundes:
81 (§ 30), 142 (§ 1 Abs. 4), 149, 149 (§ 1 Abs. 1), 152 (§ 37 Abs. 2), 162 (§ 5 Abs. 1 Nr. 3 und 4), 163 (§ 4 Abs. 1) (§ 5 Abs. 5 Satz 1) (§ 5 Abs. 5 Satz 2) (§ 8 Abs. 1), 167 (§ 24), 240 (§ 24)

Verwaltungsverfahrensgesetze der Länder:
31, 46, 82, 149, 162, 165, 240

Volkszählungsgesetz: 93 (§ 15 Abs. 2 bis 5)

Wehrbeauftragtengesetz: 76 (§ 10)

Wirtschaftsprüferordnung: 75 (§ 64)

Zivildienstgesetz: 76 (§ 28)

Veröffentlichungen der Archivschule Marburg
Institut für Archivwissenschaft

Nr. 1 DÜLFER, K. u. H.-E. KORN: Gebräuchliche Abkürzungen des 16.-20. Jahrhunderts. 6. unveränd. Aufl. 1986. VI, 54 S.
ISBN 3-923833-00-8   DM 6.-

Nr. 2 DÜLFER - KORN: Schrifttafeln zur deutschen Paläographie des 16.-20. Jahrhunderts. 6. Aufl. 1987.
Teil 1: Tafeln. Hrsg. von G. HOLLENBERG. 39 S. u. 50 Tafeln.
Teil 2: Transkriptionen. Neu bearb. von G. HOLLENBERG. 108 S.
ISBN 3-923833-22-9   DM 30.-

Nr. 3 PAPRITZ, J.: Die Kartentitelaufnahme im Archiv. Mit Maßstabschlüssel für alte Meilen und Ruten. 4. unveränd. Aufl. 1984. 87 S.
ISBN 3-923833-02-4   DM 6.-

Nr. 4 PAPRITZ, J.: Die archivische Titelaufnahme bei Sachakten.
4. unveränd. Aufl. 1984. 75 S.
ISBN 3-923833-03-2   DM 6.-

Nr. 5   GANDILHON, R. u. R. MARQUANT, Vorlesungen zum Archivwesen Frankreichs.
1970. 6, 123 S.   vergriffen

Nr. 6   BELOV, G.A.: Zur Geschichte, Theorie und Praxis des Archivwesens in der UdSSR. Deutscher u. russischer Text. 1971. 8, 208 S.
ISBN 3-923833-05-9   DM 16.-

Nr. 7   DEMANDT, K.E.: Laterculus notarum. Lateinisch-deutsche Interpretationshilfen für spätmittelalterliche und frühneuzeitliche Archivalien. 4. verb. Aufl. 1986. 332 S.
ISBN 3-923833-19-9   DM 20.-

Nr. 9   Das Deutsch-Ostafrika-Archiv. Inventar der Abteilung "German Records" im Nationalarchiv der Vereinigten Republik Tansania, Dar-es-Salaam. Bearb. von E.G. FRANZ u. P. GEISSLER.
Band 1: Einleitung, Zentralverwaltung.
Band 2: Nachgeordnete Behörden, Karten und Pläne.
2. Aufl. 1984/85. XIII, 426 S.; XIV, S. 427-799 u. 1 Karte.
ISBN 3-923833-18-0   DM 40.-

Nr. 10 Hessische Truppen im amerikanischen Unabhängigkeitskrieg (HETRINA). Index nach Familiennamen.
Bd. I: Bearb. vom 11. wiss. Lehrgang unter der Leitung von E.G. FRANZ und O. FRÖHLICH. 2. Aufl. 1984. 135 S.,
ISBN 3-923833-17-2 DM 20.-
Bd. II: Bearb. vom 12. wiss. Lehrgang und 11. Inspektorenlehrgang u. d. L. von I. AUERBACH und O. FRÖHLICH. 2. Aufl. 1987. 178 S.
ISBN 3-923833-23-7 DM 30.-
Bd. III: Bearb. vom 13. wiss. Lehrg. u. 12. Inspektorenlehrg. u. d. L. von I. AUERBACH und O. FRÖHLICH. 1976. 384 S.
ISBN 3-923833-11-3 DM 40.-
Bd. IV: Bearb. vom 13. Inspektorenlehrgang u. d. L. von I. AUERBACH u. O. FRÖHLICH. 1976. 181 S.
ISBN 3-923833-12-1 DM 20.-
Bd. V: Waldecker Truppen im Amerikanischen Unabhängigkeitskrieg. Bearb. von I. AUERBACH u. O. FRÖHLICH. 1976. 268 S.
ISBN 3-923833-13-X DM 30.-
Bd. VI: Hanauische Regimenter. Bearb. von I. AUERBACH u. O. FRÖHLICH. 1987. H.1: A-L. 312 S., H.2: M-Z. S. 313-542.
ISBN 3-923833-14-8 DM 60.-

Nr. 11 Archivausbildung im Wandel. Zum 25jährigen Bestehen der Archivschule Marburg - Institut für Archivwissenschaft - . 1973. 55 S. (Sonderdruck aus: Der Archivar 26/1973)

vergriffen

Nr. 12 AUERBACH, I.: Hessische Auswanderer (HESAUS). Index nach Familiennamen.
Bd. I: Auswanderer aus Hanau im 18. Jahrhundert. 1987. 48 S.
ISBN 3-923833-20-2 DM 8.-
Bd. II: Auswanderer aus Hessen-Kassel. 1840-1850. 1988. 517 S.
ISBN 3-923833-24-5 DM 60.-

Nr. 13 WOLFF, F.: Karten im Archiv. 1987. 64 S. mit 16 Abb.
ISBN 3-923833-21-0 DM 20.-

Nr. 14 ECKHARDT, W.-A.: Wissenschaftliche Archivarsausbildung in Europa. 1989. 163 S.
ISBN 3-923833-25-3 DM 25.-

Nr. 15 MENNE-HARITZ, A.: Überlieferung gestalten. Der Archivschule Marburg zum 40. Jahrestag ihrer Gründung. 1989. 74 S.
ISBN 3-923833-26-1 DM 6.-

Nr. 16 MORITZ, W.: Vorschriften zur archivarischen Ausbildung. 1989. 141 S.
ISBN 3-923833-27-X   DM 8.-

Nr. 17 SCHELLENBERG, Th.: Die Bewertung modernen Verwaltungsschriftguts. Übersetzt und hrsg. von A. MENNE-HARITZ. 1990. 112 S.
ISBN 3-923833-32-6   DM 10.-

Nr. 18 Archivgesetzgebung in Deutschland. Beiträge eines Symposions. Hrsg. von R. POLLEY. 1991. 322 S.
ISBN 3-923833-15-6   DM 32.-

Außerhalb der Reihe:
PAPRITZ, J.: Archivwissenschaft. 2. Aufl. 1983.
Bd. 1-4 XXXVIII, 357 S.; XXII, 303 S.; 345 S.
ISBN 3-923833-16-4   DM 80.-

Zu beziehen durch den Buchhandel oder bei der Archivschule Marburg, Bismarckstr. 32, 3550 Marburg.